JN319027

実践簿記入門
日商簿記3級完全独学問題集

栗原正樹 著

税務経理協会

はしがき

　本書が対象とする読者は，初学者から上級者まで幅広い読者を想定しています。
　本書の趣旨は，日商簿記3級のテキスト兼問題集ですが，独学や再学習を前提としているため，解説を理論的かつ手厚く行っています。
　本書の解説は，税理士試験や公認会計士試験受験の基本書としても十分使えるような理論水準をわかりやすい言葉と図で説明しており，1度目より2度目，2度目より3度目といったように，何度読んでも，そのときの読者の会計知識によって見え方が変わるような内容になっています。そのため，簿記学習の上級者や会計事務所の職員などの実務家が見ても，楽しめるような内容になっています。簿記を初めて学習する方，内容をよく理解できないまま検定に合格してしまった方，勉強しているのになかなか合格できない方，会計事務所の職員などの実務家の方，経営に興味がある方など，さまざまな方々の期待に十分応えられると思います。
　本書を使った学習の進め方ですが，お勧めは第1章からじっくりと学習を進めてもらうことです。ただ，本書は，読者のニーズに応じて，どこからでも学習を始められるように，それぞれのテーマごとに完結して執筆してあります。そのため，読者の方のペース，好みで自由に学習することも可能ですが，全体を通じた本書の理論的なストーリーがあるため，初めからの学習をお勧めしています。もし，途中から学習を始める場合でも，学習効果に大きな差が生じてしまうため，第1章・第2章の内容だけは目を通してから他の論点の学習に進んでください。なお，本書は，本試験に必要な論点を基本から実践レベルまで網羅していますが，総合問題対策については市販されている簿記検定の過去問題や予想問題などを使って補強することが必要です。本書においても，第3問・第5問の解き方などを説明していますが，総合問題は実戦形式で力を付けたほうがより学習効果が高いため，過去問題等を併用して学習を進めてください。
　本書は，著者が教育現場や実務の現場で常に感じていた問題点を踏まえて執筆しているため，検定に合格するのは当然のこととして，実践的な力を養成することも目的としています。本書を使った学習が，読者の皆様の人生に少しでも貢献できることを心から祈っています。

2016年3月

　　　　　　　　　　　　　　　　　　　　　　　　　　　　　　　　　　　著　者

目 次

はしがき

第1章 戦略的な学習の仕方

テーマ1 本書の特徴と日商簿記検定3級の戦略的学習法 …… 1
- 1-1 学習の目的をどのように設定すべきか －本書の特徴－ …… 1
- 1-2 どのような試験を攻略するのか －日商簿記検定3級の概要－ …… 3
- 1-3 必要な学習時間と戦略的な学習方法 －本書の使い方－ …… 5

第2章 簿記の基本を学ぶ

テーマ1 経済活動と簿記 …… 7
- 1-1 経済活動の本質を理解する …… 7
- 1-2 企業の経済活動を簿記で記録し会計で報告する …… 8
- 1-3 個人事業主と企業の違い …… 9

テーマ2 財務諸表を理解しよう …… 10
- 2-1 財務諸表の全体像を理解する …… 10
- 2-2 貸借対照表ついて理解する …… 11
- 2-3 損益計算書について理解する …… 14

テーマ3 簿記という記録方法を学ぶ …… 19
- 3-1 簿記の記録対象はなにか …… 19
- 3-2 簿記の記録は状況の理解から始まる …… 19
- 3-3 把握した状況を簿記の5要素に分類しよう …… 21
- 3-4 代表的な勘定科目のイメージを掴む …… 23

テーマ4 勘定記入をマスターする …… 27
- 4-1 勘定と財務諸表の関係 …… 27
- 4-2 勘定に実際に記入してみよう …… 28

テーマ5 試算表の作成方法をマスターする …… 33
- 5-1 試算表はなんのために作るのか …… 33
- 5-2 試算表の3つの種類 …… 33

テーマ6 仕訳ってなんだろう …… 36
- 6-1 仕訳の必要性 …… 36
- 6-2 勘定をもう少し見易く記録する …… 37

テーマ7 期間損益計算と決算整理 …… 42
- 7-1 簿記の記録の一連の流れ …… 42
- 7-2 期間損益計算と決算整理 …… 42

第3章　複式簿記で企業の経済活動を記録する

テーマ1　事業を始めた時の記録 ……………………………………………… 45
- 1-1　事業用資金を元入れしたとき ……………………………………… 45
- 1-2　事業用資金をプライベートで使ったとき ………………………… 47

テーマ2　現金および預金に関する記録 ……………………………………… 49
- 2-1　現金の受取り・支払いがあったとき ……………………………… 49
- 2-2　通貨代用証券による受取り・支払いがあったとき ……………… 50
- 2-3　当座預金に関する会計処理 ………………………………………… 53
- 2-4　小口現金制度に関する記録 ………………………………………… 59
- 2-5　現金残高に過不足があった場合の記録 …………………………… 62

テーマ3　商品売買に関する記録 ……………………………………………… 65
- 3-1　三分法による商品売買取引の記録 ………………………………… 65
- 3-2　掛取引による売買の記録 …………………………………………… 68
- 3-3　値引と返品があったときの記録 …………………………………… 70
- 3-4　商品売買において生じる諸費用に関する会計処理 ……………… 72
- 3-5　商品売買を分記法で記録する場合 ………………………………… 76

テーマ4　手形取引に関する記録 ……………………………………………… 78
- 4-1　約束手形による取引があったときの記録 ………………………… 78
- 4-2　手形の割引に関する会計処理 ……………………………………… 81
- 4-3　手形の裏書譲渡に関する会計処理 ………………………………… 82

テーマ5　その他の債権と債務に関する記録 ………………………………… 84
- 5-1　貸付金と借入金 ……………………………………………………… 84
- 5-2　未収入金と未払金 …………………………………………………… 88
- 5-3　前払金と前受金 ……………………………………………………… 90
- 5-4　立替金 ………………………………………………………………… 93
- 5-5　預り金 ………………………………………………………………… 95
- 5-6　仮払金 ………………………………………………………………… 96
- 5-7　仮受金 ………………………………………………………………… 99
- 5-8　商品券 ………………………………………………………………… 101

テーマ6　有価証券および有形固定資産に関する記録 ……………………… 106
- 6-1　有価証券 ……………………………………………………………… 106
- 6-2　有形固定資産 ………………………………………………………… 110

第4章　決算整理をマスターする

　　1－1　決算整理とは ……………………………………………………… 117
　　1－2　決算予備手続 ………………………………………………………… 118
　　1－3　消耗品に関する会計処理 …………………………………………… 121
　　1－4　商品に関する会計処理（売上原価の算定）……………………… 124
　　1－5　貸倒引当金に関する会計処理 ……………………………………… 127
　　1－6　収益・費用の繰延・見越しに関する会計処理 ………………… 133
　　1－7　決算振替と帳簿の締切り …………………………………………… 143
　　1－8　精算表の基本的な作成の仕方 ……………………………………… 148
　　1－9　財務諸表の基本的な作成の仕方 …………………………………… 157

第5章　その他の論点

　　1－1　仕訳帳と総勘定元帳 ………………………………………………… 161
　　1－2　現金出納帳 …………………………………………………………… 165
　　1－3　当座預金出納帳 ……………………………………………………… 166
　　1－4　小口現金出納帳 ……………………………………………………… 167
　　1－5　仕入帳・売上帳・商品有高帳 ……………………………………… 170
　　1－6　買掛金元帳・売掛金元帳 …………………………………………… 176
　　1－7　受取手形記入帳・支払手形記入帳 ………………………………… 177
　　1－8　3伝票制 ……………………………………………………………… 179
　　1－9　仕訳集計表 …………………………………………………………… 182

第6章　発展問題演習

　　テーマ1　第1問対策 ……………………………………………………… 187
　　テーマ2　第3問対策 ……………………………………………………… 209
　　テーマ3　第5問対策 ……………………………………………………… 214

第1章 戦略的な学習の仕方

> **＜本章のポイント＞**
>
> 　勝負は，戦う前にほとんど決着しています。
> 　私は，今まで国家試験から簿記検定に至るまで数千人の受験者を指導してきましたが，「短期間で合格する学生は見ればわかる」のです。したがって，受験に関しては，やってみなければわからないというのは，あまり当てはまらないと思います。
> 　では，短期合格する受験者と，時間がかかる受験者の違いは何かというと，それは戦略的な学習をしているかどうかです。そのため，第1章では，戦略的な学習の仕方について説明します。戦略とは，目的達成のために，必要な資源を確保し，その資源を無駄なく効率的に使うことをいいます。よって，本章では，「どのような目的を掲げるべきか」「本書が提供できることは何か」「時間という資源をどれくらい確保する必要があるか」「時間の使い方をどうするか」という戦略的な内容になっています。

テーマ1　本書の特徴と日商簿記検定3級の戦略的学習法

1-1　学習の目的をどのように設定すべきか　－本書の特徴－

　完全独学で，検定に合格する力と実践的に使える理論的な力を同時に養成します！

　受験者が掲げるべき目的は，「合格のみならず実戦で本当に使える力を手に入れる」ということです。このような能力が身に着けられれば，応用問題などにも惑わされることなく，短期間での合格が可能になります。本書は，そのような受験者の期待に応えられるように作成してあります。
　一般的に簿記関連の書籍は，大きく「検定対策」「学術用」「実務用」の3つに分類されます。それぞれの書籍が，「合格のため」「本質的な理解のため」「現場で使うため」という異なる目的を持って出版されているため，この3つを同時に満たす意図で出版され，かつ実際にそれを実現している書籍はほとんどありません（少なくとも私は知りません）。それは，一般的に簿記関連の書籍を執筆する人が，「受験指導のプロ」「大学の研究者」「実務家」のどこかのカテゴリーに分類されることに関係しています。つまり，「受験指導のプロ」が「実務用」も視野に入れて執筆するといったような，自分の専門領域以外の内容の本を執筆するのが難しいからです。私は現在，大学の専任教員として会計学を担当しつつ，かつ税理士として実務に従事し，また大手専門学校などで会計科目の受験指導に長く携わってきたという特殊な経緯があり，このような特殊な経緯がある私だ

からこそ，「検定対策」「学術用」「実務用」の全てを書き分けることが可能なのです。

【本書の特徴】

○ 本書1冊でテキストと問題集をカバー

　本書は，問題演習を中心とした問題集形式ですが，解説を通じて論点そのものの理解ができるように作成してあります。そのため，「本書だけでテキスト兼問題集」として使用することができます。また，論点ごとに，学習上の重要性と過去の出題実績を考慮して重要度を示してありますので，重点的に学習すべき項目がわかるように工夫してあります。

○ 単に3級に合格するだけでなく，上位の資格や実務にも繋がる理論的な解説

　本書では，「とりあえず問題が解けるようになる」ための解説ではなく，「本質を理解して次に繋がる」ための解説を心掛けています。本書の学習が，そのまま日商簿記2級や1級だけでなく，税理士試験や公認会計士試験といった国家試験の受験の基礎に，また実務の現場でも実践的に使えるように，簿記を本質的に理解できるように丁寧に，かつわかりやすく平易な言葉で説明してあります。また，受験においても，しっかりと本質を理解しておくことで，応用問題などに惑わされることがなくなります。

○ 問題演習をベースとした詳細な解説

　本書では，基本的な問題演習を通じて，しっかりと内容を理解したうえで，具体的な解答まで導けるように図などを使った詳細な解説を用意しています。

3-2　掛取引による売買の記録

基本問題18　☆☆☆☆

次の取引について，それぞれの立場から三分法による仕訳を示しなさい。

1　上野商事は，高橋商店から商品100,000円分（単価50,000円を2個）を仕入れ，代金は掛取引により翌月10日に払うこととした。

2　期日が来たので，上野商事は上記の掛取引の代金を現金で支払った。

【上野商事の会計処理】

問1

【5要素】	【科目】	【金額】	【記録】
費用	仕入	100,000	増加
負債	買掛金	100,000	減少

仕入　100,000　　買掛金　100,000

費用の増加は左　　負債の増加は右

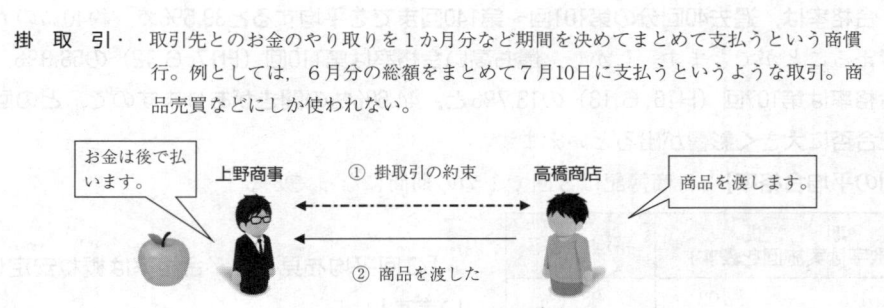

掛 取 引‥‥取引先とのお金のやり取りを1か月分など期間を決めてまとめて支払うという商慣行。例としては，6月分の総額をまとめて7月10日に支払うというような取引。商品売買などにしか使われない。

お金は後で払います。 上野商事 ① 掛取引の約束 高橋商店 商品を渡します。

② 商品を渡した

約束通り，お金を払わないとまずいな‥‥ お金が未払いの状態　お金が未収の状態 自分はやるべきことをやったのに相手はお金を払っていない

約束を果たしたんだから，あなたもやってください！

義務のある人‥‥債務者　　　　　　　　債権者‥‥請求できる人
「お金を支払う」義務　　　　　　　　「お金を請求する」権利
負債の増加　　　　　　　　　　　　　資産の増加
勘定科目　　　　　　　　　　　　　　勘定科目
「買掛金」　　　　　　　　　　　　　「売掛金」

○ 基本から本試験レベルの問題までを収容

　わかりやすく書かれた本は，そもそも簡単な内容しかカバーされておらず，簡単な内容だからわかりやすくなっているというのが実情です。本書は，本試験レベルに対応できる内容を，図などを用いて視覚的に説明することで，内容の充実とわかりやすさを両立させています。

1－2　どのような試験を攻略するのか －日商簿記検定3級の概要－

1　試験制度

　合格率は平均40％，しかし合格率に波があるので，合格率が高そうな回が狙い目です！

　3級の試験範囲の中心は，個人商店向けの簿記です。なお，試験範囲等は，商工会議所のホームページに次のように示されています。

試　験　科　目	出題	合格基準	試験時間
商業簿記 購買活動や販売活動など，企業外部との取引を記録・計算する技能で，企業を取り巻く関係者（経営管理者・取引先・出資者等）に対し，適切，かつ正確な報告（決算書作成）を行うためのもの。	5題以内	70％以上 （70点以上で合格です。）	120分

　試験範囲である個人商店向けの簿記は，株式会社向けの簿記と一部異なるところがあります。株式会社向けの簿記は2級以上の試験範囲になりますので，一般に就職時や転職の際には2級以上が要求されるケースが多くあります。しかし，実践的には，中小企業の経理レベルであれば3級の知識で大部分がカバーできますので，簿記の初級編として多くの方が受験しています。

なお，合格率は，過去40回分の第101回～第140回までを平均すると39.5%で，約40%の人が合格すると考えることができます。しかし，最も高い合格率は第110回（H17.6.12）の58.3%，逆に最も低い合格率は第107回（H16.6.13）の13.7%と，44.6%もの開きがありますので，どの回で受験するかで合否に大きく影響が出るといえます。

【期間別の平均合格率】 日商簿記は3回で1つの期間になっている！

期　　　間 （数字は実施回を表す）	平均合格率
101　～　103	38.1%
104　～　106	40.1
107　～　109	29.4
110　～　112	42.2
113　～　115	38.5
116　～　118	37.3
119　～　121	42.1
122　～　124	36.5
125　～　127	34.4
128　～　130	45.2
131　～　133	37.5
134　～　136	40.9
137　～　139	46.9

「3回平均を見ると，合格率は概ね安定しています」

簿記検定は「6月・11月・2月」の年3回実施されており，過去の傾向を見ると，この3回で合格率の高低を調整して概ね40%に合わせているようです。このことは，左記の表を見ても明らかです。つまり「難しい回の後には簡単になり，逆に簡単な回の後は難しくなる」傾向にあるということです。したがって，自分が受験を考えるときには，直近の合格率を参考に，次が難しい回に当たりそうかどうかを判断しておくことが重要だといえます。

2　出題傾向

第1問・第3問・第5問を優先的に解けば，その時点で合格が決まる！　第2問・第4問は余った時間で解答するくらいの気持ちで後回しにします。

	出　題　傾　向	配点目安	解答時間	優先順位
第1問	仕訳形式　5問	20点	10分	1
第2問	補助簿の記入・勘定記入	8～12点	残り時間	解答しなくてもよい
第3問	試算表作成・財務諸表作成	28～32点	45分	2
第4問	伝票・決算仕訳・勘定記入	8～10点	残り時間	解答しなくてもよい
第5問	精算表作成	28～32点	35分	3

簿記検定は70点以上で合格ですから，第1問・第3問・第5問が解ければ，合計76点～86点程度の配点があるため，第2問・第4問を捨てても合格点には到達します。そのため，まずは第1問・第3問・第5問を優先的に解答し，残った時間で第2問・第4問を解答することが重要です。ただし，簿記検定は問題の難易度に波があり，合格率にも大きな変動がありますので，その時々の状況に応じて対応することが必要だということも覚えておいてください。

1-3 必要な学習時間と戦略的な学習方法

必要な学習時間120時間を確保し，本書を使って基本を固め，40時間は過去問題に使う。
ゆっくりやっても1.5か月～2.5か月あれば十分合格できます。

1 必要な学習時間の目安

　学生から経営者まで，日々さまざまな人々と会いますが，多くの方が「とりあえず簿記3級から」「簿記2級くらいは持っていないと」といった認識を持っていることに驚きます。ただ，「思っているほど簡単な試験じゃないですよ」と私はいつもアドバイスしています。戦いに勝つためには，「まず試験のレベルを正確に知る」ことが必要なのです。そして，その試験を攻略するために必要な学習時間を用意しなければ戦いには勝てないのです。簿記検定に合格できずに何度も受験している人の多くが，「時間という資源の準備が足りていない」ケースに該当しています。

　では，独学を前提とした場合の標準的な学習時間はどれくらいかといえば，答えは「100時間～120時間」です。これは，専門学校や大学等で今まで指導してきた私の経験から算出したものです。当然，個人差もあり，もっと短時間で合格レベルまで到達する人もいますが，勉強に慣れていない人でも120時間あれば合格まで辿り着けます。

　簿記検定3級・2級は「やれば誰でも合格できる試験」だと私は思っていますが，問題なのはこの「やれば」ができない人が多いことです。したがって，本当に合格するためには，この120時間の学習時間を日々の生活の中に落とし込んで，具体的に1日何時間勉強すればよいのかを見てみましょう。

```
（ケース1）　6週間合格プラン
　　2時間×平日5日間＋5時間×週末2日間＝週20時間　→　120時間÷20時間＝6週間
（ケース2）　8.5週間合格プラン
　　2時間×平日・週末7日間＝週14時間　→　120時間÷14時間＝8.5週間
```

2 戦略的な学習方法

【ステップ1】　本書を使って基本を固める

　まずは本書を使って，しっかりと理解しながら基本的な問題が解けるようになることが重要です。パターンを暗記せずに，「何故そうなるのか」を意識しながら学習を進めてください。日商簿記検定で合格率が低い回は，ほとんどが「パターン化されていない」問題が出題されている回です。しかし，問題をよく読んで考えればそれほど難しい問題ではないのですが，基本を理解せず暗記型の学習をしてきた受験者が多いため，結果として70点を突破できる受験者が少なくなってしまっています。

【ステップ2】 過去問題や予想問題などの実戦形式の問題へステップアップ
　本書においても本試験の過去問題レベルの問題を収録していますが，より実戦的には時間を計って過去問題や予想問題などの本試験同等のレベル・形式の問題を解いておく必要があります。
　標準学習時間である120時間のうち，**最後の40時間は本試験の過去問題等を解く【ステップ2】に充てる必要があります**。過去問題を1回学習するのに，「解答時間＋間違いのチェックや理解の時間」でおおむね4時間程かかります。40時間あっても，過去問題を10回分〜15回分解くのがやっとですから，これくらいの時間は確保したいところです。

第2章　簿記の基本を学ぶ

> **＜本章のポイント＞**
>
> 　簿記検定に合格し，かつ実践的な力を付けるために，やってはいけないことは，「ただパターンを暗記する」ということです。簿記3級を終えた後で2級などに進むことを考えても，まずこれから学ぶ簿記が「社会の中で一体どのような役割を果たしているものなのか」を知っておく必要があります。ここを意識しないまま学習を始めると，簿記の学習が単なるパターンの暗記になってしまい，受験上も応用問題に対応できませんし，実務でも使えない知識になってしまいます。
>
> 　そのため，第2章では，簿記の背景にある企業の経済活動を含めて簿記の役割の全体像を捉えて，「ああ，なるほど」と思えるように説明しています。本章は学習のスタートとして位置付けられていますが，ある程度他の論点の学習が進んだ後に見直すことでより深い理解が得られ，応用問題にも対応できるようになりますので，機を見て適宜読み直して下さい。

テーマ1　経済活動と簿記

1-1　経済活動の本質を理解する

　ここでまず簡単に，簿記とは何かを説明しておくと，「**簿記＝記録技術**」です。簿記の技術によって，企業の経済活動をメモして，それをまとめて会計書類を作るのです。ちなみに，「**会計書類の目的は報告すること**」と考えておいて下さい。そのため，簿記の「記録の仕方」の学習に入る前に，まず企業が行う「経済活動」を理解することが重要です。記録技術である簿記は，その「経済活動」を記録しやすいように作ってありますので，「経済活動」の意味がわかれば，「ああ，だからこうやって記録するのか」と納得できるはずです。

　経済活動とは，「**少ない資源でより多くの価値を生み出す活動**」をいいます。私たちが暮らしている世界は，人口に比べて資源が足りません。そのため，その限りある資源を無駄なく使って，より多くの人々の役に立つように努力することが必要になります。このような活動を**経済活動**といいます。つまり，企業が行っている経済活動の本質は，「**社会の資源を使って，より多くの価値ある資源を生み出して社会の役に立つ**」活動になります。そして，社会に貢献した対価として，企業はお金を受けとっているのです。

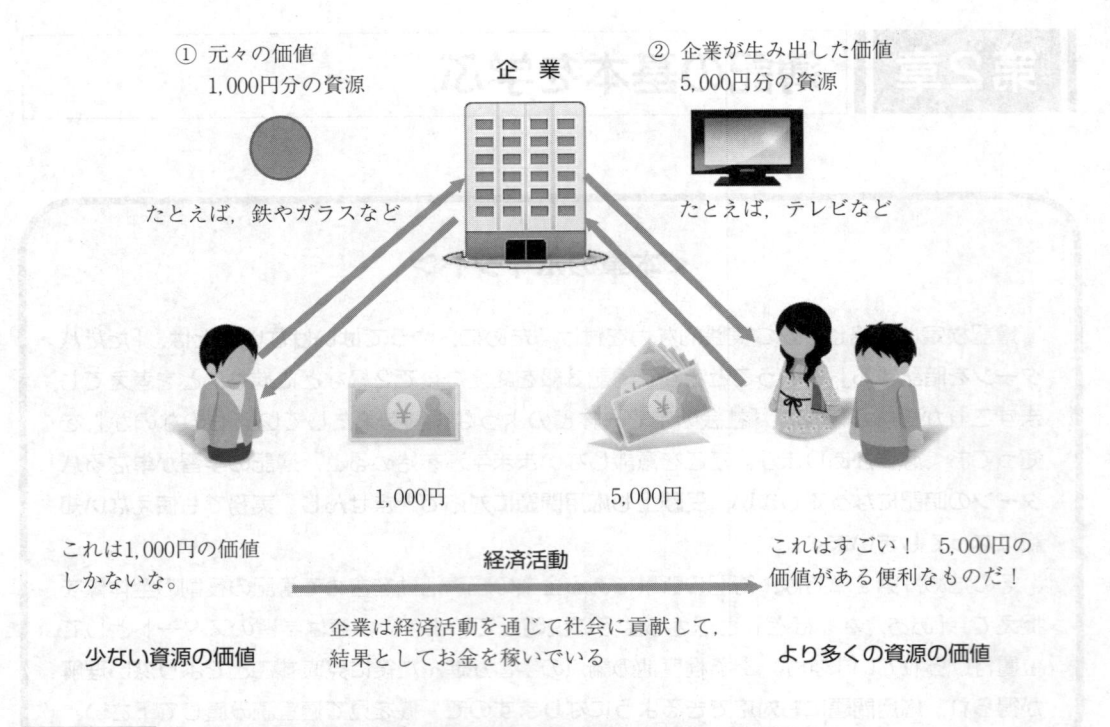

① 元々の価値
1,000円分の資源

たとえば，鉄やガラスなど

② 企業が生み出した価値
5,000円分の資源

たとえば，テレビなど

企業

1,000円　　　　　5,000円

これは1,000円の価値しかないな。

経済活動

企業は経済活動を通じて社会に貢献して，結果としてお金を稼いでいる

これはすごい！ 5,000円の価値がある便利なものだ！

少ない資源の価値　　　　　　　　　　　　　　　　より多くの資源の価値

1-2　企業の経済活動を簿記で記録し会計で報告する

　企業の経済活動がどのようなものか，イメージはできましたか。**企業は経済活動を通じて社会の役に立ち，その結果としてお金を稼いでいる**ことがわかりました。では，なぜこの経済活動を簿記によって記録する必要があるのかを考えていきましょう。

　皆さんが，「よし，自分でもビジネスを始めてみよう」と思った時の最初の大きな難関は何でしょうか。それは「資金調達」です。モノを買うのも，場所を借りるのも，人を雇うにもお金が必要です。この資金調達方法は事業のやり方によってさまざまですが，たとえば株式会社の場合は株主に出資をしてもらったり（第3章の**テーマ1**を参照），銀行からお金を借りたりして調達します。

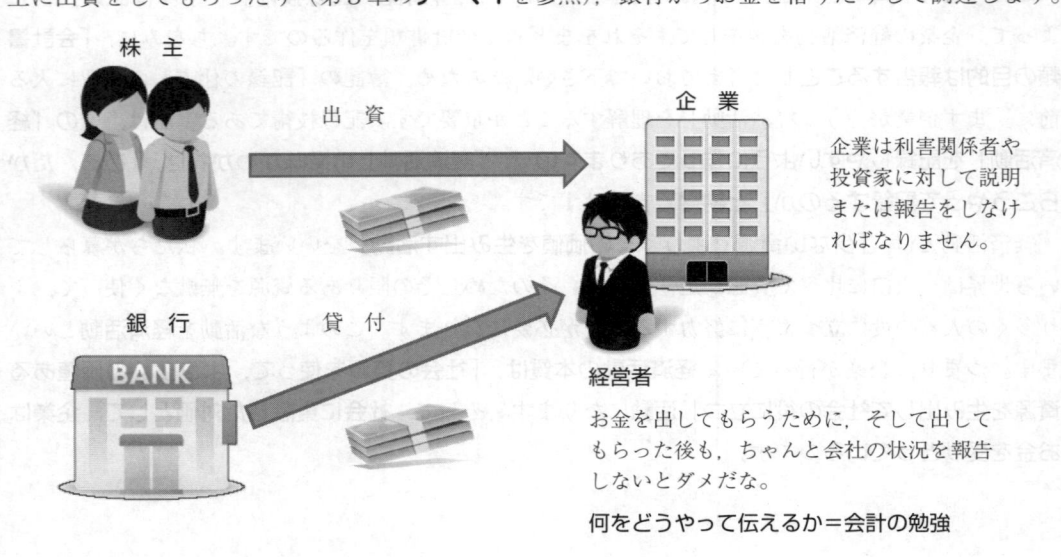

株主　　　出資　　　　　　　　企業

銀行　　　貸付

経営者

企業は利害関係者や投資家に対して説明または報告をしなければなりません。

お金を出してもらうために，そして出してもらった後も，ちゃんと会社の状況を報告しないとダメだな。

何をどうやって伝えるか＝会計の勉強

企業が株主や銀行などに**説明または報告することを「会計」**と呼び，報告のために作成される具体的な会計書類を**「財務諸表」**といいます。つまり，「会計を勉強する」ということは，「誰に何を伝えるか」「どうすれば報告を受ける側の役に立つ情報になるか」「誤解なく情報を伝えるためにどうするか」というようなことを考えて，勉強することなのです。

　さて，ここで質問ですが，皆さんは「1年前の今日」何をしていたか覚えていますか。多分覚えていないですね。そして，覚えていないことを他者に報告することなんてできないですね。つまり，会計で報告するためには，まず「何があったのか」を正確に記録していないとダメなのです。この記録するための技術が，簿記（現代の簿記は**「複式簿記」**といわれる技術）です。簿記によれば，企業の経済活動をもれなく完全に記録することができます。つまり，簿記は，**「会計によって報告するために必要な基礎データを記録するための技術」**ともいえるのです。

　このように，簿記の記録から作られる財務諸表は，**株主や銀行以外にも取引先や国など企業の情報を知りたいと思っている相手**（自分と損得がある相手を**「利害関係者」**といいます）との**コミュニケーションツール**になりますし，それ以外にも全ての経済活動が記録されているため，**経営者が自らを反省し，次の対策を考えるためにも使われます**。なお，専門的には，企業の外部向けの会計を財務会計，企業の内部向けの会計を管理会計といいますが，日商簿記3級で学習する内容は，財務会計と密接な関係を持った内容になります。

1-3　個人事業主と企業の違い

　普段，私たちが日常生活の中でモノを買ったりしているお店には，事業資金の確保の仕方などでいくつかの事業形態の種類があるのです。その代表的な事業形態として，①「個人事業」と②「企業（株式会社）」があります。この2つの事業形態は，日商簿記の試験範囲とも関係しますし，部分的に簿記の記録の仕方などにも違いがありますので，ここで説明しておきます。

1　個人事業

　日商簿記検定3級で出題される事業形態は，この「個人事業」です。個人事業の場合には会社ではなく商店などと呼ばれるので，**「商店簿記」**ともいわれます。個人事業の特徴は，**事業用の資金**（これを**「資本金」**といいます）を自分のプライベートな資金から**元入れ（分けて管理する**という意味）して用意する点に特徴があります。この場合，簿記による記録と財務諸表の作成は，**経営者が自分で事業の状況を理解するために行われる**という意味が強くなります。

プライベート　　　公私混同してはダメ　　　事業

1,000,000円を"元入"した　　　　自分のお金だけど，ちゃんと管理しよう！

1,000,000円を事業用の資金として分けよう（これを"元入"といいます）

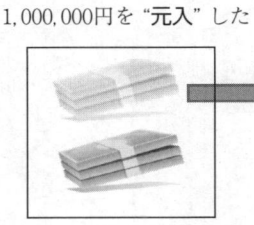

プライベートのサイフ　　　事業用のサイフ
"資本金" 1,000,000円
（事業用資金として用意したお金を資本金と呼びます）

2 株式会社

　株式会社は個人事業と異なり，原則として「お金を出す人と経営する人が違う」ことを想定しています。日商2級以上では，株式会社を前提として出題されます。個人事業との大きな違いは，お金を出資して会社を作った会社の持ち主である株主（出資の証明として株券を受け取るため「株主」と呼ばれます）と，株主に経営を任された経営者の関係があることです。当然ですが，経営者は会社の持ち主である株主に対して，会社の経営状況などの報告などをする必要があります。会社の経営状況などによって，経営者の報酬が上がることもあれば，最悪の場合はクビにされてしまいます。この**報告の手段として，簿記による記録や財務諸表が必要とされる**のです。

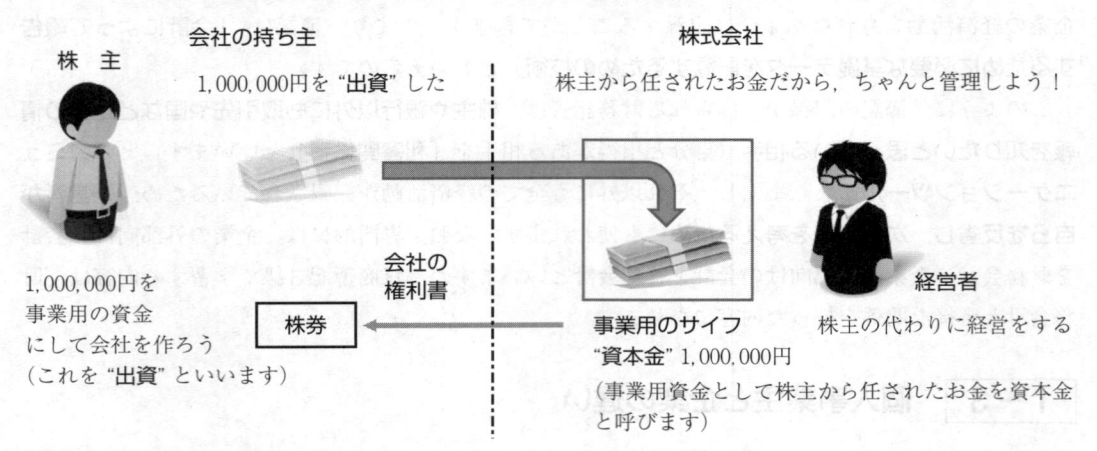

株主
会社の持ち主
1,000,000円を"出資"した

1,000,000円を
事業用の資金
にして会社を作ろう
(これを"出資"といいます)

会社の
権利書
株券

株式会社
株主から任されたお金だから，ちゃんと管理しよう！

事業用のサイフ
"資本金" 1,000,000円
(事業用資金として株主から任されたお金を資本金と呼びます)

経営者
株主の代わりに経営をする

　なお，本書は日商簿記検定3級の学習を目的としていますが，説明の便宜上および日商簿記2級以上の学習も視野に入れて，特に断りのない限り，②の**株式会社を前提として説明**していきます。

テーマ2　財務諸表を理解しよう

2-1　財務諸表の全体像を理解する

　財務諸表は，簿記の記録から作成される会計書類であり，経営者自身が経営状況を確認するため，会社の所有者である株主への説明・報告などに使われます。財務諸表には，複数の書類がありますが，日商簿記3級レベルであれば，まずは「貸借対照表」と「損益計算書」という2つの書類をマスターしておけばよいでしょう。

経済活動
より少ない資源から
より多くの価値を生み出す

① 見て
理解する

② 複式簿記
によって記録

経営者

物を買ったり，売ったり
人を雇ったりする

③ 簿記の記録を
財務諸表に
まとめる

企業の履歴書
みたいなもの
です

損益計算書
P/L

1年間にどのような活動を
したかを報告するための書
類

貸借対照表
B/S

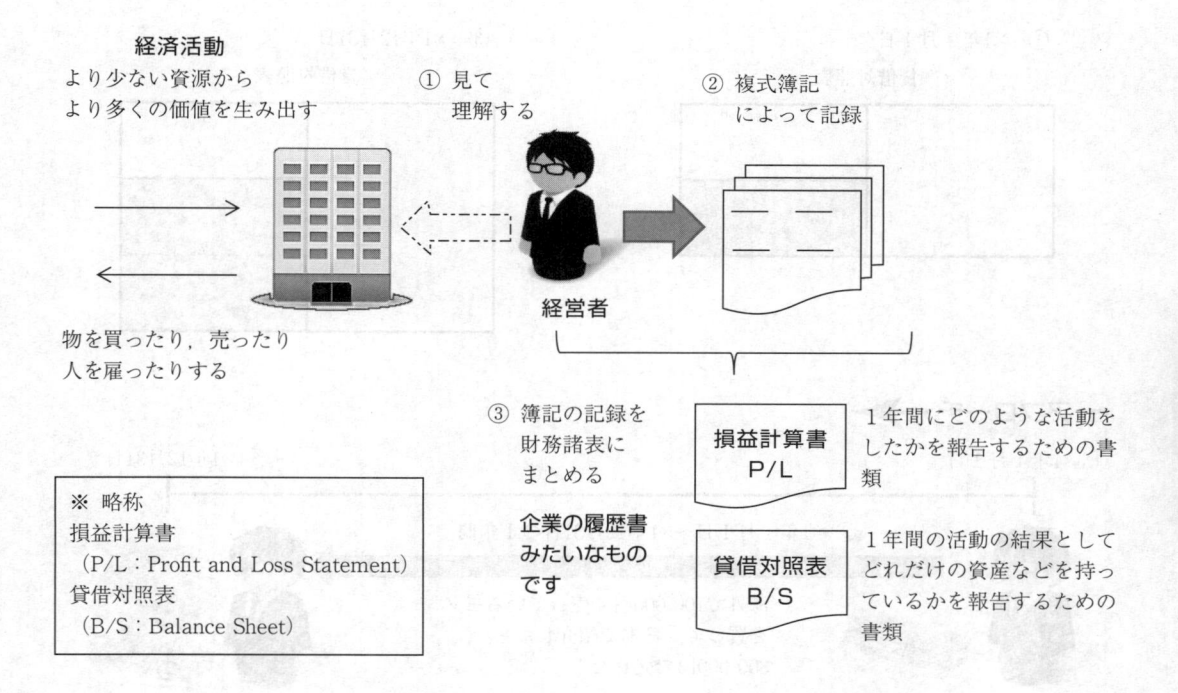

1年間の活動の結果として
どれだけの資産などを持っ
ているかを報告するための
書類

※ 略称
損益計算書
　（P/L：Profit and Loss Statement）
貸借対照表
　（B/S：Balance Sheet）

2－2　貸借対照表ついて理解する

　貸借対照表（B／S）の説明から始めます。**貸借対照表は，「ある一時点で企業が持っている資産の量など」を表す書類**です。財務諸表による株主などへの報告は通常1年に1回ですから，そのタイミングに合わせて貸借対照表も1年ごとに作成されます（この期間を**「会計期間」**といいます）。

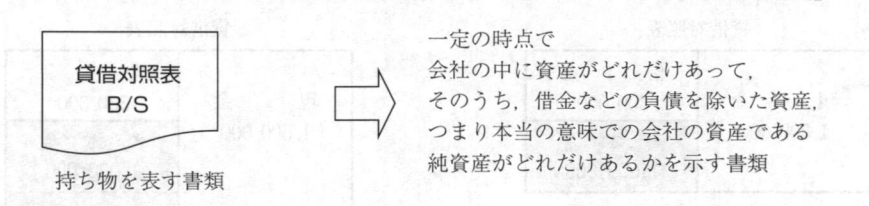

貸借対照表
B/S

持ち物を表す書類

一定の時点で
会社の中に資産がどれだけあって，
そのうち，借金などの負債を除いた資産，
つまり本当の意味での会社の資産である
純資産がどれだけあるかを示す書類

　では，実際に次の基本問題にもとづいて，貸借対照表を作成してみましょう。

基本問題1　☆☆☆☆

次の資料にもとづき，貸借対照表を作成しなさい。なお，ここでは貸借対照表を，①×1年1月1日と③×1年12月31日の2つの時点で作成すること。

1　×1年1月1日において，当社（自分のこと）は，現金1,300,000円を持っているが，そのうち300,000円は銀行から借りたものである。

2　当社は，×1年1月1日から×1年12月31日の1年間の間に，100,000円で商品（＝売るつもりで買ったモノのこと）を仕入れ（＝商品を購入すること），それを300,000円で売り上げた（＝商品を売ること）。

3　×1年12月31日において，当社は，現金1,500,000円を持っているが，そのうち300,000円は銀行から借りたものである。

① ×1年1月1日　　　　　　　　　　　　③ ×1年12月31日
　　貸借対照表　　　　　　　　　　　　　　　貸借対照表

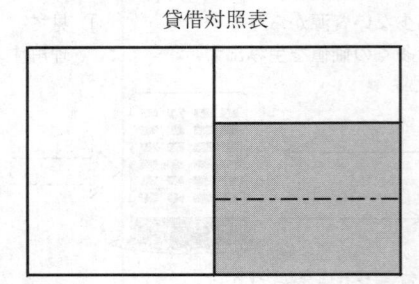

アプローチ

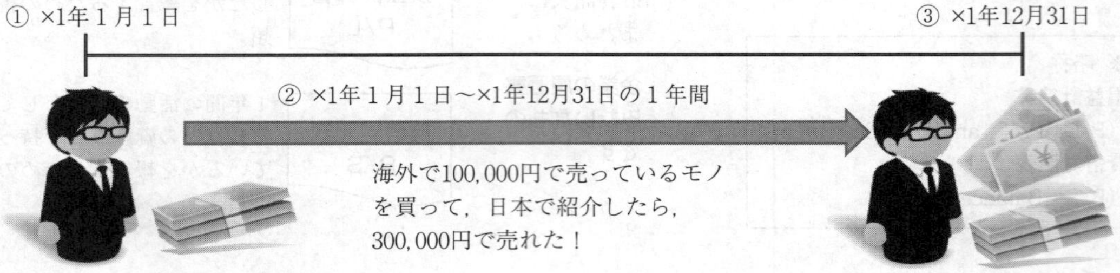

① ×1年1月1日　　　　　　　　　　　　　　　　　　　　　③ ×1年12月31日

② ×1年1月1日～×1年12月31日の1年間

海外で100,000円で売っているモノを買って、日本で紹介したら、300,000円で売れた！

現金を1,300,000円持っているが、そのうち300,000円は銀行から借りたものである。

借金が300,000円あることは変わらないが、現金残高が増えて1,500,000円ある。

解答&解説

① ×1年1月1日
貸借対照表

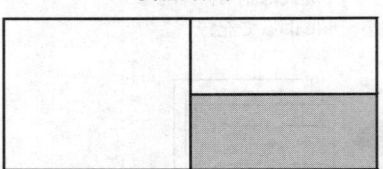

現　金	借　金
1,300,000	300,000
	資本金
	1,000,000

③ ×1年12月31日
貸借対照表

現　金	借　金
1,500,000	300,000
	資本金
	1,000,000
	当期純利益
	200,000

　まず、当社は、①の時点で確かに現金を1,300,000円持っていますが、その**全額が自分のお金ではないこと**に注意しなければなりません。何故ならば、そのうち300,000円は銀行から借りたものに過ぎないので、同額の借金、つまり**返済する義務を負っている**からです。よって、当社の実質的なお金（「純粋なお金」の量）は、1,300,000円から借金の300,000円を引いた1,000,000円だけです。これは、③の時点でも同じです。1,500,000円のお金があっても、借金が300,000円であれば、「純粋なお金の量」は1,200,000円に過ぎないのです。貸借対照表は、このような「**企業のお金（資産）と借金（負債）の関係を示し、企業自身の純粋なお金の量（純資産）を表す書類**」になるように作成していきます。

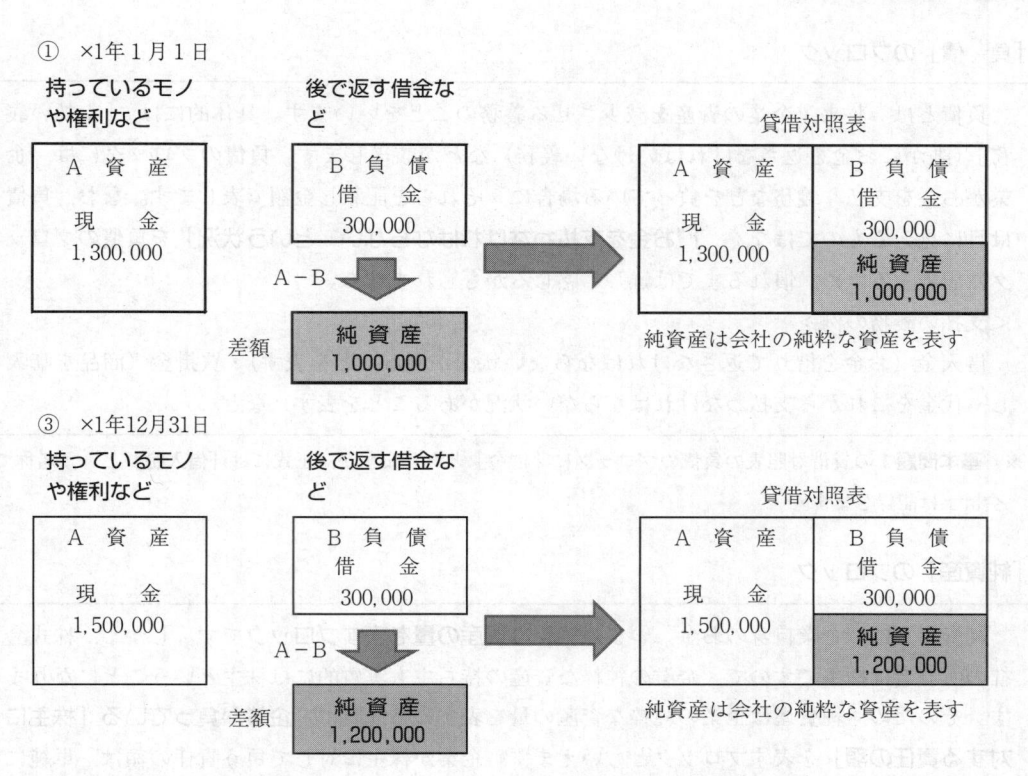

① ×1年1月1日

持っているモノ
や権利など

```
┌──────────┐      ┌──────────┐                    貸借対照表
│  A 資 産  │      │  B 負 債  │              ┌──────────┬──────────┐
│          │      │  借  金  │              │  A 資 産  │  B 負 債  │
│  現  金  │      │ 300,000 │              │          │  借  金  │
│1,300,000 │      └──────────┘   ═══▶       │  現  金  │ 300,000 │
│          │         A−B ▼                  │1,300,000 ├──────────┤
└──────────┘      ┌──────────┐              │          │ 純 資 産 │
           差額   │ 純 資 産 │              │          │1,000,000│
                  │1,000,000│              └──────────┴──────────┘
                  └──────────┘              純資産は会社の純粋な資産を表す
```

③ ×1年12月31日

持っているモノ
や権利など

```
┌──────────┐      ┌──────────┐                    貸借対照表
│  A 資 産  │      │  B 負 債  │              ┌──────────┬──────────┐
│          │      │  借  金  │              │  A 資 産  │  B 負 債  │
│  現  金  │      │ 300,000 │              │          │  借  金  │
│1,500,000 │      └──────────┘   ═══▶       │  現  金  │ 300,000 │
│          │         A−B ▼                  │1,500,000 ├──────────┤
└──────────┘      ┌──────────┐              │          │ 純 資 産 │
           差額   │ 純 資 産 │              │          │1,200,000│
                  │1,200,000│              └──────────┴──────────┘
                  └──────────┘              純資産は会社の純粋な資産を表す
```

①と③の時点における貸借対照表は，上記のようになります。貸借対照表は左側（簿記，会計では「**借方**」と呼びます）に「資産」を記載するブロックを配置し，右側（「**貸方**」と呼びます）に「負債」と「純資産」を記載するブロックを配置しています。貸借対照表はこの3つのブロックから構成され，それぞれのブロックには，次のような情報を記載することで書類として完成します。

「資　産」のブロック

　資産とは，企業が支配している経済的資源のことをいいます。簡単にいうと，企業が持っている金額的に価値のあるもののことです。具体的には，「**モノと権利**」が該当します。資産のブロックには，企業が保有するモノと権利がある場合に，それらを記載し金額で表します。
＜モノの例＞
　現金・土地・建物・車両など
＜権利の例＞
　特許権・請求権（「誰かにお金を返して」といえる権利）など

「負債」のブロック

負債とは，将来，企業の資産を減少させる義務のことをいいます。具体的には，「支払い義務」（誰かにお金を返さなければいけない義務）などが該当します。負債のブロックには，企業がお金を支払う義務などを負っている場合に，それらを記載し金額で表します。なお，負債は目に見えるものではなく，「"お金を支払わなければならない"という状況」を負債のブロックに記載するため，慣れるまでは難しく感じるかもしれません。

＜支払い義務の例＞

借入金（お金を借りて返さなければならない状況があることを表す）・買掛金（商品を購入し，代金をこれから支払わなければならない状況があることを表す）など

※ **基本問題1**の貸借対照表の負債のブロックに「借金」とありますが，正式には「借入金」という名称で会計上は記録します。

「純資産」のブロック

純資産とは，企業自身のお金，つまり**純粋な資産の量を表すブロック**です。しかし，株式会社の所有者は株主ですので，企業の純粋な資産の持ち主も実質的には株主ということになります。そのため，純資産は企業の純粋な資産の量を表すと同時に，**企業が負っている「株主に対する責任の額」**を表すブロックともいえます。企業が株主に対して負う責任の額は，単純にいえば「株主から任された金額＝資本金」ですが，これに加えて「所有者である株主のために，企業が儲けた分の金額」（利益：正確には「当期純利益」といいます）もしっかりと管理しなければなりません。そのため具体的には，**純資産のブロックには「資本金」と「当期純利益」の2つの項目が記載**されます。

① ×1年1月1日
貸借対照表

A 資 産	B 負 債
現　金 1,300,000	借　金 300,000
	資本金 1,000,000
	純　資　産

株主から任された金額

なお，1年間でどれだけ純資産が増えたかはわかるが，理由まではわからない。

③ ×1年12月31日
貸借対照表

A 資 産	B 負 債
現　金 1,500,000	借　金 300,000
	資本金 1,000,000
	当期純利益 200,000
	純　資　産

株主から任された金額
＋
企業が株主のために増やした金額

2−3　損益計算書について理解する

損益計算書は，企業が会計期間（要するに1年間という意味）で行った経済活動の状況を説明し，**報告する書類**です。損益計算書について細かく説明する前に，次の図を見て，ちょっと考えてみて下さい。

仕入たときの価値　　　　当　社　　　　売ったときの価値
100,000円相当　　　　　　　　　　　　300,000円相当

100,000円支払　　　　　　　　　　　　300,000円支払

100,000円の価値しか　　　　　　　　　　　　　　　300,000円の価値が
ないから，100,000円　　　　　　　　　　　　　　　あるから，300,000
で売るよ。　　　　　　　　　　　　　　　　　　　　円で買うよ。

この会社の力で「200,000円相当の価値を高めた」

　この図は，**基本問題1**の②を図に示したものです。企業のこのような1年間の経済活動を損益計算書として表してみると，次のようになります。

```
       P／L
売　　　上       300,000
売 上 原 価      100,000
当期純利益       200,000
```

この損益計算書は，一体，何を説明・報告しているのでしょうか？
A　100,000円を払って，300,000円を受け取ったので，200,000円のお金が増えた。
B　100,000円の価値しかなかったモノの価値を，300,000円に高め，新たに200,000円分の価値を生み出した。

　さて，この損益計算書が説明したいのは，AとBのどちらの情報だと，皆さんは思いますか。考えるポイントは，どちらの情報を利用者が必要としているかです。株主や銀行は，この企業が将来どれだけお金を稼ぎ，自分たちにメリットを与えてくれるかを知りたいですよね。つまり，この企業の将来予測に役立つ情報が欲しいということです。
　では，企業はどうやってお金を稼いでいるのかというと，既に説明しましたように，「経済活動の結果としてお金を稼いでいる」でした。経済活動とは，「少ない資源でより多くの価値を生み出す活動」のことです。つまり，企業は「世の中の資源を使って，より多くの価値ある資源を生み出して社会の役に立つことで，お金を受けとっている」ということです。そのため，企業に資源の価値を高める力（技術力など）があればあるほど，結果としてお金は増えていくことになります。つまり，株主や銀行にとって，お金を出しても安心な企業とは「価値を高める力」がある企業ということです。
　情報利用者は，企業の「価値を高める力」を知りたい，つまり「企業の経済活動をする力」を知りたいのです。そのため，損益計算書は，株主や銀行などの利害関係者や投資家が知りたがっている「企業の価値を高める力」を説明・報告するために，企業が行った経済活動の状況を表した書類として作成されています。そのため，上記の損益計算書が説明・報告しているのは「経済活動」，つまり「B」ということになります。

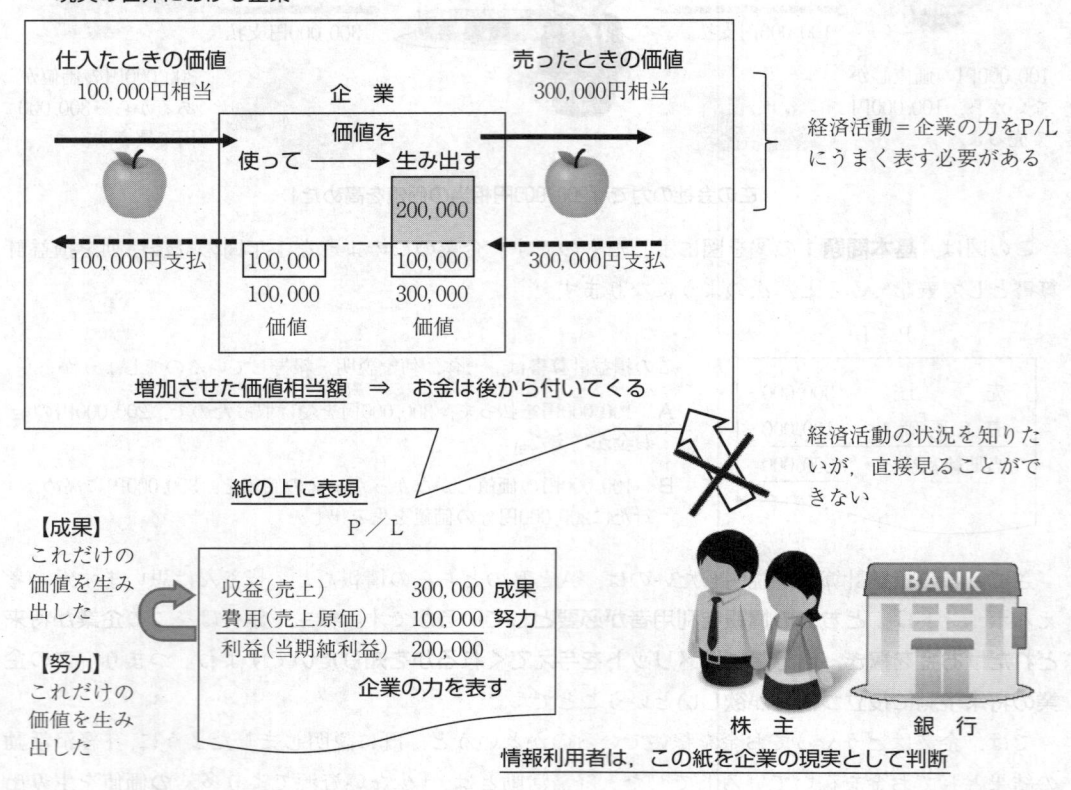

損益計算書
P/L

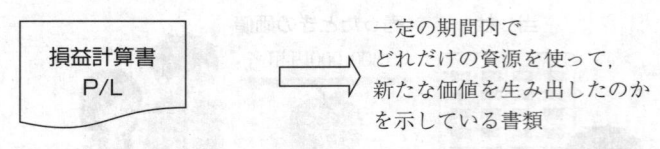

⇒ 一定の期間内でどれだけの資源を使って，新たな価値を生み出したのかを示している書類

現実の世界における企業

仕入たときの価値　　　　　　　　　　　　　　売ったときの価値
100,000円相当　　　　　企　業　　　　　　　300,000円相当
　　　　　　　　　　　価値を
　　　　　　　　　　使って ⟶ 生み出す
　　　　　　　　　　　　　　200,000
　　　　　　　　　　100,000　100,000
100,000円支払　　　　100,000　300,000　　　300,000円支払
　　　　　　　　　　　価値　　　価値

経済活動＝企業の力をP/Lにうまく表す必要がある

増加させた価値相当額 ⇒ お金は後から付いてくる

経済活動の状況を知りたいが，直接見ることができない

紙の上に表現

【成果】
これだけの価値を生み出した

P／L

収益（売上）	300,000	成果
費用（売上原価）	100,000	努力
利益（当期純利益）	200,000	

企業の力を表す

【努力】
これだけの価値を生み出した

株主　　銀行

情報利用者は，この紙を企業の現実として判断

基本問題2 ☆☆☆☆

次の資料にもとづき，損益計算書を作成しなさい。

当社は，×1年1月1日から×1年12月31日の1年間の間に，海外から100,000円で売られている果物を仕入れ，日本において販売した。この果物は海外ではあまり人気がないが，日本人好みの味であり，日本人にとっては高い価値があると当社は判断して仕入を決断した。その結果，この果物は日本の人々に受け入れられ，300,000円で販売できた。

×1年1月1日～×1年12月31日
損益計算書

費　　用	収　　益
当期純利益	

解答＆解説

×1年1月1日〜×1年12月31日
損益計算書

費　　用	収　　益
売上原価 100,000	売　　上 300,000
当期純利益 200,000	

　本問は，**基本問題1**の資料の2にストーリーを加えたものです。この問題文に与えられたストーリーには，大きな意味があります。それは，「買った値段以上で売るためには，必ず企業の力が必要」ということを説明しているのです。今回のストーリーでは，「日本人の好みを見抜く力」があるからこそ，海外で100,000円の価値しかなかった果物に，日本で300,000円の価値が付いたのです。この価値の差額200,000円分だけ，企業は世の中の人に役立ったということであり，その分だけお金を増やすことができたのです。**製造業以外でも，企業の力によって価値を高めない限り，企業が儲けることはできない**ということを，しっかりと理解しておいて下さい。

　さて，改めて損益計算書について考えていきましょう。既に学習しましたように，経済活動の状況が損益計算書に表せているかを確認します。

×1年1月1日〜×1年12月31日
損益計算書

費　　用	収　　益
売上原価 100,000	売　　上 300,000
当期純利益 200,000	

企業が使った価値
↓
購入した金額のうち，在庫分を除いた金額と一致する

企業が生み出した価値
↓
売れた金額と一致する

今回は
100,000円分購入し，全部売れている。

今回は
300,000円で売れた。

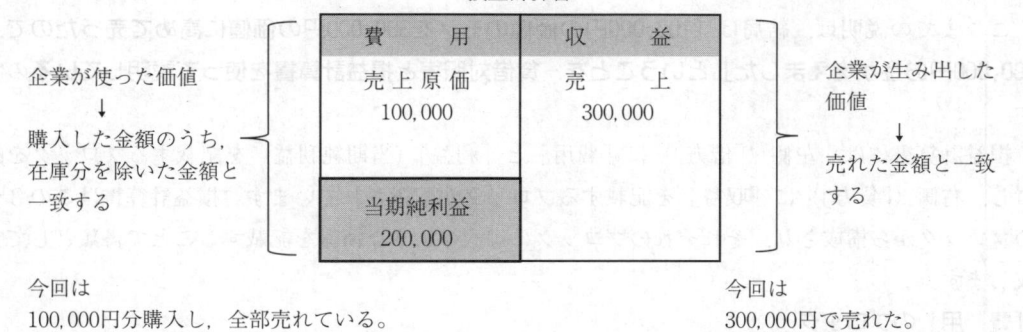

　ちなみに，今の時点では，「売上原価」という項目は「仕入れた金額のこと」程度に考えておいて構いません。このように，企業が会計期間に行った経済活動を一覧できる書類として損益計算書は作成されます。損益計算書を見ることによって，情報利用者（株主や銀行などの利害関係者や投資家）は，企業の経済活動を直接見ていませんが，状況を理解することができるのです。

　なお，**基本問題2**の損益計算書と**基本問題1**で説明した貸借対照表との関係は，次のようになります。

会計期間：×1年1月1日～×1年12月31日の1年間

期首　　　　　　　　　　　　　　　　　　　　　　　　　期末
① ×1年1月1日　　　　　期中　　　　　　　③ ×1年12月31日

貸借対照表

A 資 産	B 負 債 借 金 300,000
現 金 1,300,000	資 本 金 1,000,000

純資産

貸借対照表

A 資 産	B 負 債 借 金 300,000
現 金 1,500,000	資 本 金 1,000,000
	当期純利益 200,000

純資産

なぜお金が増えたかの理由が、損益計算書を見ればわかるようになっています。
まあ、一言で言えば「価値を高めたから」です。

企業が株主のために増やした金額

② ×1年1月1日～×1年12月31日

損益計算書

費　用	収　益
売上原価 100,000	売　上 300,000
当期純利益 200,000	

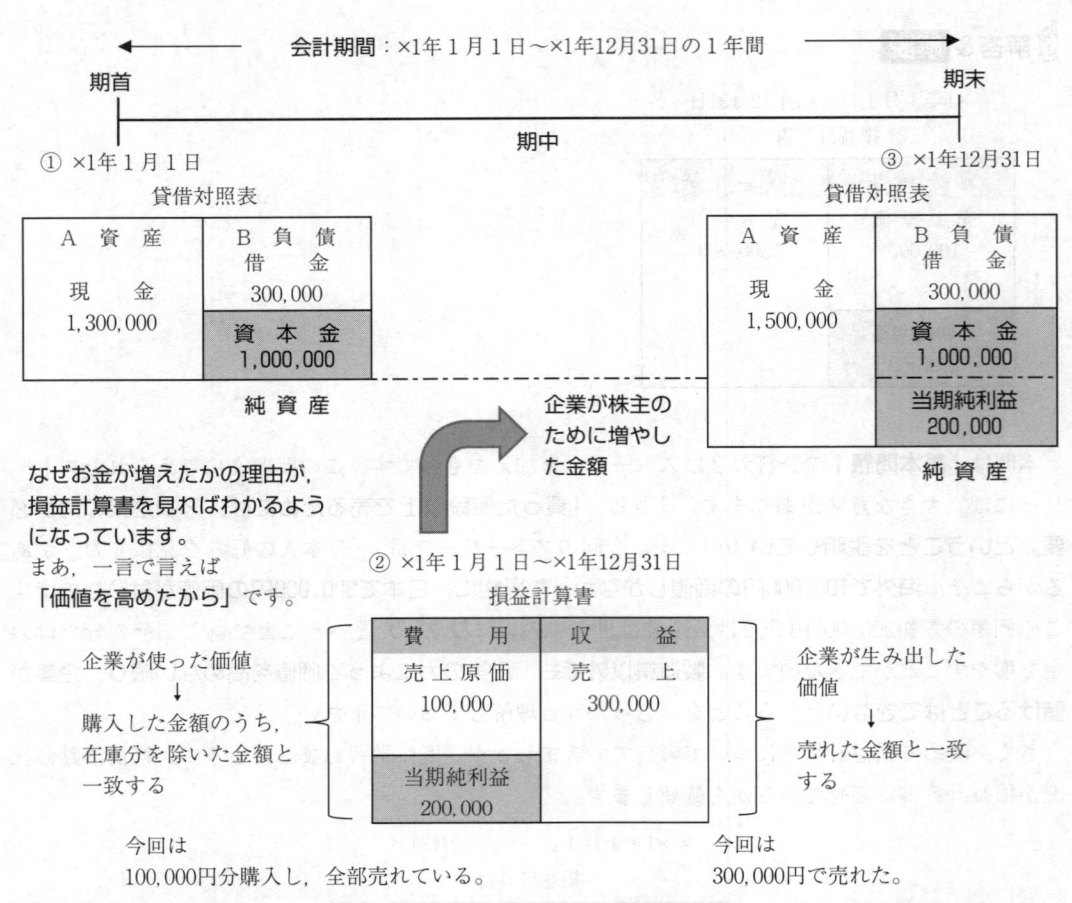

企業が使った価値
↓
購入した金額のうち、在庫分を除いた金額と一致する

企業が生み出した価値
↓
売れた金額と一致する

今回は100,000円分購入し、全部売れている。　　今回は300,000円で売れた。

　ここまでの説明は、結局は「100,000円の価値のモノを300,000円の価値に高めて売ったので、200,000円お金が増えました」ということを、貸借対照表と損益計算書を使って説明しているのです。

　損益計算書には、左側（「借方」）に「費用」と「利益」（当期純利益）を記載するブロックを配置し、右側（「貸方」）に「収益」を記載するブロックが配置されています。損益計算書はこの3つのブロックから構成され、それぞれのブロックには次のような情報を記載することで書類として完成します。

「費　用」のブロック

　費用とは、企業が経済活動を行うための努力として、モノやサービスをどれだけ使い、価値を失わせたことを示すものです。そのため、モノを買っても、使わなければ費用としては記録しません。
＜モノを使った場合の例＞
消耗品費（ボールペンなどの消耗品を使った）、売上原価（売り物の商品を販売して使った）など
＜サービスの例＞
給料（従業員の労働サービスを使った）、水道光熱費（電気・ガスなどのサービスを使った）、交通費（電車などの移動サービスを使った）など

「収　益」のブロック

　収益とは，企業が経済活動の成果として，どれだけ人が認める価値を生み出したかを示すものです。そのため，原則として実際に売れたなど，誰かが価値を認めてくれるまで収益としては記録しません。
＜人が認めた成果の例＞
売上（企業が提供したモノやサービスがお客に認められた）など

「利　益」のブロック

　利益とは，企業が経済活動を通じ，費用と収益の差額として，どれだけ人が認める価値を社会に増加させたかを示すものです。なお，利益は使った価値以上に新たな価値を生み出したことを表すもののため，この利益の分だけ，企業のお金を表す純粋な資産である純資産が貸借対照表において増加します。
※　利益は差額で計算されるだけなので，具体的な項目はありません。

テーマ３　簿記という記録方法を学ぶ

3－1　簿記の記録対象はなにか

　簿記は，企業の行動を記録する技術ですが，企業の行動の全てを記録しているわけではありません。簿記は，企業の経済活動，つまり価値の増加と減少がある場合など，具体的に企業の状況に変化がある場合にのみ記録します。この簿記の記録対象となる企業の行動を「取引」といいます。簿記の学習の一番の根っこは，「簿記が記録したい対象はこれだ！」というものを見つける感覚を身に着けることです。たくさんの企業の行動の中から，簿記の記録対象を判断できなければ，せっかく「書き方」を覚えても，使いようがありません。今すぐ完全に理解することは難しいですが，応用問題に対応するため，実践的な力を付けるために，頭の片隅に置いておいて下さい。

3－2　簿記の記録は状況の理解から始まる

　既に説明しましたように，簿記で記録するためには，企業の活動の中から「取引」を見極める必要があります。次の**基本問題３**を使って，具体的に簿記の記録対象である「取引」について考えていきましょう。

基本問題3 ☆☆☆

次の資料のうち，簿記上の取引に該当するものを記号で答えなさい。

A　当社は株主から，現金1,000,000円の出資を受けた。
B　当社は銀行から，現金300,000円を借り入れた。
C　当社は面接の結果，来年4月から新たな従業員を雇うことを決定した。
D　当社は，商品100,000円分を現金払いで仕入れた。
E　当社は，Dで仕入れた商品の全てを300,000円で販売した。なお，掛取引であり，代金は来月受け取る予定である。

簿記上の取引に該当するもの・・・ [　　　　　]

解答＆解説

簿記上の取引に該当するもの・・・ A，B，D，E

本問は**基本問題1**の改題ですが，これらの活動を図で表すと，次のようになります。

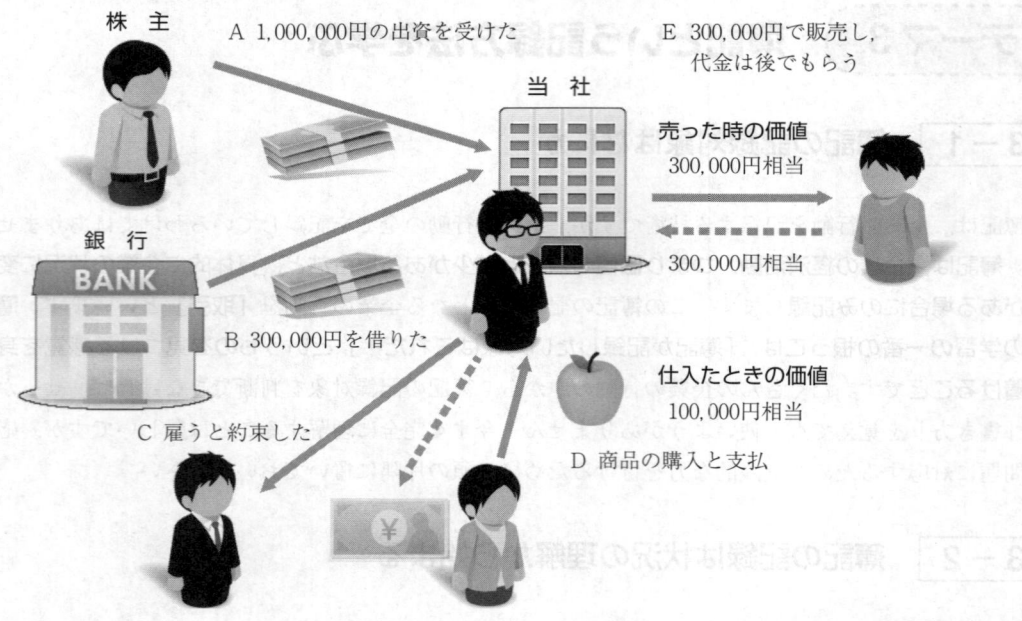

A　1,000,000円の出資を受けた
B　300,000円を借りた
C　雇うと約束した
D　商品の購入と支払
E　300,000円で販売し，代金は後でもらう
売った時の価値 300,000円相当
仕入たときの価値 100,000円相当

この状況を「取引」という視点，つまり「価値の増加と減少がある場合など具体的に企業の状況に変化があるか」という視点で分析してみます。

A　1,000,000円の出資を受けた。

当社はこの「事実」によって，お金が1,000,000円増加しました。しかし，それと同時に，株主に対する責任が1,000,000円分増加しました。
つまり，具体的な変化が企業にあるため，これは「取引」に該当します。

B　300,000円を借りた。

> 当社はこの「事実」によって，お金が300,000円増加しました。しかし，それと同時に，銀行に対してお金を返さないといけない義務が300,000円分増加しました。
> つまり，具体的な変化が企業にあるため，これは「取引」に該当します。

C　雇うと約束した。

> 当社はこの「事実」によって，雇用関係のある従業員が生まれました。しかし，働いてもらわない限り，支払いが生じるわけではありません。
> つまり，具体的な変化が企業にないため，これは「取引」に該当しません。

D　商品の購入と支払

> 当社はこの「事実」によって，商品が100,000円分増加しました。しかし，それと同時に，支払いによってお金が100,000円減少しました。
> つまり，具体的な変化が企業にあるため，これは「取引」に該当します。

E　300,000円で販売し，代金は後でもらう。

> 当社はこの「事実」によって，持っていた100,000円分の価値のある商品を失い，300,000円分の価値を生み出したことが証明され，結果として，後でお金がもらえる権利が300,000円分増加しました。
> つまり，具体的な変化が企業にあるため，これは「取引」に該当します。

このように，簿記上の記録対象となる「取引」は，私たちが日常生活で考える「取引」とはすこし意味が違います。**簿記の記録対象の理解はとても大切なことですが，ここですべてを理解しようとするのではなく，学習を進めながら少しずつ理解していけばよいので，あまり難しく考える必要はありません。**

3-3　把握した状況を簿記の5要素に分類しよう

簿記の最終的な目的は，貸借対照表や損益計算書という財務諸表を作成し，株主や銀行など情報を必要としている人達に企業の経済活動の状況などを伝えることです。そのためには，**経営者は，企業が行った取引を財務諸表という紙の上にうまく表現しなければなりません。**経営者は，企業が行った取引を「簿記の5要素」に分類して，情報利用者にわかりやすい財務諸表を作成していきます。

経済活動　　　　　簿記上の取引
より少ない資源から　見て
より多くの価値を生み出す　理解する

簿記の5要素
に分けて整理

B/S
| 資産 | 負債 |
| | 純資産 |

資産・負債
純資産
収益・費用
の5つ

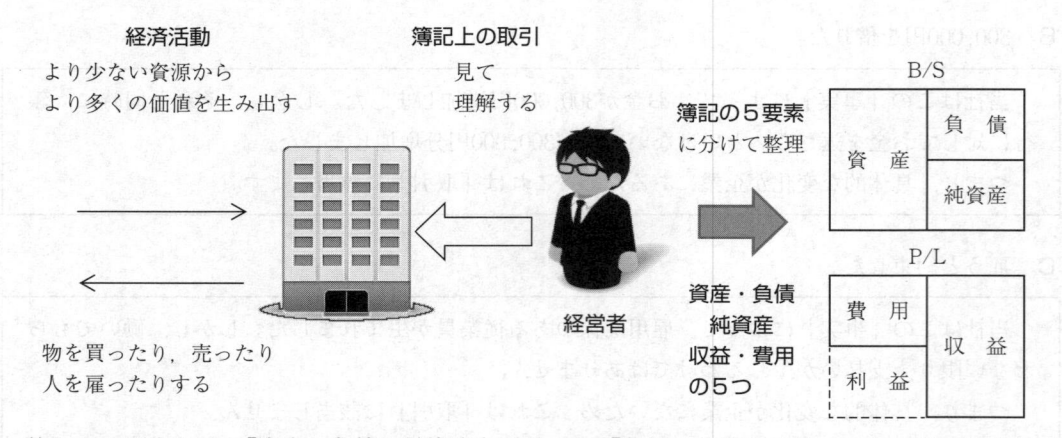

P/L
| 費用 | 収益 |
| 利益 | |

物を買ったり，売ったり
人を雇ったりする

経営者

簿記の5要素とは，「資産・負債・純資産」の3つと「収益・費用」の2つです。利益は差額で計算されるもののため，5要素には含まれません。財務諸表を作成するためには，**取引を見て理解し，その内容が5要素のどこに記載すべきものなのかを判断することが必要になります。基本問題3**の例を使って実際に分類していきましょう。

なお，分類先となる5要素のそれぞれの内容を簡単に示すと，次のとおりです。**具体的な作業は，取引から理解した内容を，5要素のうちの当てはまるところに割り当てていくことになります。**

資　　　産……持っているモノと権利を書くブロック
負　　　債……負っている支払いなどの義務を書くブロック
純　資　産……株主に対する責任を書くブロック
費　　　用……モノやサービスをどれだけ使い，価値を失わせたことを書くブロック
収　　　益……どれだけ人が認める価値を生み出したかを書くブロック

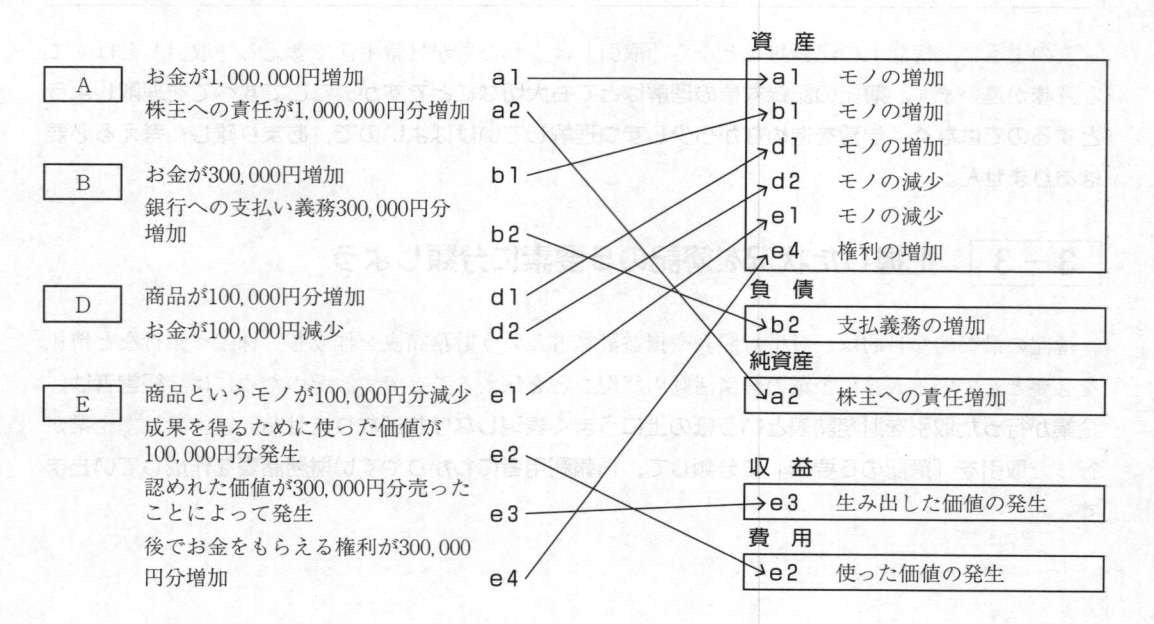

A	お金が1,000,000円増加 株主への責任が1,000,000円分増加	a1 a2
B	お金が300,000円増加 銀行への支払い義務300,000円分増加	b1 b2
D	商品が100,000円分増加 お金が100,000円減少	d1 d2
E	商品というモノが100,000円分減少 成果を得るために使った価値が100,000円分発生 認められた価値が300,000円分売ったことによって発生 後でお金をもらえる権利が300,000円分増加	e1 e2 e3 e4

資　産
→a1　モノの増加
→b1　モノの増加
→d1　モノの増加
→d2　モノの減少
→e1　モノの減少
→e4　権利の増加

負　債
→b2　支払義務の増加

純資産
→a2　株主への責任増加

収　益
→e3　生み出した価値の発生

費　用
→e2　使った価値の発生

この分類にもとづいて貸借対照表と損益計算書を作成すると，次のようになります。上記の図では，「モノ」「権利」などと書いているだけですが，実際には，その「モノ」「権利」などの記録された内容がどのようなものかがわかるように名称を設定して記載していきます。たとえば，「現金」「売上」「資本金」などと，**内容がわかるように設定した名称を「勘定科目」と呼びます**。

貸借対照表

資　　産	負　　債
現　　金 1,200,000	借　入　金 300,000
売　掛　金 300,000	資　本　金 1,000,000
	当期純利益 200,000

純資産　　差額計算

損益計算書

費　　用	収　　益
売上原価 100,000	売　　上 300,000
当期純利益 200,000	

3-4　代表的な勘定科目のイメージを掴む

　今後，このテキストで学習を進めていくにつれて，どんどん勘定科目が出てきます。ここでは，その主要な一部を先取りして説明していきます。それらの項目が，簿記の5要素の「どのブロックに分類されるものなのか」「なぜ分類されるのか」を理解してもらうことで，より5要素のイメージが掴めるようになります。

会社　見て・記録する　たくさんの記録

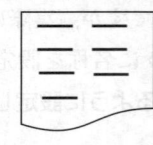

企業の活動を複式簿記によって記録

記録された項目を適切な財務諸表に振り分ける必要がある

（代表的な項目）

現　　金	借　入　金	建　　物	受　取　利　息	売　　　上	受取手数料
仕　　入	資　本　金	買　掛　金	広　告　宣　伝　費	消　耗　品　費	光　熱　費
売　掛　金	貸　付　金	支払地代	車　　両		

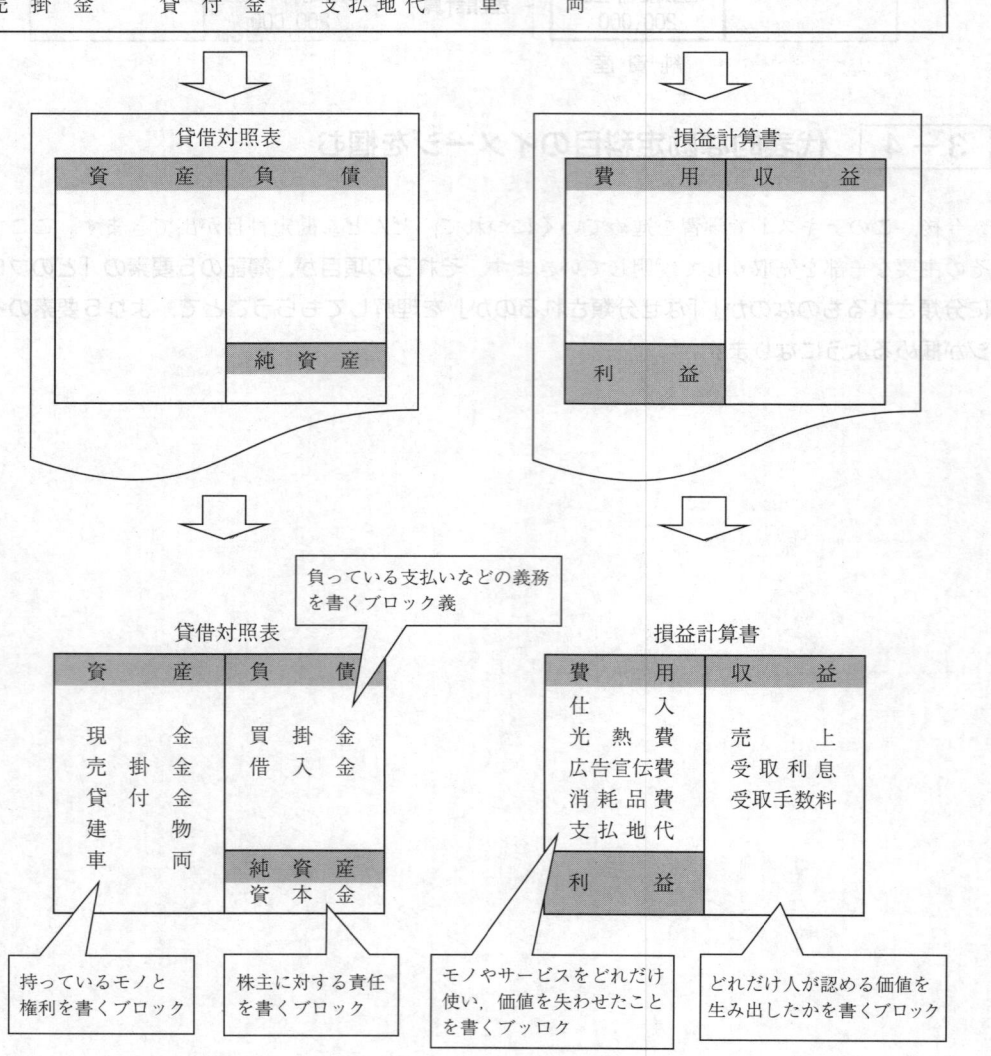

貸借対照表

資　産	負　債
	純資産

損益計算書

費　用	収　益
利　益	

貸借対照表

資　産	負　債
現　　　金	買　掛　金
売　掛　金	借　入　金
貸　付　金	
建　　　物	純資産
車　　　両	資　本　金

負っている支払いなどの義務を書くブロック義

損益計算書

費　用	収　益
仕　　入	売　　　上
光　熱　費	受取利息
広告宣伝費	受取手数料
消耗品費	
支払地代	
利　益	

持っているモノと権利を書くブロック

株主に対する責任を書くブロック

モノやサービスをどれだけ使い，価値を失わせたことを書くブロック

どれだけ人が認める価値を生み出したかを書くブロック

具体的に，次の**基本問題4**を使って，それぞれの勘定科目が貸借対照表及び損益計算書のどのブロックに含まれるものなのかを考えて見ましょう。

基本問題4　☆☆☆☆

次の勘定科目を，貸借対照表および損益計算書の適切な箇所に番号で振り分けなさい。

① 借　入　金　　銀行などからお金を借りたため，返済する義務がある状態を表す勘定科目
② 通　信　費　　通信サービス（切手や電話など）を使ったことを表す勘定科目
③ 光　熱　費　　水道・電気などのサービスを使用したことを表す勘定科目
④ 受取手数料　　何かサービスを提供し，価値が認められたことを表す勘定科目
⑤ 預　り　金　　従業員などから一時的に資金を預かり，返す予定のお金があることを表す勘定科目
⑥ 支 払 利 息　　お金を借りるサービスを使ったことを表す勘定科目
⑦ 現　　　金　　持っているお金を表す勘定科目
⑧ 当 座 預 金　　預金があることを表す勘定科目
　　　　　　　　なお，当座預金は代金決済に使う特殊な預金である。
⑨ 支 払 家 賃　　居住サービスを使用したことを表す勘定科目
⑩ 備　　　品　　パソコンや机などを持っていることを表す勘定科目
⑪ 受 取 手 形　　代金を請求する権利がある手形を持っていること表す勘定科目
⑫ 貸　付　金　　他者に資金を貸し付け，回収できる権利があることを表す勘定科目
⑬ 売　掛　金　　後で回収できる未収の商品販売代金にかかる権利があることを表す勘定科目
⑭ 買　掛　金　　商品の仕入代金が未払いの状況にあり，後で支払う義務があることを表す勘定科目
⑮ 資　本　金　　株主からの預かった資金の額であり，株主に対する責任を表す勘定科目
⑯ 売 上 原 価　　売上を得るために販売され，なくなった商品の価値を表す勘定科目
⑰ 給　　　料　　従業員の労働サービスを使ったことを表す勘定科目
⑱ 租 税 公 課　　役所など行政サービスを使ったことを表す勘定科目
⑲ 売　　　上　　商品を販売し，価値が認められたことを表す勘定科目

貸借対照表

資　産	負　債
	純資産

損益計算書

費　用	収　益
利　益	

解答＆解説

貸借対照表		損益計算書	
資　産	負　債	費　用	収　益
⑦	①	②　⑯	④
⑧	⑤	③　⑰	⑲
⑩	⑭	⑥　⑱	
⑪		⑨	
⑫	純資産	利　益	
⑬	⑮	差　額	

それぞれの勘定科目の内容を，以下の5要素のブロックと照らし合わせて判断することになります。

「資　産」‥持っているモノと権利を書くブロック

> 今回の設例では，モノに該当するのは，⑦現金，⑧当座預金，⑩備品です。権利に該当するのが，⑪受取手形，⑫貸付金，⑬売掛金です。

「負　債」‥負っている支払いなどの義務を書くブロック

> ①借入金は，お金を借りたという事実が支払い義務を生み出したとき，⑤預り金は，お金を預かったために返す義務が生じたときに，その状況を負債として記録するときに使います。また，⑭買掛金は，商品を買ったのにお金を払っていないため，支払い義務が生じたときに使われる勘定科目です。

「純資産」‥株主に対する責任を書くブロック

> ⑮資本金は，株主からお金の管理や運用を会社（経営者）が任せられたことにより，責任を負ったことを表すための勘定科目です。

「費　用」‥モノやサービスをどれだけ使い，価値を失わせたことを書くブロック

> それぞれ種類は違いますが，モノやサービスを使った事実を損益計算書に示すために，費用として記録されます。モノを使った事実に該当するのは，⑯売上原価です。②通信費，③光熱費，⑥支払利息，その他，⑨，⑰，⑱はサービスを使った事実を表す勘定科目です。

「収　益」‥どれだけ人が認める価値を生み出したかを書くブロック

> ④受取手数料，⑲売上の2つとも，企業が生み出した価値があることを示す勘定科目で，両者の違いは「どのような価値を生み出したか」です。その会社の本業（メインの業務）から生み出された価値を表す場合には⑲の「売上」という勘定科目を使い，それ以外の場合には④受取手数料など，その他の収益の勘定科目を使います。

テーマ4　勘定記入をマスターする

今までは，簿記の記録対象や記録した結果，どのような書類が作成され，どのように使われるのかといった内容を学習してきました。しかし，それら書類は，全て記録の積上げによって作成されるものです。ここからは，具体的にその記録がどのように行われるのかを学習していきましょう。

4-1　勘定と財務諸表の関係

財務諸表を作成するために，企業の取引内容を記録する方法として「勘定記入」という方法があります。既に説明しましたように，内容がわかるように設定した名称を「勘定科目」と呼びますが，勘定記入とは，設定されたそれぞれの勘定を集計単位として記録する方法をいいます。なお，受験では，簡便的な勘定である「T字勘定」を作成します。

現	金
1,000,000	100,000
300,000	

左記のT字勘定は，現金の増減を集計するためのものですが，これはどのように読み取れるのでしょうか？

この勘定は，各項目の集計に用いるために，それぞれで設定するものです。ただし，勘定記入にはルールがあり，このルールをマスターしなければ，勘定を書くことも，読むこともできません。この勘定記入のルールは，それぞれの勘定が最終的に簿記の5要素のどこに分類され，貸借対照表と損益計算書に記載されていくのかと大きく関係しています。そのため，まず次の図を意識しながら，ルールを理解して下さい。

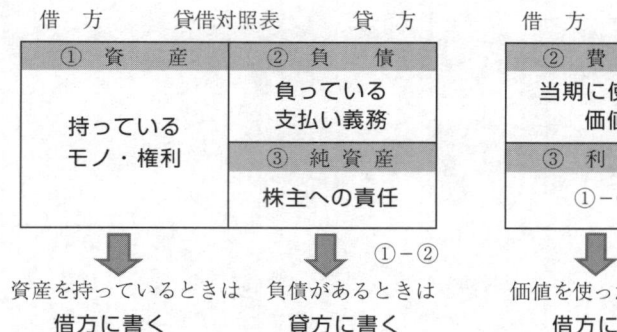

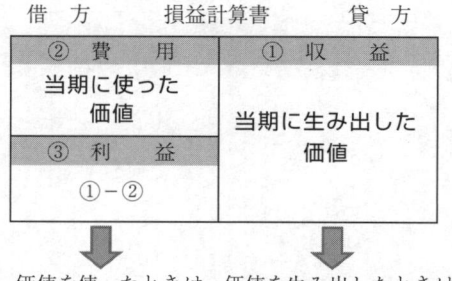

借　方　貸借対照表　貸　方	借　方　損益計算書　貸　方
① 資　産 ／ ② 負　債	② 費　用 ／ ① 収　益
持っている モノ・権利 ／ 負っている 支払い義務	当期に使った 価値 ／ 当期に生み出した 価値
／ ③ 純資産 株主への責任	／ ③ 利　益 ①－②
↓　　　　　↓　①－②	↓　　　　　↓
資産を持っているときは　負債があるときは	価値を使ったときは　価値を生み出したときは
借方に書く　　**貸方に書く**	**借方に書く**　　**貸方に書く**

簿記の5要素が財務諸表上の借方・貸方のどちらに位置しているかで，そこに属する各勘定の集計ルールが次のように変わります。

借　方　貸借対照表　貸　方	借　方　損益計算書　貸　方
① 資　産 ／ ② 負　債	② 費　用 ／ ① 収　益
＋ ／ － ／ ＋ ／ －	＋ ／ － ／ － ／ ＋
／ ③ 純資産	／ ③ 利　益
／ － ／ ＋	①－②

この記入ルールにもとづいて，上記の現金勘定を改めて見ると，現金が1,000,000円と300,000円増加し，100,000円減少したことが読み取れます。

現　　金	
1,000,000	100,000
300,000	

（左が＋，右が－の記録を表す）

4－2　勘定に実際に記入してみよう

　このルールにもとづいて，以下の**基本問題5**（**基本問題3**と同じ資料）の内容を使って，具体的に勘定記入してみましょう。

基本問題5　☆☆☆☆

次の資料にもとづいて，勘定記入を行いなさい。

A　当社は株主から，現金1,000,000円の出資を受けた。
B　当社は銀行から，現金300,000円を借り入れた。
C　当社は面接の結果，来年4月から新たな従業員を雇うことを決定した。
D　当社は，商品100,000円分を現金払いで仕入れた。
E　当社は，Dで仕入れた商品の全てを300,000円で販売した。なお，掛取引であり，代金は来月受け取る予定である。

財務諸表の「左側＝借方」の項目の記載ルール
＜資産の勘定＞

+	現　　　金	-

増えたら　　　　　減ったら
左側でプラス　　　右側でマイナス

貸借対照表に書く金額
左－右　[　　　]

+	売　掛　金	-

増えたら　　　　　減ったら
左側でプラス　　　右側でマイナス

貸借対照表に書く金額
左－右　[　　　]

+	商　　　品	-

増えたら　　　　　減ったら
左側でプラス　　　右側でマイナス

貸借対照表に書く金額
左－右　[　　　]

＜費用の勘定＞

+	売上原価	-

増えたら　　　　　減ったら
左側でプラス　　　右側でマイナス

損益計算書に書く金額
左－右　[　　　]

※ P／Lに「使った価値」として書くべき数字がプラスになるということ。

財務諸表の「右側＝貸方」の項目の記載ルール
＜負債の勘定＞

-	借　入　金	+

減ったら　　　　　増えたら
左側でマイナス　　右側でプラス

貸借対照表に書く金額
右－左　[　　　]

＜純資産の勘定＞

-	資　本　金	+

減ったら　　　　　増えたら
左側でマイナス　　右側でプラス

貸借対照表に書く金額
右－左　[　　　]

＜収益の勘定＞

-	売　　上	+

減ったら　　　　　増えたら
左側でマイナス　　右側でプラス

損益計算書に書く金額
右－左　[　　　]

解答＆解説

【用語】これまでにも説明してきましたが，会計の世界では　左側……借方　右側……貸方　と呼びますので，ここでマスターしておきましょう。

財務諸表の「左側＝借方」の項目の記載ルール
＜資産の勘定＞

+	現　　金	-
1,000,000		100,000
300,000		
増えたら左側でプラス		減ったら右側でマイナス

貸借対照表に書く金額
　左－右　　1,200,000

+	売　掛　金	-
300,000		
増えたら左側でプラス		減ったら右側でマイナス

貸借対照表に書く金額
　左－右　　300,000

+	商　　品	-
100,000		100,000
増えたら左側でプラス		減ったら右側でマイナス

貸借対照表に書く金額
　左－右　　0

＜費用の勘定＞

+	売 上 原 価	-
100,000		
増えたら左側でプラス		減ったら右側でマイナス

損益計算書に書く金額
　左－右　　100,000

※　P／Lに「使った価値」として書くべき
　　数字がプラスになるということ。

財務諸表の「右側＝貸方」の項目の記載ルール
＜負債の勘定＞

-	借　入　金	+
		300,000
減ったら左側でマイナス		増えたら右側でプラス

貸借対照表に書く金額
　右－左　　300,000

＜純資産の勘定＞

-	資　本　金	+
		1,000,000
減ったら左側でマイナス		増えたら右側でプラス

貸借対照表に書く金額
　右－左　　1,000,000

＜収益の勘定＞

-	売　　上	+
		300,000
減ったら左側でマイナス		増えたら右側でプラス

損益計算書に書く金額
　右－左　　300,000

A 当社は株主から、現金1,000,000円の出資を受けた。

当社はこの「事実」によって、お金が1,000,000円増加しました。この増加は、資産の勘定に属する「現金」勘定の左側に集計します。また、それと同時に生ずる株主に対する責任については、純資産の勘定に属する「資本金」勘定の右側に集計します。

＜資産の勘定＞

+	現　　金	-
100,000		
＜増えたら左側でプラス＞		＜減ったら右側でマイナス＞

＜純資産の勘定＞

-	資　本　金	+
		100,000
＜減ったら左側でマイナス＞		＜増えたら右側でプラス＞

必ず、左右同じ金額が記入される仕組みになっている

貸借平均の原理

B 当社は銀行から，現金300,000円を借り入れた。

> 当社はこの「事実」によって，お金が300,000円増加しました。この増加は，資産の勘定に属する「現金」勘定の左側に集計します。また，それと同時に生ずる銀行に対する支払い義務については，負債の勘定に属する「借入金」勘定の右側に集計します。
>
> ＜資産の勘定＞
>
> | + | 現　　金 | － |
> |---|---|---|
> | 1,000,000 | | |
> | 300,000 | | |
> | ＜増えたら左側でプラス＞ | ＜減ったら右側でマイナス＞ | |
>
> ＜負債の勘定＞
>
> | － | 借　入　金 | ＋ |
> |---|---|---|
> | | | 300,000 |
> | ＜減ったら左側でマイナス＞ | ＜増えたら右側でプラス＞ | |
>
> 貸借＝左右が一致
> （太字部分）

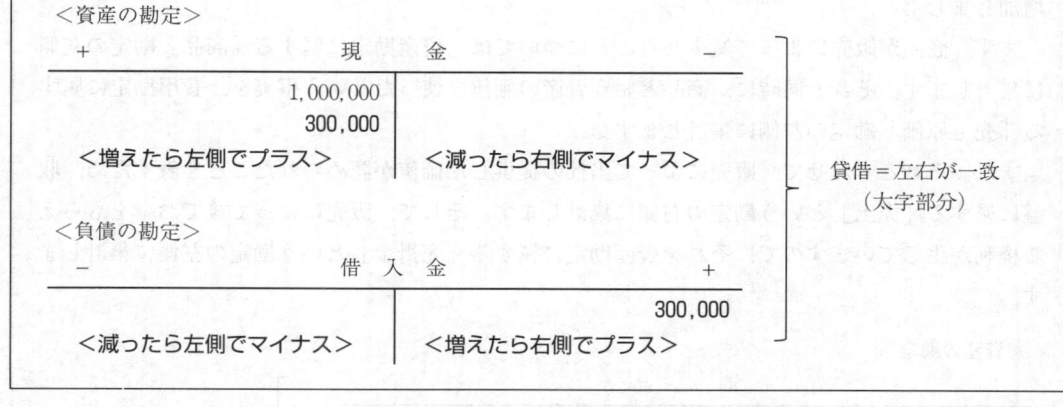

C 雇うと約束した。

> 「取引」に該当しません。

D 当社は，商品100,000円分を現金払いで仕入れた。

> 当社はこの「事実」によって，商品が100,000円分増加しました。この増加は，資産の勘定に属する「商品」勘定の左側に集計します。また，それと同時に現金が100,000円減少します。この減少は，資産の勘定に属する「現金」勘定の右側に集計します。
>
> ＜資産の勘定＞
>
> | + | 商　　品 | － |
> |---|---|---|
> | 100,000 | | |
> | ＜増えたら左側でプラス＞ | ＜減ったら右側でマイナス＞ | |
>
> ＜資産の勘定＞
>
> | + | 現　　金 | － |
> |---|---|---|
> | 1,000,000 | 100,000 | |
> | 300,000 | | |
> | ＜増えたら左側でプラス＞ | ＜減ったら右側でマイナス＞ | |
>
> 貸借＝左右が一致
> （太字部分）

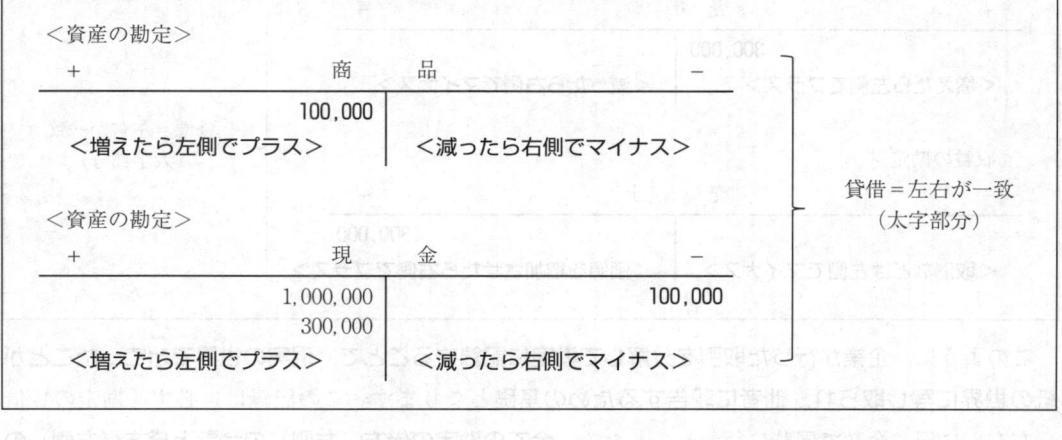

E 当社は，Dで仕入れた商品の全てを300,000円で販売した。なお，掛取引であり，代金は来月受け取る予定である。

　当社はこの「事実」によって，持っていた100,000円分の価値のある商品を失い，300,000円分の価値を生み出したことが証明され，結果として，後でお金をもらえる権利が300,000円分増加しました。

　まず，商品が販売によって減少したことについては，資産勘定に属する「商品」勘定の右側に集計します。それと同時に，商品という資産の価値を使ったという事実を，費用勘定に属する「売上原価」勘定の左側に集計します。

　また，それと合わせて，販売によって当社の提供した価値が認められたことを表すため，収益に属する「売上」という勘定の右側に集計します。そして，販売によって後でお金をもらえる権利が生じていますので，それを資産勘定に属する「売掛金」という勘定の左側に集計します。

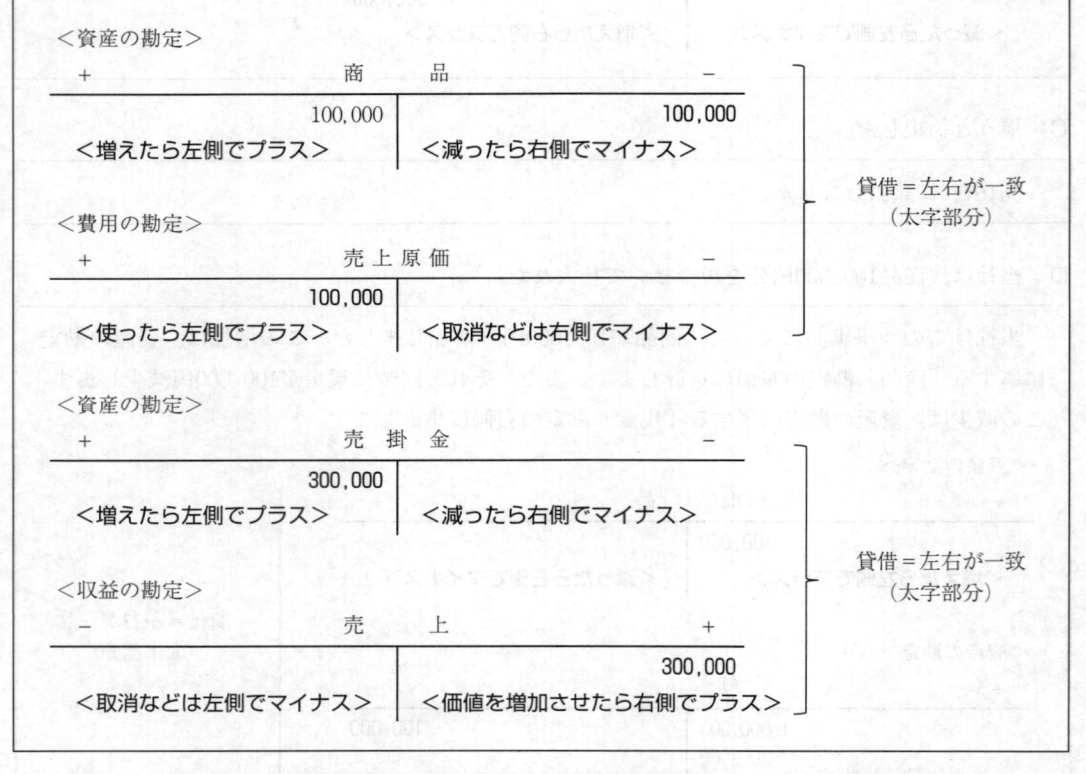

```
<資産の勘定>
    +              商　　品              －
           100,000           |           100,000
   <増えたら左側でプラス>   <減ったら右側でマイナス>

<費用の勘定>
    +              売 上 原 価             －
           100,000           |
   <使ったら左側でプラス>   <取消などは右側でマイナス>
```
貸借＝左右が一致
（太字部分）

```
<資産の勘定>
    +              売　掛　金            －
           300,000           |
   <増えたら左側でプラス>   <減ったら右側でマイナス>

<収益の勘定>
    －              売　　上              ＋
                             |           300,000
   <取消などは左側でマイナス>   <価値を増加させたら右側でプラス>
```
貸借＝左右が一致
（太字部分）

　このように，企業が行った取引を分解して勘定に記録することで，現実の世界で起こったことが紙の世界に写し取られ，他者に報告するための基礎となります。この記録は，必ず「勘定の貸借（左右）に同じ金額で同時に行われる」ため，**全ての勘定の借方（左側）の合計と貸方（右側）の合計値は一致する**ことになります。

テーマ5　試算表の作成方法をマスターする

5-1　試算表はなんのために作るのか

　試算表は，**記録のミスを発見するために作成**されます。ここまで見てきましたように，企業の取引をそれぞれの勘定に記入していくのですが，人間が行うことですから，ミスが生じることがないとは限りません。そのため，**一定の時期（月末や期末）に「試算表」を作成し，ミスがないか確認**するのです。しかし，近年では記録もコンピュータ化が進んでいますので，記録ミスのチェックというよりも，その時点での企業の状況を把握する**簡便的な財務諸表として用いられている**ことが多くなっています。なお，試算表には，合計試算表，残高試算表，合計残高試算表の3つがあります。

5-2　試算表の3つの種類

　具体的に，3種類の試算表を作成してみましょう。

基本問題6　☆☆☆

次の勘定にもとづいて，合計試算表，残高試算表，合計残高試算表をそれぞれ作成しなさい。

```
       現      金                          借  入  金
 1,000,000  |  100,000                           |  300,000
   300,000  |

       売  掛  金                          資  本  金
   300,000  |                                    |  1,000,000

       商      品
   100,000  |  100,000

       売 上 原 価                          売      上
   100,000  |                                    |  300,000
```

【合計試算表】

合　計　試　算　表

借　　　　方	勘　定　科　目	貸　　　　方
	現　　　　　　金	
	売　　掛　　金	
	商　　　　　　品	
	借　　入　　金	
	資　　本　　金	
	売　上　原　価	
	売　　　　　　上	

33

【残高試算表】

残　高　試　算　表

借　　方	勘定科目	貸　　方
残　　高		残　　高
	現　　　　　金	
	売　　掛　　金	
	商　　　　　品	
	借　　入　　金	
	資　　本　　金	
	売　上　原　価	
	売　　　　　上	

【合計残高試算表】

合　計　残　高　試　算　表

借　　　方		勘定科目	貸　　　方	
残　高	合　計		合　計	残　高
		現　　　　　金		
		売　　掛　　金		
		商　　　　　品		
		借　　入　　金		
		資　　本　　金		
		売　上　原　価		
		売　　　　　上		

🖐解答＆解説

【合計試算表】

＋　現　金　－	
1,000,000	100,000
300,000	・
・	・
・	・
1,300,000	100,000

各勘定の合計値をそれぞれ
左右で集計していく方法

縦計

合　計　試　算　表

借　　方	勘定科目	貸　　方
1,300,000	現　　　　　金	100,000
300,000	売　　掛　　金	
100,000	商　　　　　品	100,000
	借　　入　　金	300,000
	資　　本　　金	1,000,000
100,000	売　上　原　価	
	売　　　　　上	300,000
1,800,000		1,800,000

【残高試算表】

```
  +    現  金    -
  1,000,000 | 100,000
    300,000 |    ・
        ・  |    ・
        ・  |    ・
  1,300,000 | 100,000
```

最終残高は「1,200,000」円

各勘定の合計値を相殺し，
その残額を集計していく方法

残高試算表

借方残高	勘定科目	貸方残高
1,200,000	現　　　　金	
300,000	売　掛　金	
	商　　　　品	
	借　入　金	300,000
	資　本　金	1,000,000
100,000	売　上　原　価	
	売　　　　上	300,000
1,600,000		1,600,000

縦計

【合計残高試算表】

合計試算表と残高試算表をミックスしたもの

合計残高試算表

借方残高	借方合計	勘定科目	貸方合計	貸方残高
1,200,000	1,300,000	現　　　　金	100,000	
300,000	300,000	売　掛　金		
	100,000	商　　　　品	100,000	
		借　入　金	300,000	300,000
		資　本　金	1,000,000	1,000,000
100,000	100,000	売　上　原　価		
		売　　　　上	300,000	300,000
1,600,000	1,800,000		1,800,000	1,600,000

　試算表によるミスのチェックは，貸借（左右）の合計金額（縦計）が一致するかどうかで行います。勘定記入をルールどおりに行えば，必ず個々の勘定記入が，どこかの勘定の左右に同じ金額で行われます。記録のミスがなければ，それらを合計した試算表においても，必ず合計欄の左右の金額は一致するはずです。もし，この**合計欄の金額にズレがある場合には，どこかで記録ミスをしている**と判断されます。

　なお，この試算表から財務諸表を作成すると，次のようになります。

貸借対照表
×1年12月31日

資産	金額	負債及び純資産	金額
現　　　　金	1,200,000	借　入　金	300,000
売　掛　金	300,000	資　本　金	1,000,000
		当期純利益	200,000 差額
	1,500,000		1,500,000

転記　　損益計算書
×1年1月1日～×1年12月31日

費用	金額	収益	金額
売上原価	100,000	売　　　上	300,000
当期純利益	200,000		
	300,000		300,000

テーマ6　仕訳ってなんだろう

6-1　仕訳の必要性

　仕訳とは，取引をメモする技術だといえます。企業が行った取引を勘定に記録し，その記録にもとづいて最終的に貸借対照表や損益計算書という財務諸表が完成することは説明しました。しかし，ここで大きな問題が発生します。既に学習しました勘定は，「元帳」（本のようなものだと思って下さい）に設定されるのですが，いつも元帳を持ち歩いているわけではありません。よって，目の前で勘定に記録すべき取引が起こっても，その場でいきなり元帳の勘定に記入することはできないのです。このような理由から，**日々の取引をメモする必要があり，そのメモの仕方が「仕訳」と呼ばれる技術**です。

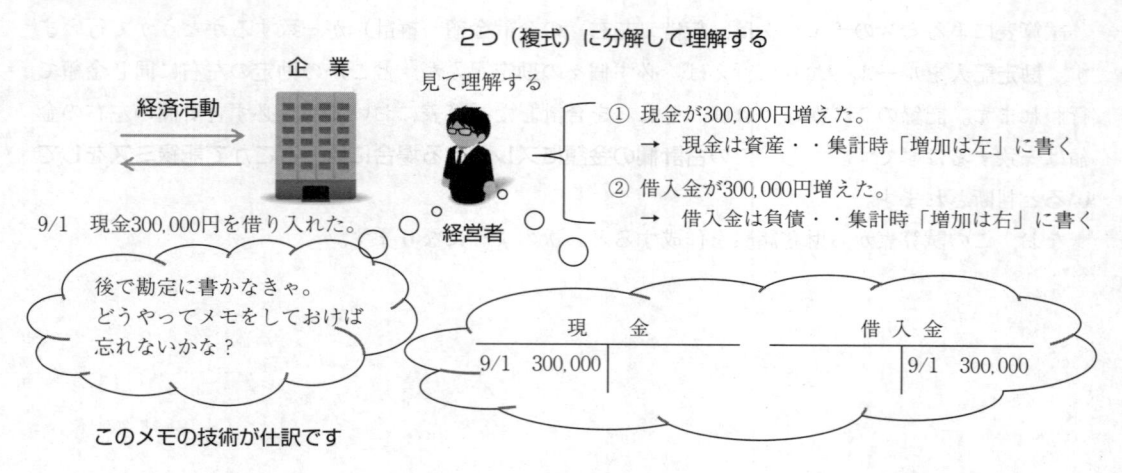

2つ（複式）に分解して理解する

見て理解する

企業　　経営者

経済活動

9/1　現金300,000円を借り入れた。

① 現金が300,000円増えた。
→　現金は資産・・集計時「増加は左」に書く

② 借入金が300,000円増えた。
→　借入金は負債・・集計時「増加は右」に書く

後で勘定に書かなきゃ。
どうやってメモをしておけば忘れないかな？

現　金		借入金	
9/1　300,000			9/1　300,000

このメモの技術が仕訳です

なお，仕訳は後で勘定に書き写すために必要な情報をメモする技術です。そのため，次の4つの内容を説明するものでなければなりません。

仕訳の必要記載事項
① T勘定の左右どちらに書き込むのか？
② それはどの勘定か？
③ いくら分の増減を記録するか？
④ いつの出来事か？

このようなケースの場合に，仕訳は「9/1　現　金　300,000　／　借入金　300,000」となります。

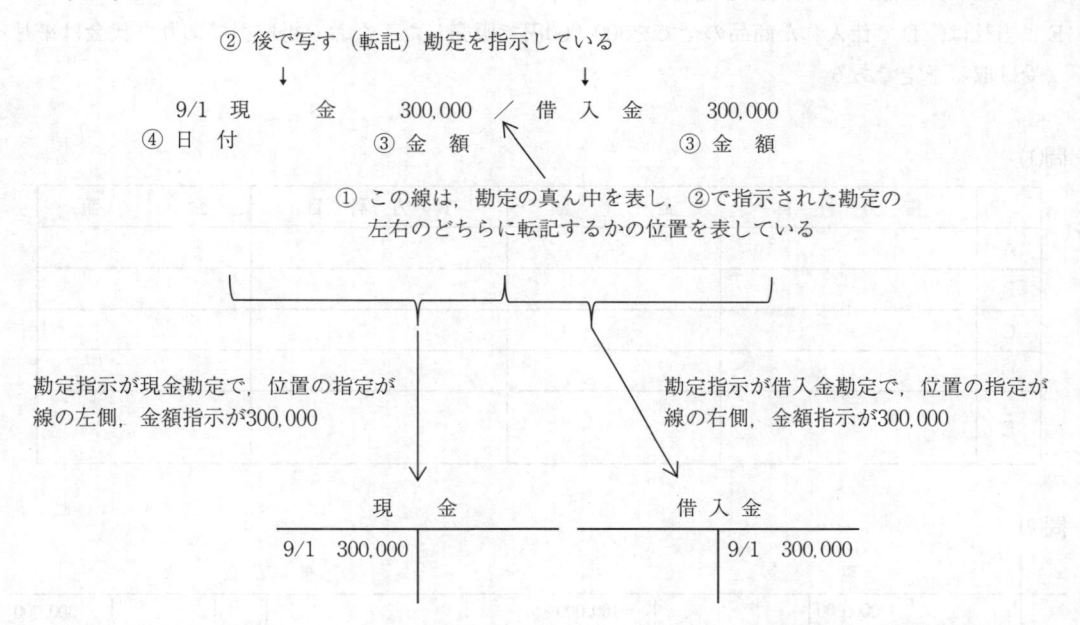

② 後で写す（転記）勘定を指示している
　　↓　　　　　　　　　↓
9/1　現　金　300,000　／　借入金　300,000
④日付　　③金額　　　　　　③金額

① この線は，勘定の真ん中を表し，②で指示された勘定の左右のどちらに転記するかの位置を表している

勘定指示が現金勘定で，位置の指定が線の左側，金額指示が300,000

勘定指示が借入金勘定で，位置の指定が線の右側，金額指示が300,000

```
      現　金           　　　借入金
9/1  300,000         　　　   9/1  300,000
```

仕訳のルールは，理論的に考えると上記のとおりですが，最初は「仕訳の左右の記入位置は勘定記入と一緒」と覚えておいてもよいでしょう。そうすれば，すぐに仕訳は書けるようになります。

6-2　勘定をもう少し見やすく記録する

勘定の記録の仕方は既に学習しましたとおりですが，ここではもう一工夫を加えて，勘定記入をもっと見やすく記録してみましょう。

会計上の取引は2つに分解された後に，仕訳として記録され，勘定へと移されます。この移動のことを「転記」といいます。その転記の際には，勘定単体で見ても，なぜその勘定の項目が変動したのかがわかるように工夫をして記録をしておきます。ただし，この工夫をしなくても，試算表の作成，財務諸表の作成にはなんら影響はありません。あくまでこの工夫はおまけに過ぎませんので，まずこれまでの所を完成させて，頭をすっきりさせてから復習して下さい。そうしないと，頭が混乱してわからなくなってしまいます。

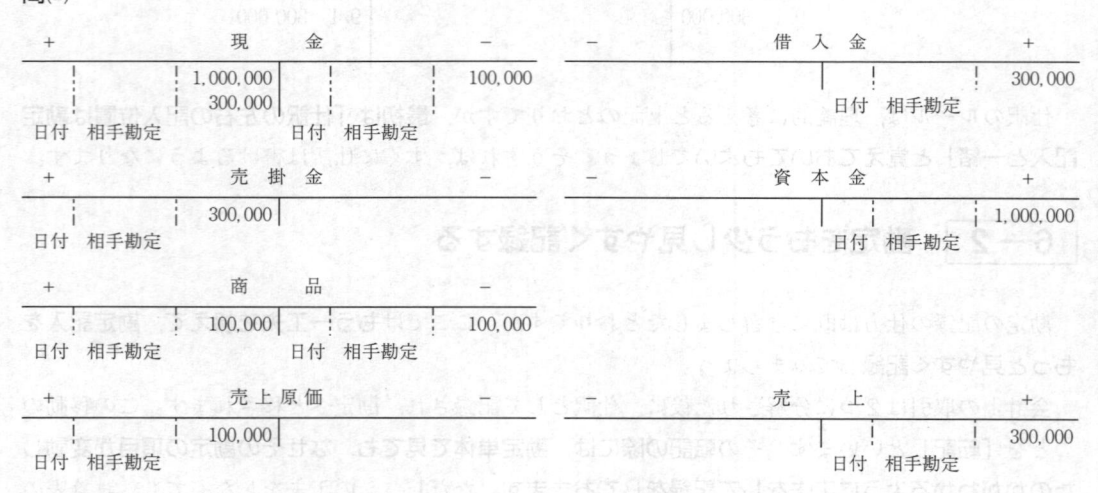

基本問題7　☆☆☆☆

次の資料にもとづいて，(1)仕訳で記録した上で，(2)下記の勘定に日付と相手勘定の記入を行いなさい。仕訳および勘定記入が不要な場合には，「仕訳なし」と記入しなさい。なお，A～Eは日付として取り扱うこと。

A　当社は株主から，現金1,000,000円の出資を受けた。
B　当社は銀行から，現金300,000円を借り入れた。
C　当社は面接の結果，来年4月から新たな従業員を雇うことを決定した。
D　当社は，商品100,000円分を現金払いで仕入れた。
E　当社は，Dで仕入れた商品の全てを300,000円で販売した。なお，掛取引であり，代金は来月受け取る予定である。

問(1)

	借方科目	金　額	貸方科目	金　額
A				
B				
C				
D				
E				

問(2)

```
+         現　金         -            -         借入金         +
        1,000,000  |  100,000                          |  300,000
          300,000  |                                   |
日付 相手勘定  日付 相手勘定                         日付 相手勘定

+         売掛金         -            -         資本金         +
          300,000  |                                   |  1,000,000
日付 相手勘定                                       日付 相手勘定

+         商　品         -
          100,000  |  100,000
日付 相手勘定  日付 相手勘定

+        売上原価        -            -         売　上         +
          100,000  |                                   |  300,000
日付 相手勘定                                       日付 相手勘定
```

簿記の基本を学ぶ

→アプローチ→

勘定記入のルール

<資産の勘定>

<増加を左側に書く>　　<減少を右側に書く>
+　　　　　　現　金　　　　　　　－

| A 資本金 | 1,000,000 | | 100,000 |

↑　　　　　　　　　　　↑
何故増えたのか　　　　何故減ったのか
を書く　　　　　　　　を書く

勘定に数字を記入した場合は，その数字に意味がより理解できるように，「日付」「変動の理由」を数字の横に書き加えておきます。

<負債の勘定>

<減少を左側に書く>　　<増加を右側に書く>
－　　　　　　借入金　　　　　　＋

| | | | 300,000 |

↑　　　　　　　　　　　↑
何故減ったのか　　　　何故増えたのか
を書く　　　　　　　　を書く

<純資産の勘定>

<減少を左側に書く>　　<増加を右側に書く>
－　　　　　　資本金　　　　　　＋

| | | A 現金 | 1,000,000 |

↑　　　　　　　　　　　↑
何故減ったのか　　　　何故増えたのか
を書く　　　　　　　　を書く

<費用の勘定>

<発生を左側に書く>　　<取消などを右側に書く>
+　　　　　　売上原価　　　　　　－

| | 1,000,000 | | |

↑　　　　　　　　　　　↑
何故増えたのか　　　　何故減ったのか
を書く　　　　　　　　を書く

<収益の勘定>

<取消などを左側に書く>　　<発生を右側に書く>
－　　　　　　売　上　　　　　　＋

| | | | 1,000,000 |

↑　　　　　　　　　　　↑
何故減ったのか　　　　何故増えたのか
を書く　　　　　　　　を書く

解答＆解説

問(1)

	借方科目	金　額	貸方科目	金　額
A	現　　金	1,000,000	資　本　金	1,000,000
B	現　　金	300,000	借　入　金	300,000
C	仕訳なし			
D	商　　品	100,000	現　　金	100,000
E	売上原価 売　掛　金	100,000 300,000	商　　品 売　　上	100,000 300,000

A 当社は株主から，現金1,000,000円の出資を受けた。

　　　資産：現金増加＝左側　　純資産：資本金増加＝右側
　　A　現　　金　　1,000,000　／　資　本　金　　1,000,000

B 当社は銀行から，現金300,000円を借り入れた。

```
     資産：現金増加＝左側    負債：借入金増加＝右側
 B  現        金    300,000  ／  借   入   金   300,000
```

C 当社は面接の結果，来年４月から新たな従業員を雇うことを決定した。

```
 取引ではない。
```

D 当社は，商品100,000円分を現金払いで仕入れた。

```
     資産：商品増加＝左側    資産：現金減少＝右側
 D  商        品    100,000  ／  現        金   100,000
```

E 当社はDで仕入れた商品の全てを，300,000円で販売した。なお，掛取引であり，代金は来月受け取る予定である。

```
     費用：売上原価増加＝左側    資産：商品減少＝右側
 E  売  上  原  価    100,000  ／  商        品    100,000
     資産：売掛金増加＝左側    収益：売上増加＝右側
    売   掛   金    300,000  ／  売        上    300,000
```

問(2)

+	現　金	−		−	借入金	+
A｜資本金｜1,000,000	D｜商　品｜100,000				B｜現　金｜300,000	
B｜借入金｜300,000					日付　相手勘定	
日付　相手勘定	日付　相手勘定					

+	売掛金	−		−	資本金	+
E｜売　上｜300,000					A｜現　金｜1,000,000	
日付　相手勘定					日付　相手勘定	

+	商　品	−				
D｜現　金｜100,000	E｜売上原価｜100,000					
日付　相手勘定	日付　相手勘定					

+	売上原価	−		−	売　上	+
E｜商　品｜100,000					E｜売掛金｜300,000	
日付　相手勘定					日付　相手勘定	

勘定同士の関係がわかるように記入します。ここでは，例としてAおよびBに関する勘定記入のみ説明しておきます。その他の個所は，これを参考に書き方をマスターして下さい。

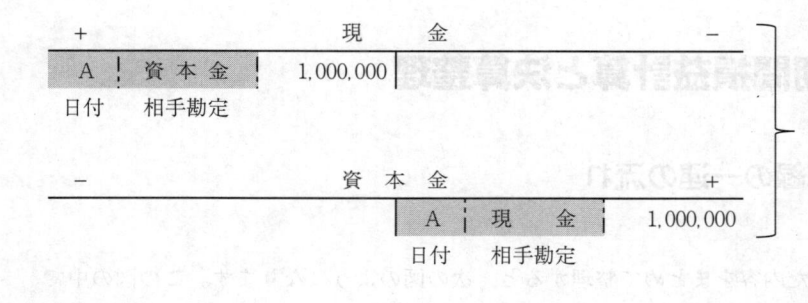

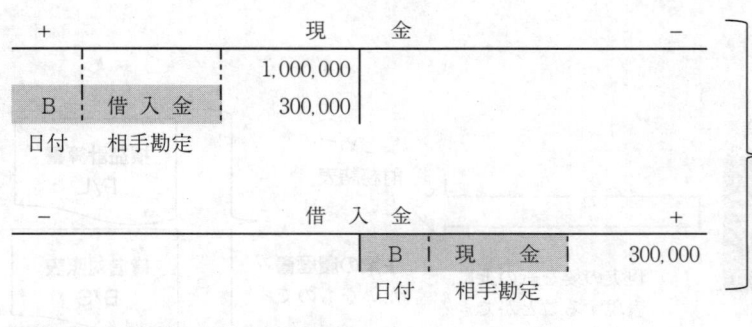

```
 +           現    金           −
┌───┬─────┬───────────
│ A │ 資本金 │ 1,000,000
└───┴─────┴───────────
 日付  相手勘定
```
勘定同士の関係がわかるようになる

```
 −           資  本  金          +
              ┌───┬─────┬───────────
              │ A │ 現 金 │ 1,000,000
              └───┴─────┴───────────
               日付  相手勘定
```

```
 +           現    金           −
               1,000,000
┌───┬─────┬───────────
│ B │ 借入金 │  300,000
└───┴─────┴───────────
 日付  相手勘定
```
勘定同士の関係がわかるようになる

```
 −           借  入  金          +
              ┌───┬─────┬───────────
              │ B │ 現 金 │  300,000
              └───┴─────┴───────────
               日付  相手勘定
```

※ **相手が複数ある場合の書き方**

たとえば、株主から出資を受ける際に、現金のみでなく預金と合わせて1,000,000円の出資を受けた場合などは、勘定に記入するときに「諸口」と記入しておきます。

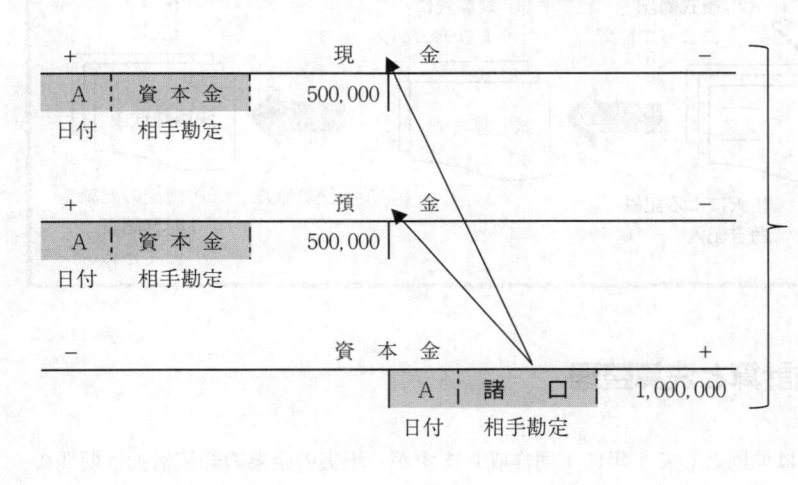

```
 +           現    金           −
┌───┬─────┬───────────
│ A │ 資本金 │   500,000
└───┴─────┴───────────
 日付  相手勘定
```

```
 +           預    金           −
┌───┬─────┬───────────
│ A │ 資本金 │   500,000
└───┴─────┴───────────
 日付  相手勘定
```
勘定同士の関係がわかるようになる

```
 −           資  本  金          +
              ┌───┬─────┬───────────
              │ A │ 諸 口 │ 1,000,000
              └───┴─────┴───────────
               日付  相手勘定
```
相手が複数の場合、相手勘定を記入する欄に**「複数の相手がいること」**を示す、諸口を使う

テーマ7　期間損益計算と決算整理

7-1　簿記の記録の一連の流れ

　ここまで学習してきました内容をまとめて整理すると，次の図のようになります。この図の中でまだ学習していないのは，「④ 決算整理」です。ここでは，**期間損益計算**と**決算整理**の考え方を説明していきます。

【一連の流れの整理】

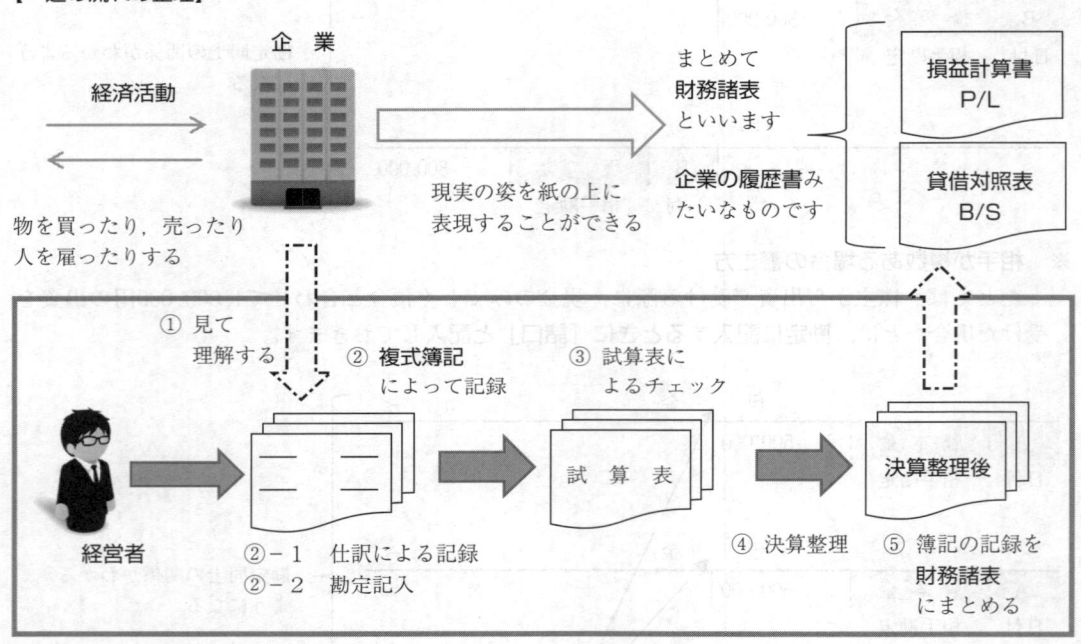

7-2　期間損益計算と決算整理

　貸借対照表や損益計算書は原則として1年に1回作成しますが，現実の企業の経済活動は期間の区切りなく継続して行われています。経済活動が終わったら最後に財務諸表を作成しようとしても，なかなか経済活動は終わりません（**会計は「企業は永久に存続する」という継続企業を前提**としています）。そのため，**人為的に期間を区切って財務諸表を作成する**こととしたのです。これを**期間損益計算**といいます。この区切られた期間内の最後を期末と呼び，**この期末に行われるのが「決算整理」と呼ばれる手続き**です。決算整理とは，**1年の最後に，ミスや記録漏れ，その他の理由で数字を修正する作業**をいいます。期中の記録を**決算整理によって修正することで，適正な財務諸表の基礎となるデータ**が完成します。このデータが完成した後は，具体的な財務諸表の作成が行われます。なお，決算整理については，第4章で説明しますので，ここではイメージを掴んでもらえれば問題ありません。

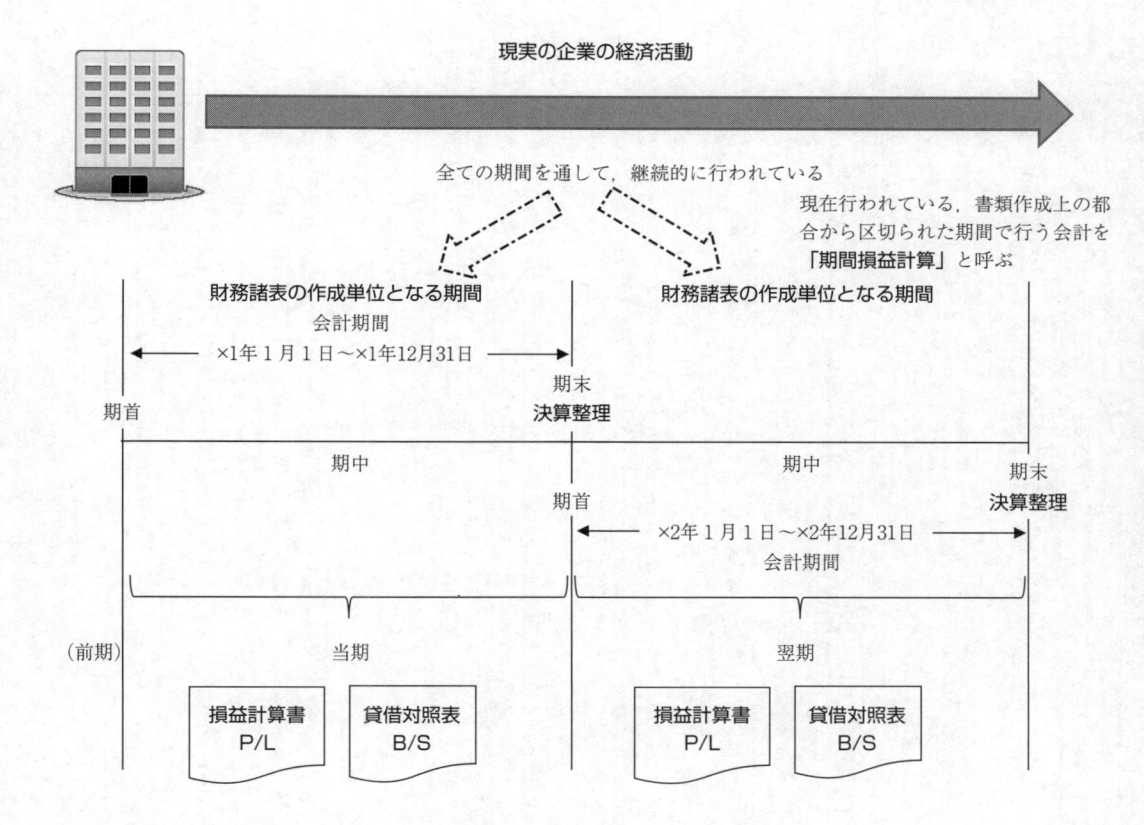

簿記の基本を学ぶ

現実の企業の経済活動

全ての期間を通して，継続的に行われている

現在行われている，書類作成上の都合から区切られた期間で行う会計を「**期間損益計算**」と呼ぶ

財務諸表の作成単位となる期間
会計期間
×1年1月1日～×1年12月31日

財務諸表の作成単位となる期間
×2年1月1日～×2年12月31日
会計期間

期首　　期中　　期末 **決算整理**　期首　期中　　期末 **決算整理**

（前期）　当期　　翌期

損益計算書 P/L　　貸借対照表 B/S　　損益計算書 P/L　　貸借対照表 B/S

第1章　第2章　第3章　第4章　第5章　第6章

43

第3章 複式簿記で企業の経済活動を記録する

> **＜本章のポイント＞**
>
> 　第3章では，第2章で学んだ記録のルールを使い，具体的な記録の仕方を学習していきます。**簿記を学習することの意義は，記録するという作業を通じて，企業の経済活動の流れが学べる点にあります。** 記録の仕方をマスターすると同時に，企業の活動内容も理解するように努めましょう。

テーマ1　事業を始めた時の記録

> **＜学習ポイント＞**
>
> 　テーマ1では，個人事業主や企業が事業を始めた時の記録の仕方を学習していきます。
> 　第1章でも説明したとおり，本書は日商簿記検定3級の学習を目的としたものですが，説明の便宜上および日商簿記2級以上の学習も視野に入れて，**特に断りのない限り，株式会社を前提として説明しています。** ただ，テーマである「事業開始時」の記録については，個人事業主と企業とでは違いがありますので，3級の前提となる個人事業主について説明していきます。

1-1　事業用資金を元入れしたとき

基本問題8　☆☆☆☆

次の取引について，仕訳を示しなさい。

1　事業を開始するにあたって現金100,000円を元入れして営業を開始した。
2　現金200,000円と建物500,000円を元入れして営業を開始した。

	借方科目	金　額	貸方科目	金　額
1				
2				

→アプローチ→

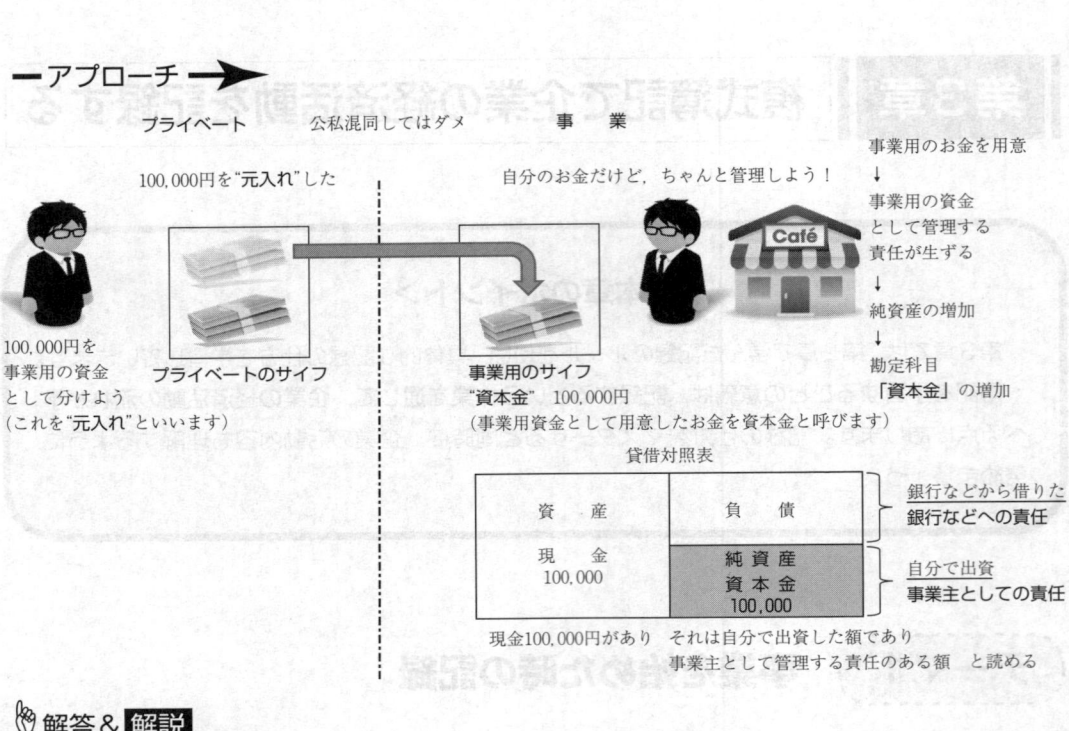

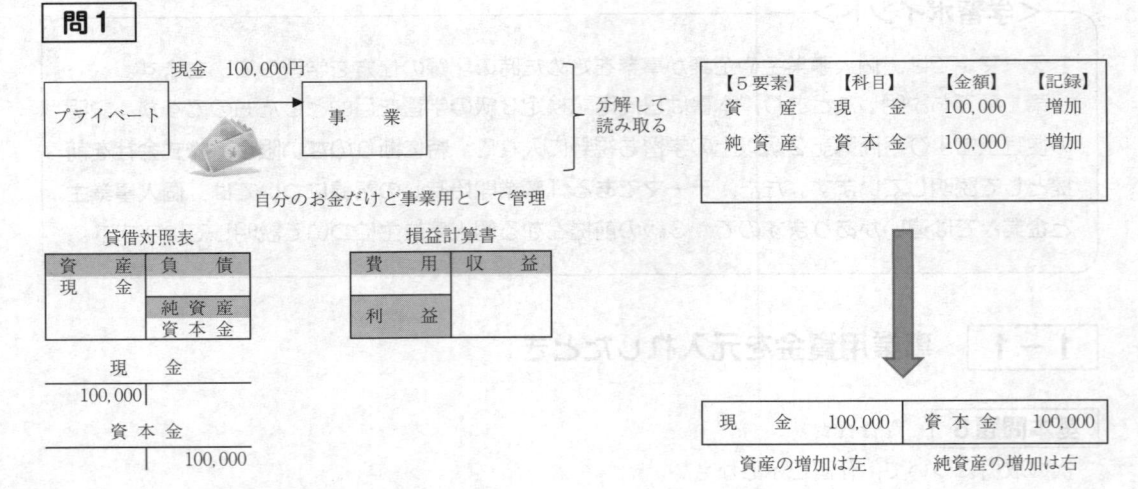

プライベート　　公私混同してはダメ　　事業

100,000円を"元入れ"した　　　　自分のお金だけど，ちゃんと管理しよう！

100,000円を
事業用の資金
として分けよう
（これを"元入れ"といいます）

プライベートのサイフ　　事業用のサイフ
"資本金" 100,000円
（事業用資金として用意したお金を資本金と呼びます）

事業用のお金を用意
↓
事業用の資金
として管理する
責任が生ずる
↓
純資産の増加
↓
勘定科目
「資本金」の増加

貸借対照表

資　産	負　債
現　金 100,000	純資産 資本金 100,000

銀行などから借りた
銀行などへの責任

自分で出資
事業主としての責任

現金100,000円があり　それは自分で出資した額であり
　　　　　　　　　　事業主として管理する責任のある額　と読める

解答&解説

問1

プライベート → 現金 100,000円 → 事　業

分解して
読み取る

自分のお金だけど事業用として管理

【5要素】	【科目】	【金額】	【記録】
資　産	現　金	100,000	増加
純資産	資本金	100,000	増加

貸借対照表

資　産	負　債
現　金	純資産 資本金

現　金
100,000
資本金
　　　100,000

損益計算書

費　用	収　益
利　益	

現　金　100,000	資本金　100,000

資産の増加は左　　純資産の増加は右

問2

現金　200,000円
土地　500,000円

プライベート → 事業

自分のお金だけど事業用として管理

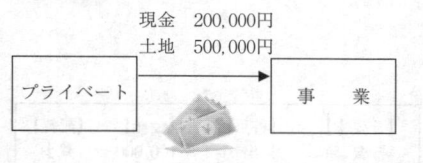

分解して読み取る

【5要素】	【科目】	【金額】	【記録】
資産	現金	200,000	増加
資産	土地	500,000	増加
純資産	資本金	700,000	増加

貸借対照表

資　産	負　債
現　金	
土　地	純資産 資本金

損益計算書

費　用	収　益
利　益	

現　金
200,000 |

土　地
500,000 |

資本金
| 700,000

現　金	200,000	資本金	200,000
土　地	500,000		

資産の増加は左
資産の増加は左
純資産の増加は右

	借方科目	金額	貸方科目	金額
1	現　金	100,000	資　本　金	100,000
2	現　金 土　地	200,000 500,000	資　本　金	700,000

1-2　事業用資金をプライベートで使ったとき

基本問題9　☆☆☆☆☆

次の取引について，仕訳を示しなさい。なお，記録にあたっては引出金勘定を用いること。

1　事業とは関係のない自宅の固定資産税100,000円を現金で支払った。
2　店舗兼住宅の固定資産税150,000円を現金で支払った。なお，店舗と住宅の割合は50％ずつである。

	借方科目	金　額	貸方科目	金　額
1				
2				

解答＆解説

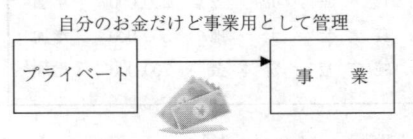

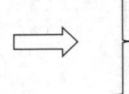

問1

自分のお金だけど事業用として管理
プライベート → 事業

事業以外 → 分解して読み取る

【5要素】	【科目】	【金額】	【記録】
純資産	引出金	100,000	減少
資産	現金	100,000	減少

事業以外でお金を使ってしまったため，資本金が減少する。「引出金」は一時的な資本金の減少を表わす勘定科目。

貸借対照表

資　産	負　債
現　金	純資産 資本金（引出金）

損益計算書

費　用	収　益
利　益	

現　金
　　　｜100,000

引 出 金
100,000｜

| 引 出 金 | 100,000 | 現　　金 | 100,000 |

純資産の減少は左　　資産の減少は右

問2

自分のお金だけど事業用として管理
プライベート → 事業

50%事業用の税金「租税公課」
50%事業用以外の税金「引出金」
→ 分解して読み取る

【5要素】	【科目】	【金額】	【記録】
費用	租税公課	75,000	増加
純資産	引出金	75,000	減少
資産	現金	150,000	減少

貸借対照表

資　産	負　債
現　金	純資産 資本金（引出金）

損益計算書

費　用	収　益
租税公課	
利　益	

現　金
　　　｜150,000

租税公課
75,000｜

引 出 金
75,000｜

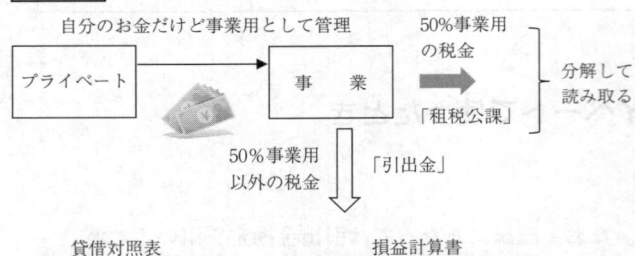

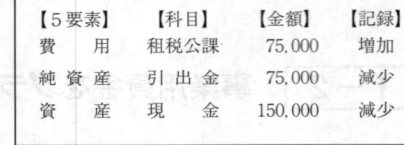

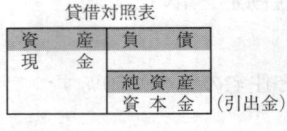

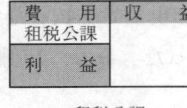

| 租税公課 | 75,000 | 現　　金 | 150,000 |
| 引 出 金 | 75,000 | | |

費用の増加は左　　資産の減少は右
純資産の減少は左

1	引　出　金	100,000	現　　　金	100,000
2	引　出　金 租　税　公　課	75,000 75,000	現　　　金	150,000

※　参考（資本金を1,000,000円と仮定）

引 出 金
75,000｜75,000
（残高）

資 本 金
75,000｜1,000,000

引出金は，お金を戻さないまま決算になると，最終的には，資本金と相殺させることになります。

| 資本金 | 75,000 | 引出金 | 75,000 |

純資産の減少は左　←　一時的な減少
確定した

テーマ2　現金および預金に関する記録

> **＜学習ポイント＞**
>
> 　テーマ2では，現金と預金に関する記録の仕方を学習していきます。
> 　これらの記録は，**企業の取引を記録する上で最も基本的な論点**となります。本試験でも他の論点と合わせて出題されるため，とても重要な論点です。第2章で学んだ記録の仕方の復習と合わせて，しっかりとマスターしていきましょう。

2-1　現金の受取り・支払いがあったとき

基本問題10　☆☆☆☆

次の取引について，仕訳を示しなさい。

1. 高橋商店は，松本銀行から現金100,000円を借り入れた。
2. 高橋商店は，田中商店から借りていた50,000円を現金で返済した。

	借 方 科 目	金　　額	貸 方 科 目	金　　額
1				
2				

━アプローチ━▶

お金を借りる（後で返す必要あり）ことを借入といいます

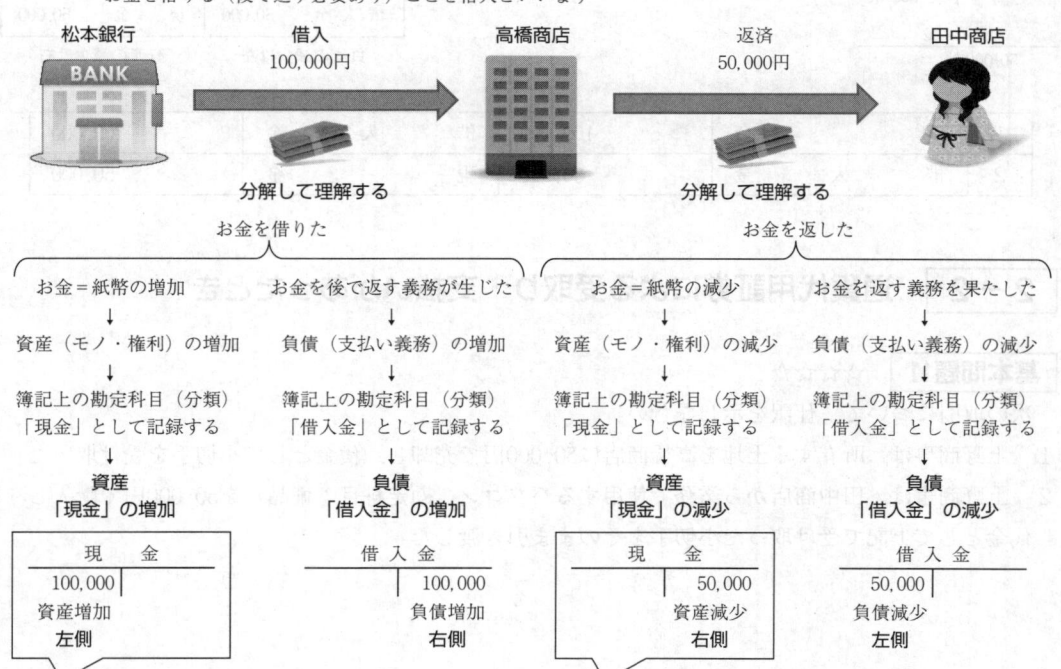

松本銀行　→借入 100,000円→　高橋商店　→返済 50,000円→　田中商店

分解して理解する　　　　　　　　　　分解して理解する

お金を借りた		お金を返した	
お金＝紙幣の増加	お金を後で返す義務が生じた	お金＝紙幣の減少	お金を返す義務を果たした
↓	↓	↓	↓
資産（モノ・権利）の増加	負債（支払い義務）の増加	資産（モノ・権利）の減少	負債（支払い義務）の減少
↓	↓	↓	↓
簿記上の勘定科目（分類）「現金」として記録する	簿記上の勘定科目（分類）「借入金」として記録する	簿記上の勘定科目（分類）「現金」として記録する	簿記上の勘定科目（分類）「借入金」として記録する
↓	↓	↓	↓
資産「現金」の増加	負債「借入金」の増加	資産「現金」の減少	負債「借入金」の減少

```
　現　　金　　　　　　借　入　金　　　　　　　現　　金　　　　　　借　入　金
100,000  |              |  100,000           |  50,000       50,000  |
資産増加              負債増加              資産減少              負債減少
 左側                  右側                  右側                  左側
```

現金という資産の増加は左側で記録します　　　　現金という資産の減少は右側で記録します

解答＆解説

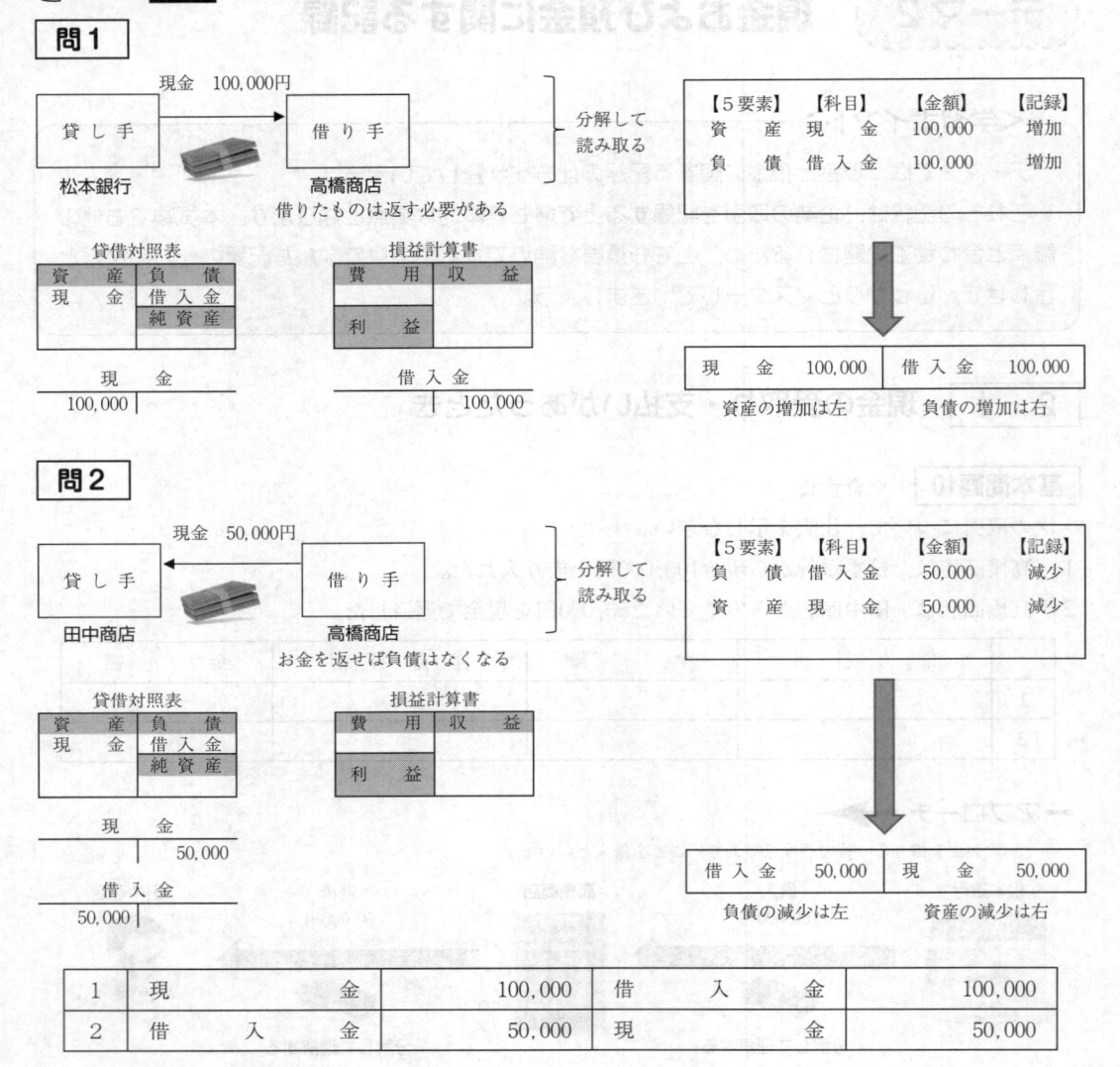

問1

現金 100,000円
貸し手（松本銀行）→ 借り手（高橋商店）
借りたものは返す必要がある

分解して読み取る

【5要素】	【科目】	【金額】	【記録】
資産	現金	100,000	増加
負債	借入金	100,000	増加

貸借対照表

資産	負債
現金	借入金
	純資産

損益計算書

費用	収益
利益	

現金
100,000 |

借入金
　　　　| 100,000

現金 100,000	借入金 100,000
資産の増加は左	負債の増加は右

問2

現金 50,000円
貸し手（田中商店）← 借り手（高橋商店）
お金を返せば負債はなくなる

分解して読み取る

【5要素】	【科目】	【金額】	【記録】
負債	借入金	50,000	減少
資産	現金	50,000	減少

貸借対照表

資産	負債
現金	借入金
	純資産

損益計算書

費用	収益
利益	

現金
　　　　| 50,000

借入金
50,000 |

借入金 50,000	現金 50,000
負債の減少は左	資産の減少は右

| 1 | 現　　　　　金 | 100,000 | 借　　入　　金 | 100,000 |
| 2 | 借　　入　　金 | 50,000 | 現　　　　　金 | 50,000 |

2－2　通貨代用証券による受取り・支払いがあったとき

基本問題11　☆☆☆☆

次の取引について，仕訳を示しなさい。

1　上野商事は，所有する土地を高橋商店に50,000円で売却し，代金として小切手を受け取った。
2　上野商事は，田中商店から業務で使用するパソコン（勘定科目：備品）を50,000円で購入し，代金として上記で受け取った小切手をそのまま引き渡した。

複式簿記の企業の経済活動を記録する

	借方科目	金　　額	貸方科目	金　　額
1				
2				

→アプローチ→

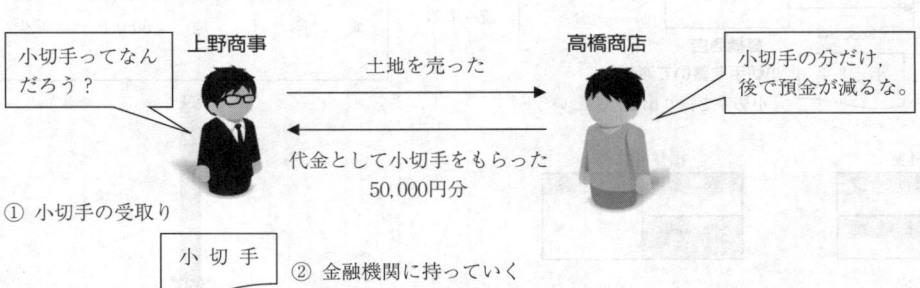

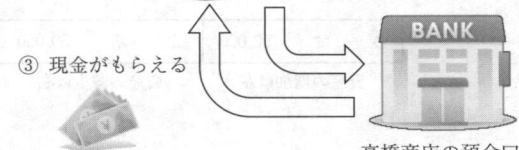

上野商事　　土地を売った　　高橋商店

小切手ってなんだろう？　　　　　　　　　　　　小切手の分だけ，後で預金が減るな。

代金として小切手をもらった
50,000円分

① 小切手の受取り

小切手

② 金融機関に持っていく

③ 現金がもらえる

BANK

高橋商店の預金口座
（当座預金という種類の預金）

小切手を受け取った → **現金の増加** と同じ意味

他人から受け取った小切手は，会計上は「現金」として記録する

小切手を書いて渡した → **預金の減少** と同じ意味

小切手を書いて渡した場合は，会計上は「当座預金」として記録する

```
   現　　金           土　　地
50,000              | 50,000
資産増加             資産減少
 左側                 右側
```

【通貨代用証券】
小切手のように，もらった時点で現金とほぼ同じような性格を持つものを「通貨代用証券」といいます。「通貨代用証券」は，会計上は「現金」として取り扱います。

なお，もらった他人が書いた小切手（これを「**他人振出の小切手**」といいます。振出とは「書いて渡す」という意味です）は，紙幣や貨幣と同様に，そのまま支払いに使うことができます。

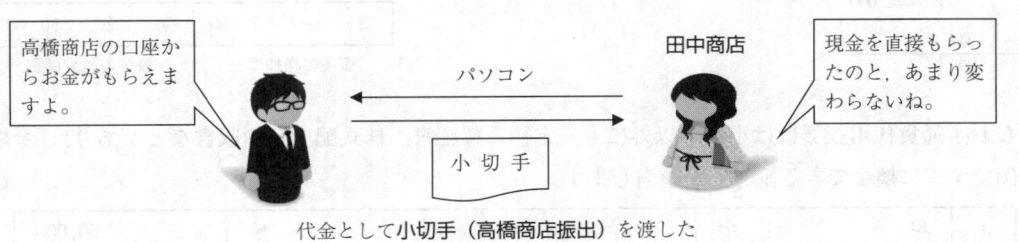

高橋商店の口座からお金がもらえますよ。

パソコン　　田中商店

現金を直接もらったのと，あまり変わらないね。

小切手

代金として**小切手（高橋商店振出）**を渡した
50,000円分

他人振出の
小切手を渡した → **現金の減少** と同じ意味

他人から受け取った小切手は，会計上は「現金」として記録する

```
   現　　金           備　　品
    | 50,000      50,000 |
資産減少             資産増加
 右側                 左側
```

51

解答＆解説

問1

```
          土　地
当　社 ←──────── 販売先
上野商事  代金支払い  高橋商店
         ────→
```

他人振出 → 小切手
の小切手

小切手を書いて渡した
「小切手を振り出した」という

分解して読み取る

【5要素】	【科目】	【金額】	【記録】
資産	現金	50,000	増加
資産	土地	50,000	減少

貸借対照表

資　産	負　債
現　金	純資産
土　地	

損益計算書

費　用	収　益
利　益	

現　金
50,000 |

土　地
　　　 | 50,000

| 現　金 | 50,000 | 土　地 | 50,000 |

資産の増加は左　　資産の減少は右

問2

```
          備　品
当　社 ←──────── 購入先
上野商事  代金支払い  田中商店
         ────→
```

他人振出の → 小切手
小切手を渡した

分解して読み取る

【5要素】	【科目】	【金額】	【記録】
資産	備品	50,000	増加
資産	現金	50,000	減少

貸借対照表

資　産	負　債
現　金	純資産
備　品	

損益計算書

費　用	収　益
利　益	

現　金
　　　 | 50,000

備　品
50,000 |

| 備　品 | 50,000 | 現　金 | 50,000 |

資産の増加は左　　資産の減少は右

なお，通貨代用証券には小切手以外にも，定額為替証書，株式配当金領収書などがあり，「金融機関ですぐに換金できる証券」が該当します。

| 1 | 現　　　金 | 50,000 | 土　　　地 | 50,000 |
| 2 | 備　　　品 | 50,000 | 現　　　金 | 50,000 |

2-3 当座預金に関する会計処理

基本問題12 ☆☆☆☆☆

次の取引について，仕訳を示しなさい。

1. 栗原商店は，現金1,000,000円を当座預金の口座に入金した。
2. 栗原商店は，書籍（勘定科目：備品）を購入するため，500,000円分の小切手を振り出して㈱税経に支払った。
3. 商品の販売代金として，以前，栗原商店が振り出した小切手500,000円分が手元に戻ってきた。

	借方科目	金額	貸方科目	金額
1				
2				
3				

━ アプローチ ━▶

【会計上の当座預金口座】
① 預入れ　＋1,000,000
③ 振出し　△500,000
⑤ 記録なし

【現実の当座預金口座】
① 預入れ　＋1,000,000
③ 振出し　記録なし
⑤ 引出時　△500,000

① 当座預金の開設
現金　1,000,000円

② 小切手帳をもらう

④ 渡す（呈示）

⑤ 支払い
現金　500,000円

小切手で栗原商店の当座預金口座からお金が引き出せる

業務用の書籍代金
③ 小切手を渡す
小切手　500,000円

栗原商店
小切手を書いて渡すことを「振り出す」という

㈱税経
小切手　500,000円
栗原商店が振り出した小切手
＝他人振出の小切手

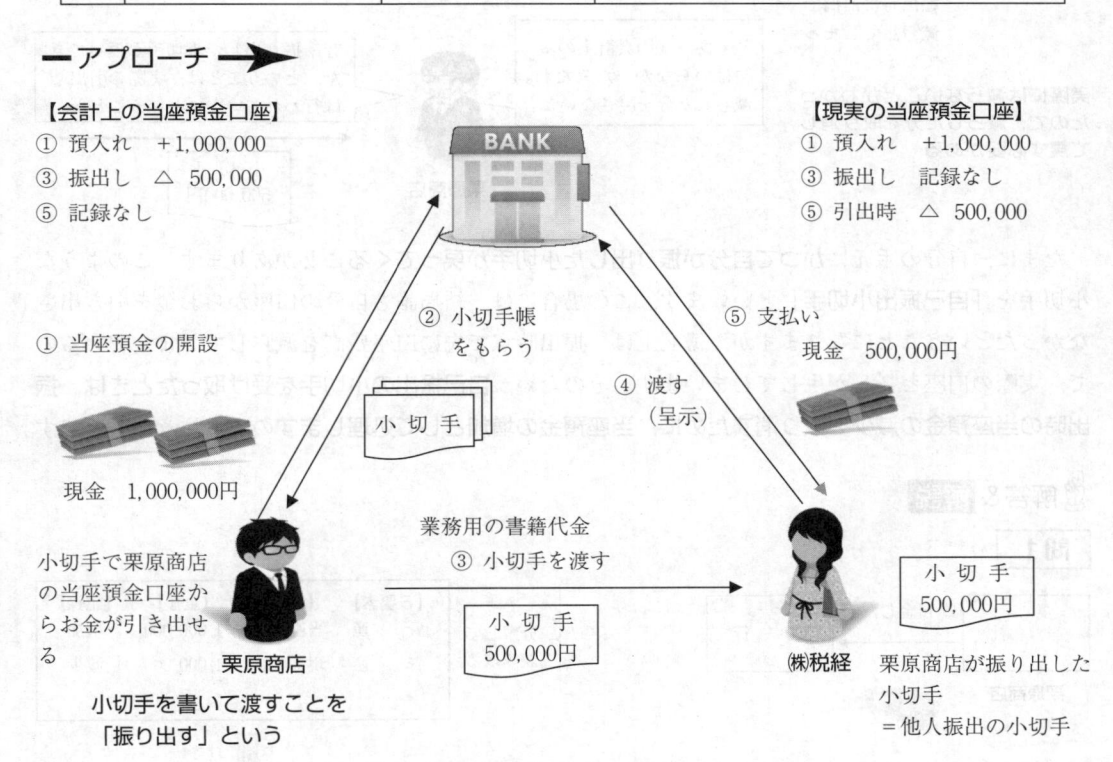

　当座預金は，銀行の利子の付かない預金の種類です。この預金は，商品の売買代金の決済などのために，企業や商人が使う特殊な預金で，通常の人は開くことができません。この**口座の特徴は，預金の引出しに際して小切手を用いる**ことです。

① 当座預金の現金を預け入れて口座を開き，小切手帳を受け取る。
② 支払いのために取引先へ小切手を振り出す。
③ 小切手を受け取った相手は，振出日以降であれば，銀行へ呈示して換金できる。

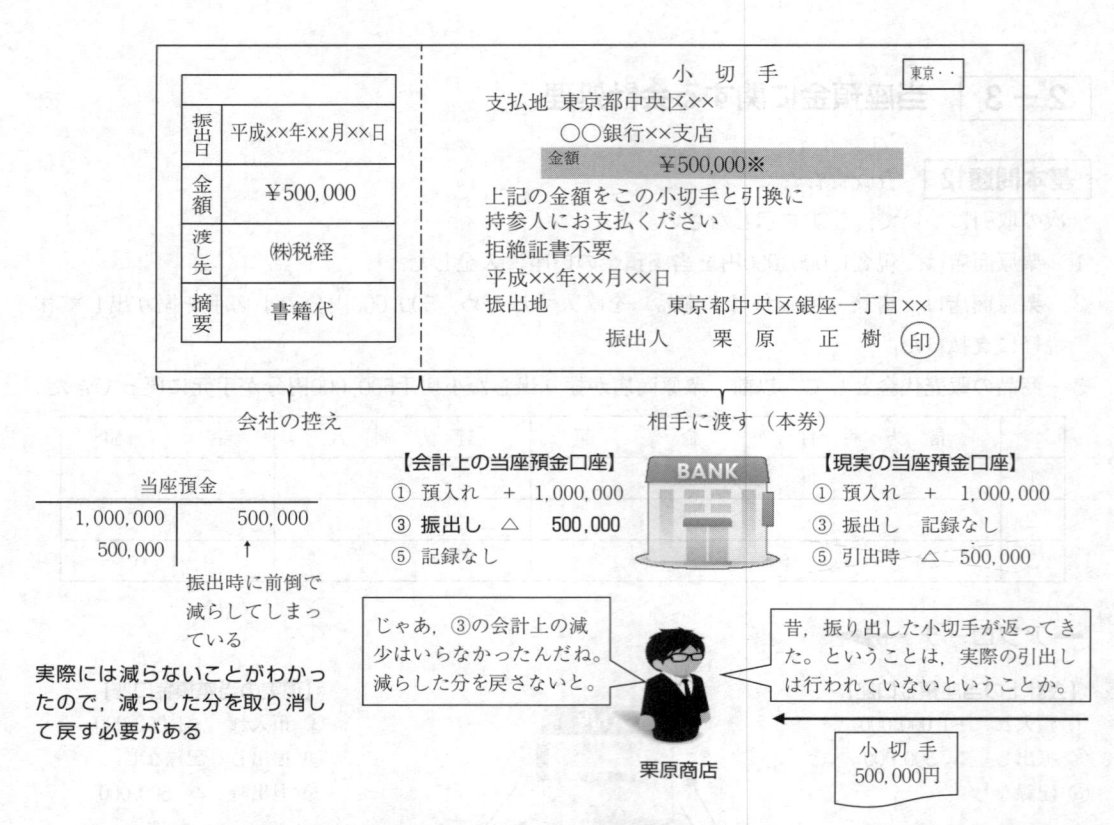

振出日	平成××年××月××日
金額	¥500,000
渡し先	㈱税経
摘要	書籍代

小　切　手　　東京‥

支払地　東京都中央区××
　　　　〇〇銀行××支店
金額　　　¥500,000※

上記の金額をこの小切手と引換に
持参人にお支払ください
拒絶証書不要
平成××年××月××日
振出地　　　　東京都中央区銀座一丁目××
　振出人　　栗原　正樹　㊞

　　会社の控え　　　　　　　　相手に渡す（本券）

当座預金
1,000,000 ｜ 500,000
　500,000 ｜

振出時に前倒で減らしてしまっている

実際には減らないことがわかったので，減らした分を取り消して戻す必要がある

【会計上の当座預金口座】
① 預入れ　＋　1,000,000
③ 振出し　△　　500,000
⑤ 記録なし

【現実の当座預金口座】
① 預入れ　＋　1,000,000
③ 振出し　記録なし
⑤ 引出時　△　　500,000

じゃあ，③の会計上の減少はいらなかったんだね。減らした分を戻さないと。

昔，振り出した小切手が返ってきた。ということは，実際の引出しは行われていないということか。

栗原商店

小　切　手
500,000円

　たまに，自分の手元にかつて自分が振り出した小切手が戻ってくることがあります。このような小切手を「**自己振出小切手**」といいます。この場合には，結局誰も自分の口座からお金を引き出さなかったということになりますが，簿記上は，振出時点で先に口座残高を減らしてしまっているので，実際の口座とズレが生じてしまいます。そのため，**自己振出の小切手を受け取ったときは，振出時の当座預金の減少を取り消すために，当座預金の増加として処理します**ので，注意が必要です。

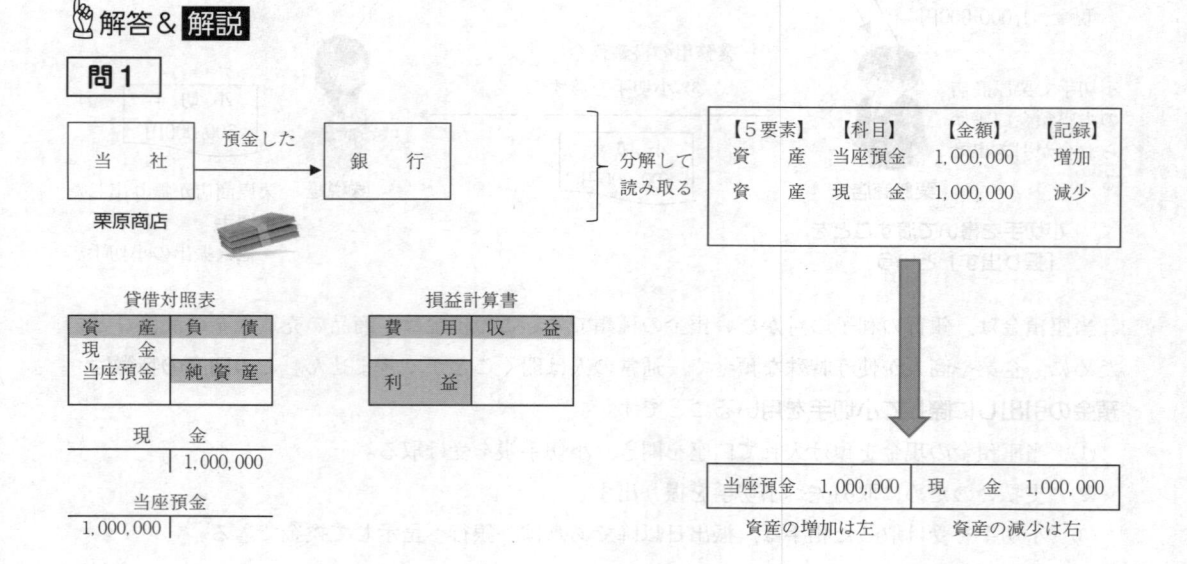

解答&解説

問1

当社（栗原商店）　→預金した→　銀行

分解して読み取る

【5要素】	【科目】	【金額】	【記録】
資産	当座預金	1,000,000	増加
資産	現金	1,000,000	減少

貸借対照表
資　産	負　債
現　金	
当座預金	純資産

損益計算書
費　用	収　益
利　益	

現　金
　　　｜ 1,000,000

当座預金
1,000,000 ｜

当座預金　1,000,000　　現　金　1,000,000
　資産の増加は左　　　　　資産の減少は右

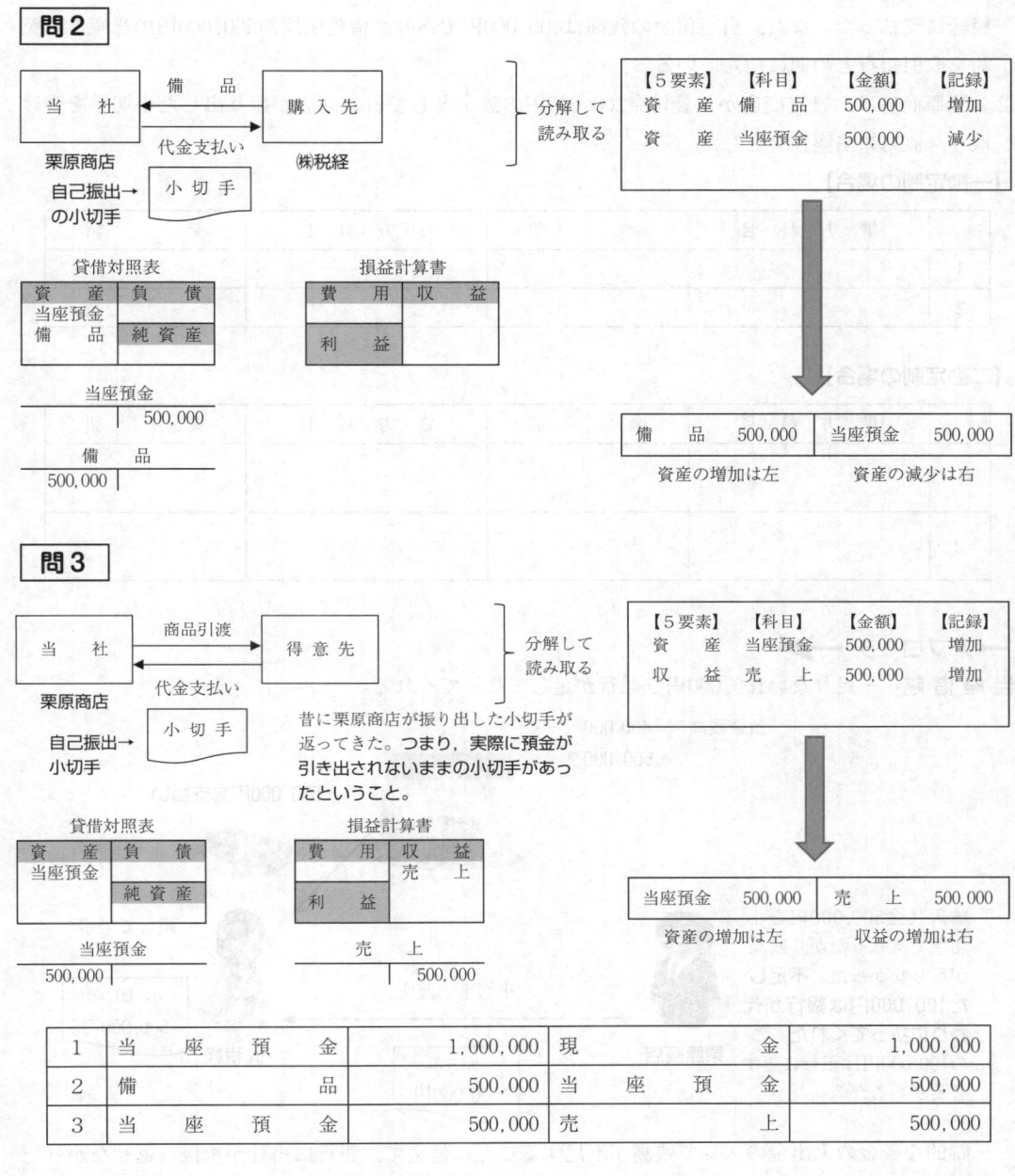

複式簿記の企業の経済活動を記録する

問2

```
                    備品
    当 社 ←――――――― 購入先
           ―――――――→
            代金支払い
   栗原商店              ㈱税経
   自己振出→ ┌─────┐
   の小切手  │小切手 │
            └─────┘
```

分解して読み取る

【5要素】	【科目】	【金額】	【記録】
資 産	備 品	500,000	増加
資 産	当座預金	500,000	減少

貸借対照表

資 産	負 債
当座預金	
備 品	純資産

損益計算書

費 用	収 益
利 益	

当座預金
　　　│500,000

備　品
500,000│

↓

備　品　500,000	当座預金　500,000

資産の増加は左　　　資産の減少は右

問3

```
                 商品引渡
    当 社 ―――――――→ 得意先
          ←―――――――
             代金支払い
   栗原商店              
   自己振出→ ┌─────┐
   小切手   │小切手 │
            └─────┘
```

昔に栗原商店が振り出した小切手が返ってきた。つまり、実際に預金が引き出されないままの小切手があったということ。

分解して読み取る

【5要素】	【科目】	【金額】	【記録】
資 産	当座預金	500,000	増加
収 益	売 上	500,000	増加

貸借対照表

資 産	負 債
当座預金	
	純資産

損益計算書

費 用	収 益
	売 上
利 益	

当座預金
500,000│

売　上
　　　│500,000

↓

当座預金　500,000	売　上　500,000

資産の増加は左　　　収益の増加は右

1	当 座 預 金	1,000,000	現　　　　金	1,000,000
2	備　　　品	500,000	当 座 預 金	500,000
3	当 座 預 金	500,000	売　　　上	500,000

なお、通貨代用証券である他人振出の小切手を受け取った場合には、通常は「現金」として記録しますが、「直ちに当座預金とした」とある場合には、小切手分の金額をすぐに金融機関に預金したことを意味していますので、「当座預金」の増加として記録します。

また、本問では当座預金のみを扱いましたが、本試験では「普通預金」に関する出題も行われます。その場合には、「普通預金」という勘定科目で増減を記録することになります。

基本問題13　☆☆☆

次の取引について、一勘定制と二勘定制の場合の仕訳を示しなさい。

1　栗原商店は、書籍（勘定科目：備品）を購入するため、500,000円分の小切手を振り出して㈱

税経に支払った。なお，当座預金の残高は400,000円であり，借越限度額500,000円の当座借越契約を取引銀行との間に結んでいる。

2　栗原商店は，日立商店から貸付金200,000円の返金として日立商店が振り出した小切手を受け取り，直ちに当座預金とした。

【一勘定制の場合】

	借 方 科 目	金　　　額	貸 方 科 目	金　　　額
1				
2				

【二勘定制の場合】

	借 方 科 目	金　　　額	貸 方 科 目	金　　　額
1				
2				

━アプローチ━▶

当 座 借 越‥足りない100,000円を銀行が足して払ってくれる。

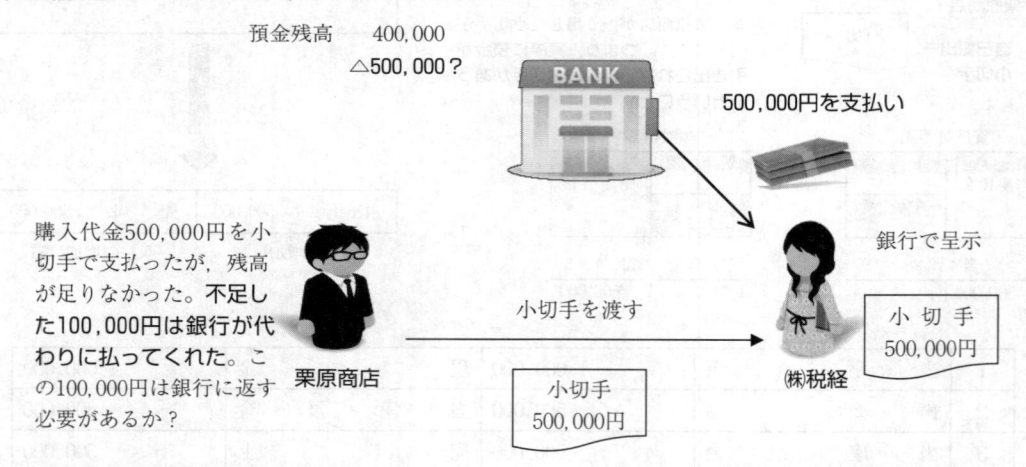

預金残高　400,000
△500,000？

500,000円を支払い

購入代金500,000円を小切手で支払ったが，残高が足りなかった。**不足した100,000円は銀行が代わりに払ってくれた。**この100,000円は銀行に返す必要があるか？

栗原商店　小切手を渡す　㈱税経

銀行で呈示
小切手 500,000円

小切手 500,000円

一時的な資金の入出金のズレで残高が不足することに備えて，銀行に当社が担保（返せなかったら銀行のものになる）を提供して，マイナス残高になっても，取引先に支払いをするように銀行にお願いをしておきます。これが**当座借越契約**です。つまり，**当座借越**とは「**自動借入・返済**」の仕組みであり（入金＝返済），短期的な借入を意味します。

【一勘定制】　当座借越の状況を「**当座勘定をマイナス残高にして記録**」する方法

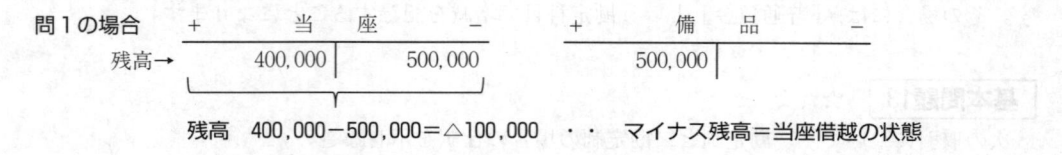

問１の場合　＋　　当　　座　　－　　＋　　備　品　　－
残高→　　400,000 ｜ 500,000　　　500,000

残高　400,000－500,000＝△100,000　‥　マイナス残高＝当座借越の状態

複式簿記の企業の経済活動を記録する

問2の場合

+	当 座	−		+	貸付金	−
400,000		500,000	残高→	200,000		200,000
200,000						

残高　400,000−500,000+200,000=100,000　‥　入金　→　自動的に銀行に返済

※　なお，当座勘定は，この一勘定制のときにのみ使用する科目です。

【二勘定制】　当座借越の状況を「当座借越勘定を使って記録」する方法

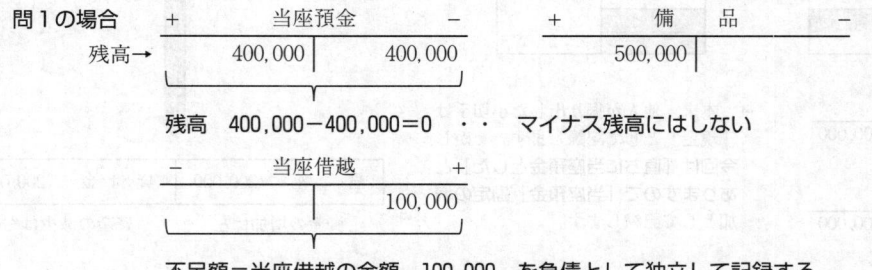

問1の場合

	+	当座預金	−		+	備　品	−
残高→	400,000		400,000		500,000		

残高　400,000−400,000=0　‥　マイナス残高にはしない

	−	当座借越	+
			100,000

不足額＝当座借越の金額　100,000　を負債として独立して記録する

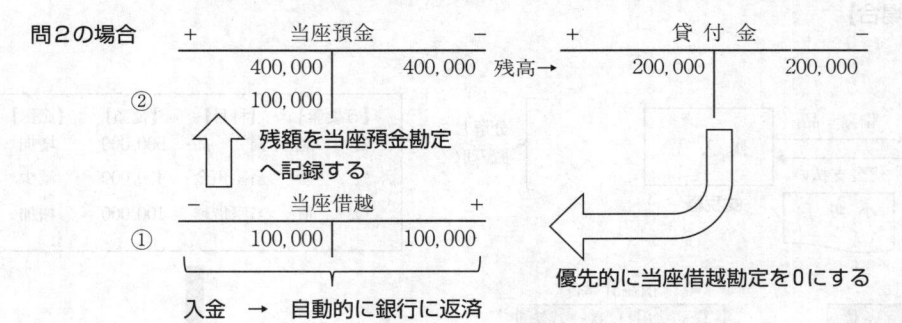

問2の場合

	+	当座預金	−		+	貸付金	−
	400,000		400,000	残高→	200,000		200,000
②	100,000						

↑　残額を当座預金勘定へ記録する

	−	当座借越	+
①	100,000		100,000

⇐　優先的に当座借越勘定を0にする

入金　→　自動的に銀行に返済

☞解答＆解説
【一勘定制の場合】

問1

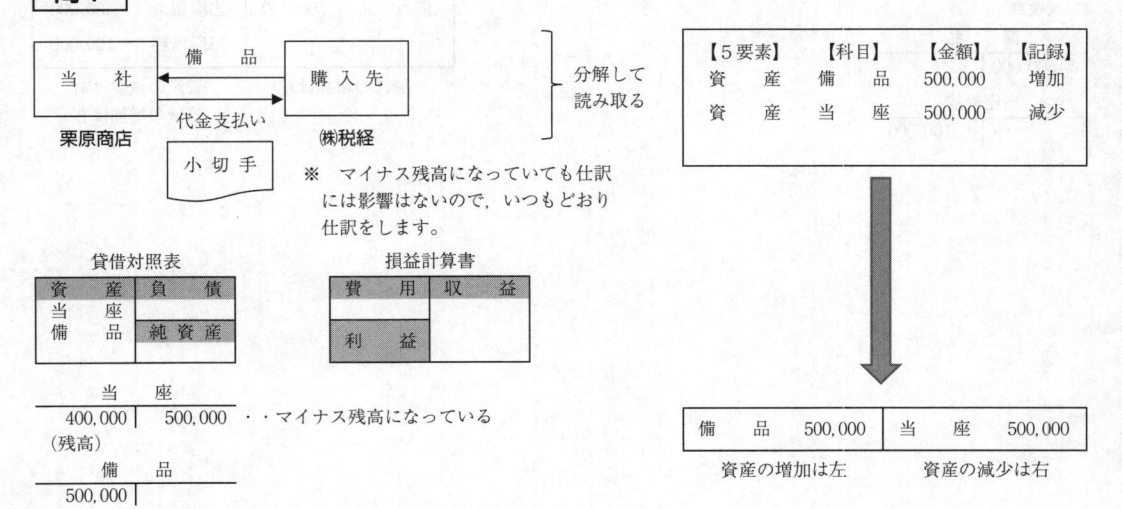

当社（栗原商店）←備品─購入先（㈱税経）
代金支払い　小切手

分解して読み取る

※　マイナス残高になっていても仕訳には影響はないので，いつもどおり仕訳をします。

【5要素】	【科目】	【金額】	【記録】
資産	備品	500,000	増加
資産	当座	500,000	減少

貸借対照表

資　産	負　債
当　座	
備　品	純資産

損益計算書

費　用	収　益
利　益	

当　座	
400,000	500,000
（残高）	

‥マイナス残高になっている

備　品	
500,000	

備　品　500,000	当　座　500,000
資産の増加は左	資産の減少は右

57

問2

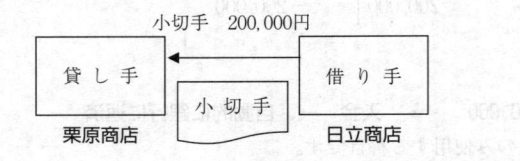

小切手 200,000円

貸し手（栗原商店） ← 借り手（日立商店）
小切手

分解して読み取る

【5要素】	【科目】	【金額】	【記録】
資産	当座	200,000	増加
資産	貸付金	200,000	減少

貸借対照表

資産	負債
当座	
貸付金	純資産

損益計算書

費用	収益
利益	

当座
| 400,000 | 500,000 |
| 200,000 | |

貸付金
| | 200,000 |

※ 本来、他人が振り出した小切手は「現金」として記録します。しかし、今回は「直ちに当座預金とした」とありますので「当座預金」勘定の**増加**として記録します。

当座 200,000	貸付金 200,000

資産の増加は左　　資産の減少は右

【二勘定制の場合】

問1

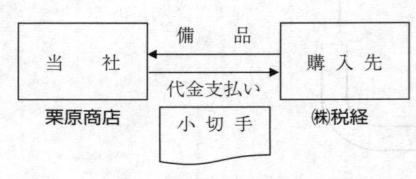

当社（栗原商店） ← 備品 — 購入先（㈱税経）
代金支払い　小切手

分解して読み取る

【5要素】	【科目】	【金額】	【記録】
資産	備品	500,000	増加
資産	当座預金	400,000	減少
負債	当座借越	100,000	増加

貸借対照表

資産	負債
当座預金	当座借越
備品	純資産

損益計算書

費用	収益
利益	

当座預金
| 400,000（残高） | 400,000 |

‥‥マイナス残高にはしない

備品
| 500,000 | |

当座借越
| | 100,000 |

備品 500,000	当座預金 400,000
	当座借越 100,000

資産の増加は左　　資産の減少は右
　　　　　　　　　負債の増加は右

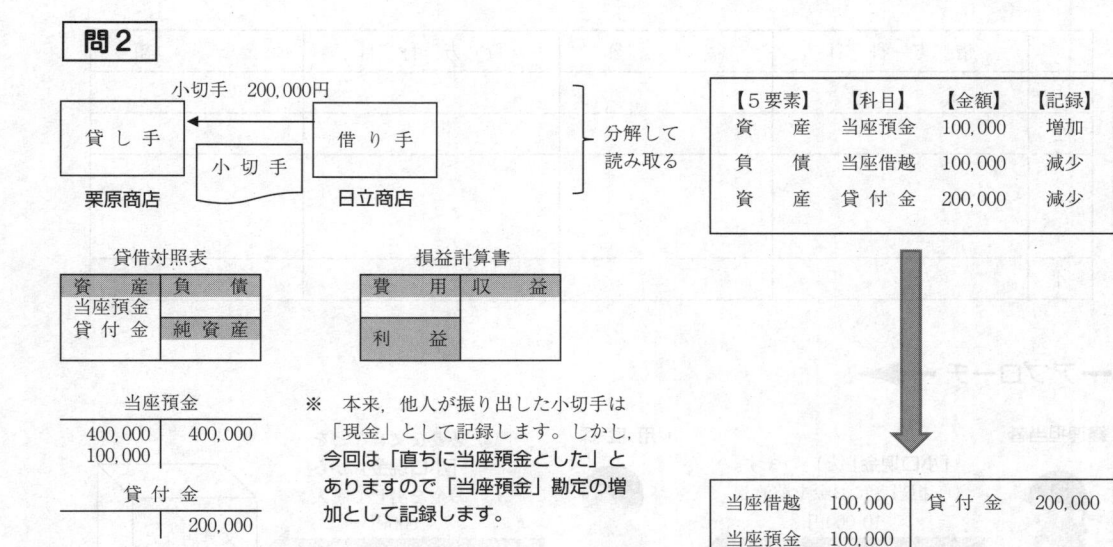

問2

```
     小切手 200,000円
┌─────┐ ←──── ┌─────┐        ┐
│貸し手│       │借り手│        │ 分解して
└─────┘ ┌───┐ └─────┘        │ 読み取る
 栗原商店 │小切手│  日立商店     ┘
         └───┘
```

【5要素】	【科目】	【金額】	【記録】
資　産	当座預金	100,000	増加
負　債	当座借越	100,000	減少
資　産	貸付金	200,000	減少

貸借対照表
資　産	負　債
当座預金	
貸付金	純資産

損益計算書
費用	収益
利益	

当座預金
| 400,000 | 400,000 |
| 100,000 | |

貸付金
| | 200,000 |

当座借越
| 100,000 | 100,000 |
| | （残高）|

※ 本来，他人が振り出した小切手は「現金」として記録します。しかし，今回は「直ちに当座預金とした」とありますので「当座預金」勘定の増加として記録します。

| 当座借越 | 100,000 | 貸付金 | 200,000 |
| 当座預金 | 100,000 | | |

資産の増加は左　　　　資産の減少は右
負債の減少は左

【一勘定制の場合】

| 1 | 備　　　　品 | 500,000 | 当　　　　座 | 500,000 |
| 2 | 当　　　　座 | 200,000 | 貸　付　　金 | 200,000 |

【二勘定制の場合】

| 1 | 備　　　　品 | 500,000 | 当　座　預　金
当　座　借　越 | 400,000
100,000 |
| 2 | 当　座　借　越
当　座　預　金 | 100,000
100,000 | 貸　付　　金 | 200,000 |

2-4　小口現金制度に関する記録

基本問題14 ☆☆

次の取引について，仕訳を示しなさい。なお，仕訳が不要な場合には「仕訳なし」と書き入れること。

1　当社は，あらかじめ用度係に交通費や消耗品などの少額な経費を支払うために，毎月1万円を小口現金として定額で前渡しすることとした。小口現金制度の採用に伴い，10,000円分の小切手を振り出し，用度係に渡した。
2　用度係は，小口現金のなかから，交通費2,000円，消耗品費1,500円，雑費500円を支払った。
3　経理担当者は，「交通費2,000円，消耗品費1,500円，雑費500円」の支払いの報告を受けた。
4　経理担当者は，4,000円分の小切手を振り出し，用度係に小口現金の補充として渡した。

	借　方　科　目	金　　額	貸　方　科　目	金　　額
1				
2				
3				
4				

━ アプローチ ━▶

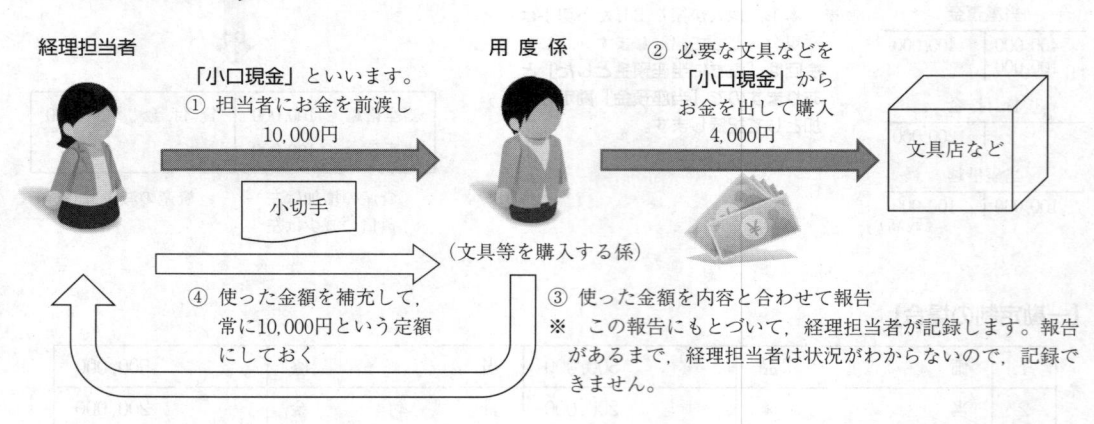

経理担当者 「小口現金」といいます。 用度係 ② 必要な文具などを「小口現金」からお金を出して購入 4,000円 → 文具店など

① 担当者にお金を前渡し 10,000円

小切手

(文具等を購入する係)

④ 使った金額を補充して，常に10,000円という定額にしておく

③ 使った金額を内容と合わせて報告

※ この報告にもとづいて，経理担当者が記録します。報告があるまで，経理担当者は状況がわからないので，記録できません。

解答＆解説

問1

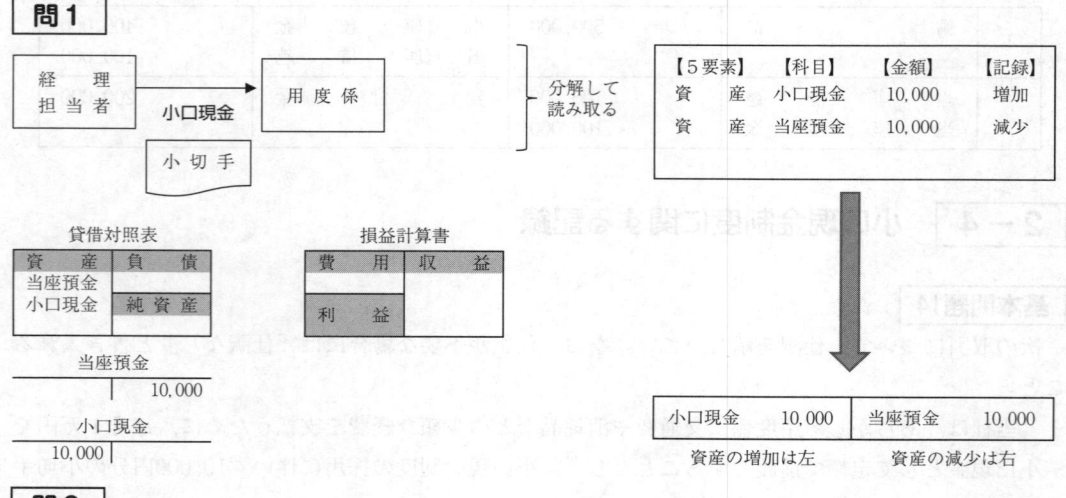

経理担当者 —小口現金→ 用度係
小切手

分解して読み取る

【5要素】	【科目】	【金額】	【記録】
資　産	小口現金	10,000	増加
資　産	当座預金	10,000	減少

貸借対照表
資　産	負　債
当座預金	
小口現金	純資産

損益計算書
費　用	収　益
利　益	

当座預金
　　　｜ 10,000

小口現金
10,000 ｜

小口現金　10,000	当座預金　10,000
資産の増加は左	資産の減少は右

問2

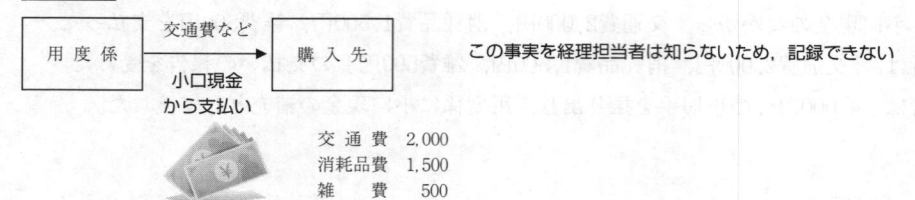

用度係 —交通費など／小口現金から支払い→ 購入先

この事実を経理担当者は知らないため，記録できない

交通費　2,000
消耗品費　1,500
雑　費　　 500

複式簿記の企業の経済活動を記録する

問3

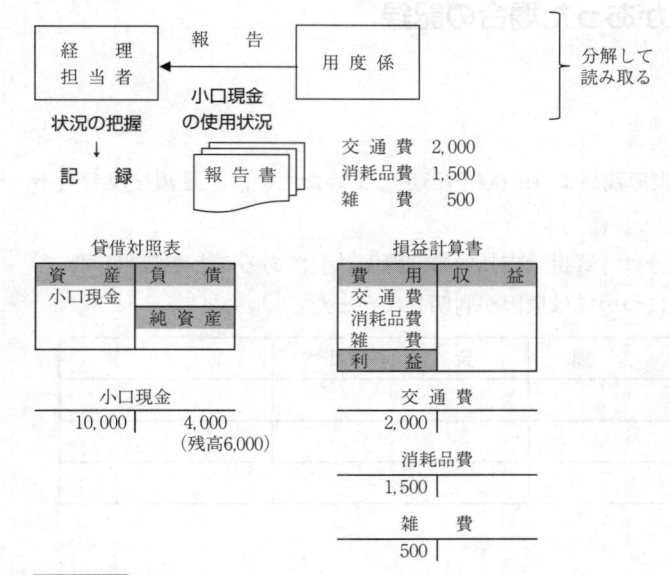

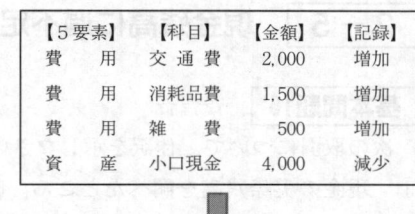

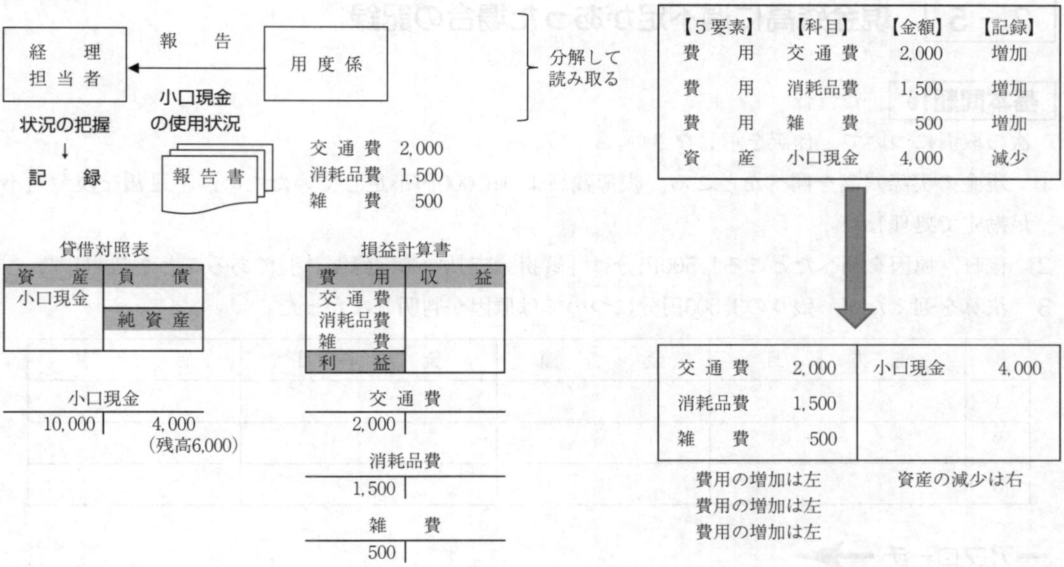

経理担当者 ← 報告 — 用度係
小口現金の使用状況
状況の把握
↓
記録

報告書
交通費 2,000
消耗品費 1,500
雑費 500

貸借対照表
資産	負債
小口現金	純資産

損益計算書
費用	収益
交通費	
消耗品費	
雑費	
利益	

小口現金
10,000 | 4,000
(残高6,000)

交通費
2,000 |

消耗品費
1,500 |

雑費
500 |

分解して読み取る

【5要素】	【科目】	【金額】	【記録】
費用	交通費	2,000	増加
費用	消耗品費	1,500	増加
費用	雑費	500	増加
資産	小口現金	4,000	減少

↓

交通費 2,000	小口現金 4,000
消耗品費 1,500	
雑費 500	

費用の増加は左　　資産の減少は右
費用の増加は左
費用の増加は左

問4

経理担当者 → 補充 小口現金 → 用度係
小切手

貸借対照表
資産	負債
当座預金	
小口現金	純資産

損益計算書
費用	収益
	利益

当座預金
 | 4,000

小口現金
10,000 | 4,000
4,000 | (残高10,000)

分解して読み取る

【5要素】	【科目】	【金額】	【記録】
資産	小口現金	4,000	増加
資産	当座預金	4,000	減少

↓

| 小口現金 4,000 | 当座預金 4,000 |

資産の増加は左　　資産の減少は右

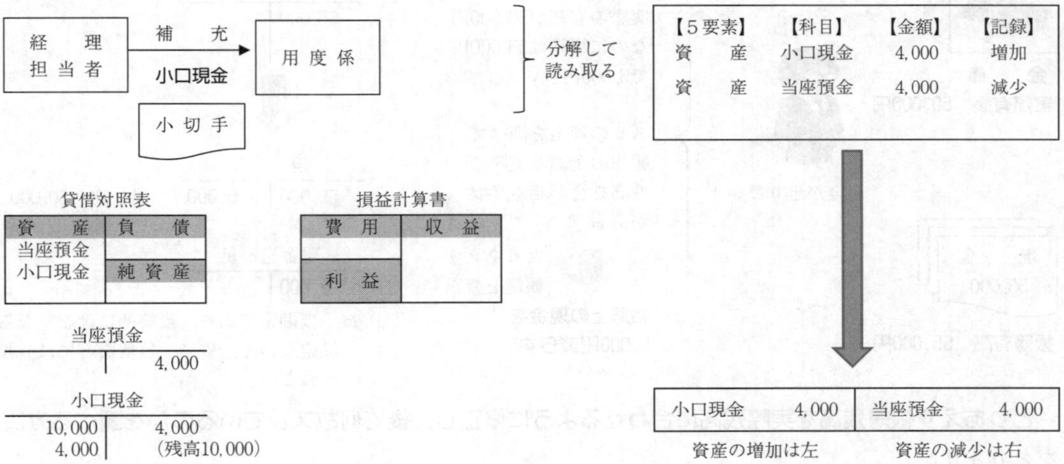

1	小　口　現　金	10,000	当　座　預　金	10,000
2	仕　訳　な　し			
3	交　通　費 消　耗　品　費 雑　　　費	2,000 1,500 500	小　口　現　金	4,000
4	小　口　現　金	4,000	当　座　預　金	4,000

なお，3の報告と同時に小口現金を補充する場合には，次のような仕訳になります。

3	交　通　費 消　耗　品　費 雑　　　費	2,000 1,500 500	当　座　預　金	4,000

2-5 現金残高に過不足があった場合の記録

基本問題15 ☆☆☆

次の取引について，仕訳を示しなさい。

1. 現金の実際残高を調べたところ，帳簿残高より5,000円不足していたため，不足額を現金過不足勘定で処理した。
2. 後日，原因を調べたところ1,500円分は「買掛金支払いの記録漏れ」であることが判明した。
3. 決算を迎えたが，残りの3,500円分については原因が判明しなかった。

	借方科目	金額	貸方科目	金額
1				
2				
3				

―アプローチ→

金庫 実際有高 50,000円

現金 55,000

帳簿有高 55,000円

お金が足りない！

実際の有高が50,000円なのに帳簿は55,000円で5,000円多い

ズレの理由を調べて帳簿の金額と実際の有高を合わせる必要がある

とりあえず帳簿を修正

帳簿上の現金を5,000円減らす

現金
55,000 | 5,000　残高 50,000
　　　　　　　　（55,000-5,000）

現金過不足
5,000

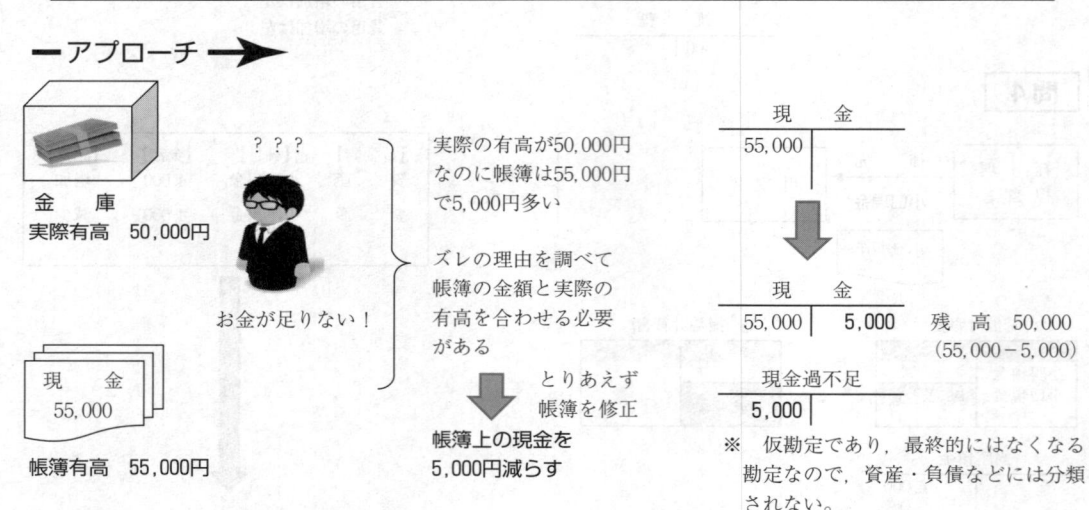

※ 仮勘定であり，最終的にはなくなる勘定なので，資産・負債などには分類されない。

とりあえず帳簿残高を実際残高に合わせるように修正し，後で何故ズレているのかを調べる方法をとります。

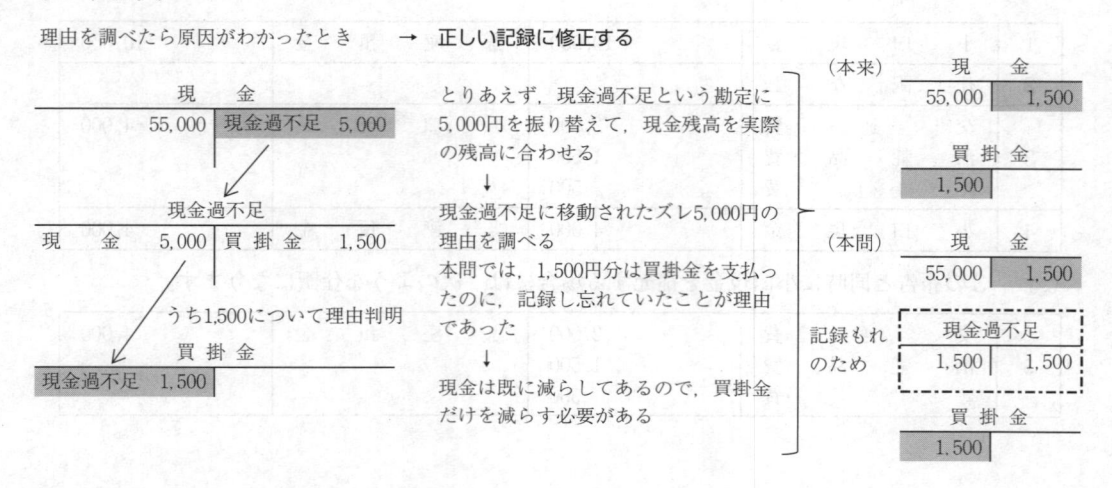

理由を調べたら原因がわかったとき → 正しい記録に修正する

現金
55,000 | 現金過不足 5,000

現金過不足
現金 5,000 | 買掛金 1,500

うち1,500について理由判明

買掛金
現金過不足 1,500

とりあえず，現金過不足という勘定に5,000円を振り替えて，現金残高を実際の残高に合わせる
↓
現金過不足に移動されたズレ5,000円の理由を調べる
本問では，1,500円分は買掛金を支払ったのに，記録し忘れていたことが理由であった
↓
現金は既に減らしてあるので，買掛金だけを減らす必要がある

(本来)
現金
55,000 | 1,500

買掛金
| 1,500

(本問)
現金
55,000 | 1,500

記録もれのため
現金過不足
1,500 | 1,500

買掛金
| 1,500

期末になっても原因が不明だった → **あきらめて損失に計上する**

現　金	
55,000	現金過不足 5,000

現金過不足	
現　金 5,000	買掛金 1,500
	雑損失 3,500

うち3,500について

現金過不足	
雑　損 3,500	

あるべき現金＝帳簿上の現金よりも，実際有高が5,000円少なかった
↓
調べたら1,500円少ない理由まではわかったが，残額は期末になってもわからないまま

不明部分は，なくしてしまった，つまり損をしたと考えて，「雑損」として処理をする

（本来）
現　金	
55,000	3,500

雑　損	
3,500	

（本問）
現　金	
55,000	3,500

記録もれのため
現金過不足	
3,500	3,500

雑　損	
3,500	

解答

1	現 金 過 不 足	5,000	現　　　　金	5,000
2	買　掛　金	1,500	現 金 過 不 足	1,500
3	雑　　　損	3,500	現 金 過 不 足	3,500

基本問題16　☆☆☆

次の取引について，仕訳を示しなさい。

1　現金の実際残高を調べたところ，帳簿残高より10,000円多かったため，超過額を現金過不足勘定で処理した。

2　後日，原因を調べたところ7,000円分は「売掛金回収の記録漏れ」であることが判明した。

3　決算を迎えたが，残りの3,000円分については原因が判明しなかった。

━アプローチ➡

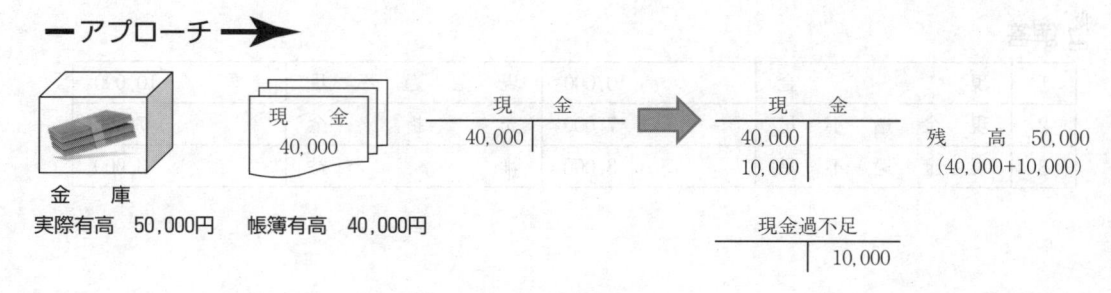

金庫
実際有高　50,000円　　帳簿有高　40,000円

現　金	
40,000	
10,000	

残高 50,000
（40,000＋10,000）

現金過不足	
	10,000

とりあえず**帳簿残高を実際残高に合わせるように修正し，後で何故ズレているのかを調べる**方法をとります。

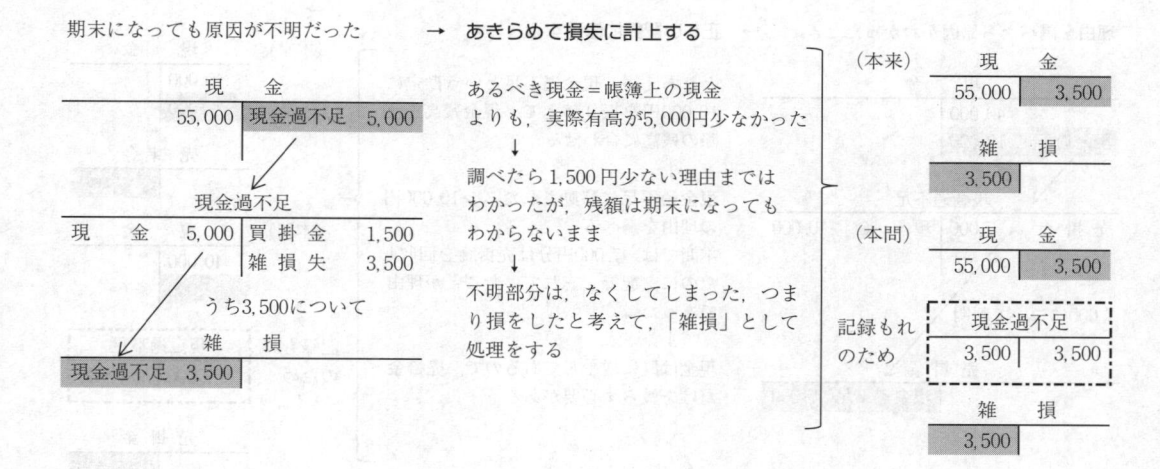

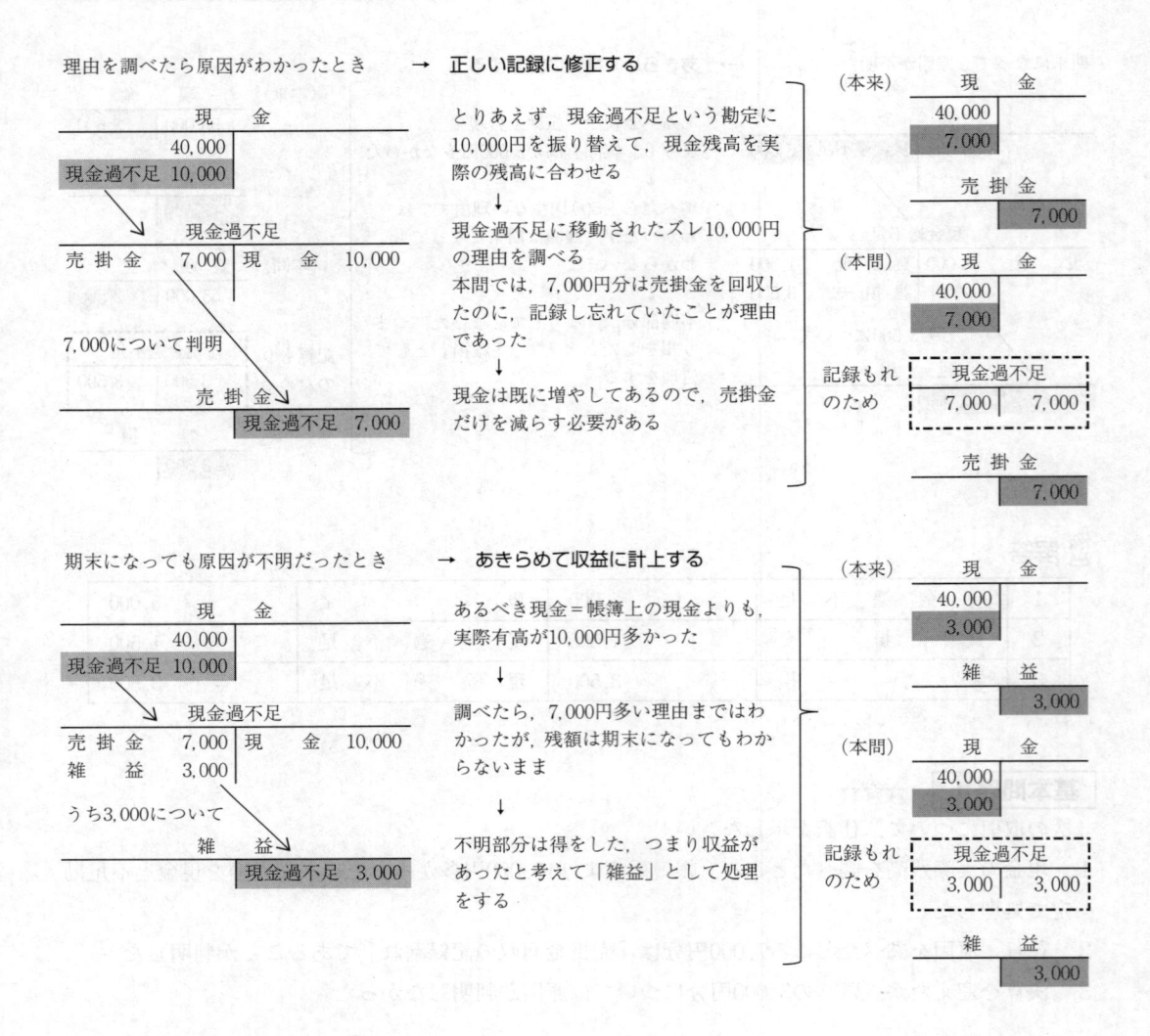

理由を調べたら原因がわかったとき → **正しい記録に修正する**

現　金	
	40,000
現金過不足 10,000	

↓

現金過不足	
売掛金　7,000	現　金　10,000

7,000について判明

売掛金	
	現金過不足　7,000

とりあえず，現金過不足という勘定に10,000円を振り替えて，現金残高を実際の残高に合わせる
↓
現金過不足に移動されたズレ10,000円の理由を調べる
本問では，7,000円分は売掛金を回収したのに，記録し忘れていたことが理由であった
↓
現金は既に増やしてあるので，売掛金だけを減らす必要がある

(本来)

現　金	
40,000	7,000

売掛金	
	7,000

(本問)

現　金	
40,000	7,000

記録もれのため
現金過不足	
7,000	7,000

売掛金	
	7,000

期末になっても原因が不明だったとき → **あきらめて収益に計上する**

現　金	
	40,000
現金過不足 10,000	

↓

現金過不足	
売掛金　7,000	現　金　10,000
雑　益　3,000	

うち3,000について

雑　益	
	現金過不足　3,000

あるべき現金＝帳簿上の現金よりも，実際有高が10,000円多かった
↓
調べたら，7,000円多い理由まではわかったが，残額は期末になってもわからないまま
↓
不明部分は得をした，つまり収益があったと考えて「雑益」として処理をする

(本来)

現　金	
40,000	3,000

雑　益	
	3,000

(本問)

現　金	
40,000	3,000

記録もれのため
現金過不足	
3,000	3,000

雑　益	
	3,000

解答

1	現　　　金	10,000	現 金 過 不 足	10,000
2	現 金 過 不 足	7,000	売　掛　金	7,000
3	現 金 過 不 足	3,000	雑　　　益	3,000

テーマ3　商品売買に関する記録

＜学習ポイント＞

テーマ3では，商品売買に関する記録の仕方を学習していきます。

商品とは，「企業が売るために買ってきた資産」のことをいいます。つまり，商品売買とは，「その企業が本業としている取引」のことを指すと，ここでは考えておいてください。

3－1　三分法による商品売買取引の記録

基本問題17　☆☆☆☆☆

次の取引について，三分法による仕訳を示しなさい。

1　上野商事は，高橋商店から商品100,000円分（単価50,000円を2個）を仕入れ，代金は現金で支払った。
2　上野商事は，上記の商品のうち1個を150,000円で小熊商店に販売し，代金は現金で受け取った。
3　決算になり，商品1個（50,000円）が在庫として残っている。

	借方科目	金　額	貸方科目	金　額
1				
2				
3				

→アプローチ→

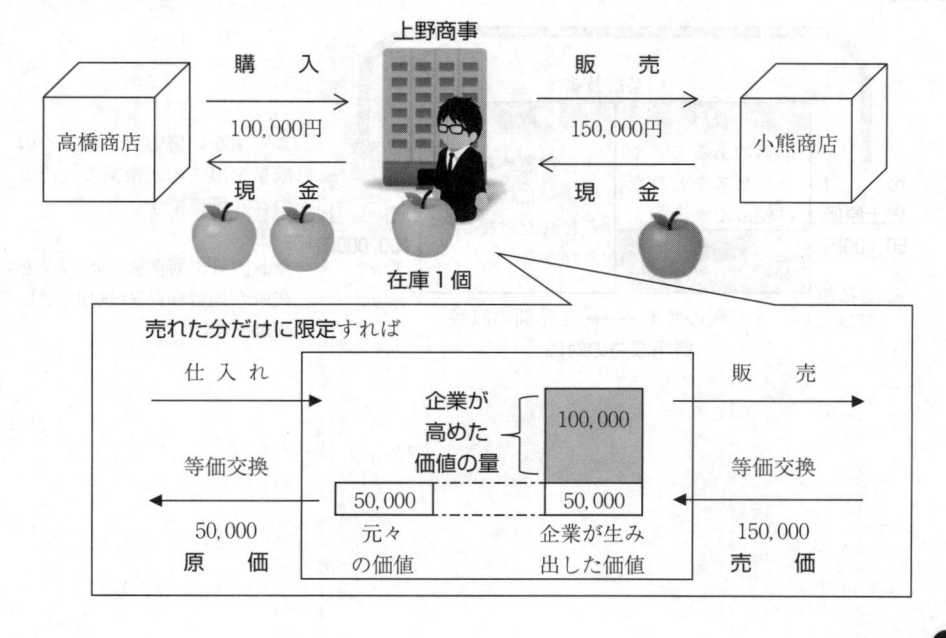

企業は社会からの期待に応え，商品やサービスの提供を通じて社会を豊かにすることで，利益を獲得します。社会を豊かにするためには，「①企業が自らの商品などを生み出すために使用した価値より多くの②新たな価値を社会に提供する」必要があります。つまり，①＜②が絶対条件ということになります。また，この関係は結果的に「支出＜収入」を意味していますので，価値を生み出せる企業はその分だけ儲かることになります。

商品売買には，記録方法として「売上原価対立法」「三分法」「分記法」という3つの代表的な方法があります。ここでは，受験上最も重要な三分法について学習します。

【三分法で用いる勘定科目】
＜収　益＞
売　　上：当期に当社が誰かに提供したモノやサービスの「価値」＝当社が当期に何ができたかを示す勘定科目　今回だと，「売上150,000」として記録する。

＜費　用＞
仕　　入：当期に当社が購入した商品の「価値」を表す勘定科目‥この時点では純粋な費用ではない　今回だと，「仕入100,000」として記録する。
　　　　　決算整理において，「購入した価値の額」から「当期に使った価値の額」へ修正する

売上原価：当期に売上を得るために，販売してなくなった商品の金額（買った値段）＝当社が当期に使った「価値」を示す勘定科目　今回だと，「売上原価50,000」として記録する。

＜資　産＞
繰越商品：その時点において残っている在庫の額を表す勘定科目　今回だと，「繰越商品50,000」として記録する。
　　　　　なお，繰越商品には「前期最後＝当期首の在庫」と「当期末の在庫」の2つのタイミングがあります。

【財務諸表】

損益計算書

費用	収益
価値のあるモノやサービスをどれだけ使ったか？	社会が認めるモノやサービスの価値をどれだけ提供できたか？
利益	

努力　売上原価　50,000円
※支払額ではない

成果　売上　150,000円

1年間の費用　→　1年間の収益
費用収益の対応

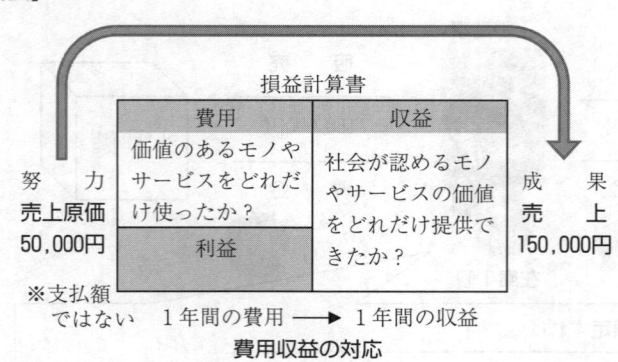

より少ない努力でより多くの成果を出すのが企業の経済上の存在価値です。

なお，貸借対照表上の資産として，在庫が繰越商品50,000円として計上されます。

複式簿記の企業の経済活動を記録する

解答&解説

問1

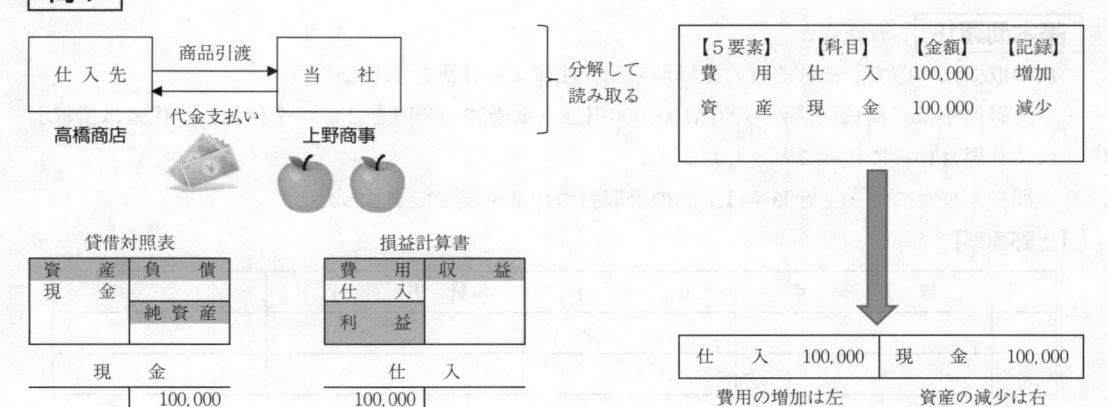

仕入先（高橋商店）→商品引渡→当社（上野商事）
当社→代金支払い→仕入先

分解して読み取る

【5要素】	【科目】	【金額】	【記録】
費用	仕入	100,000	増加
資産	現金	100,000	減少

貸借対照表
資産	負債
現金	純資産

損益計算書
費用	収益
仕入	
利益	

現金　　　　　　　　仕入
　　　| 100,000　　100,000 |

仕入　100,000　　現金　100,000
費用の増加は左　　資産の減少は右

問2

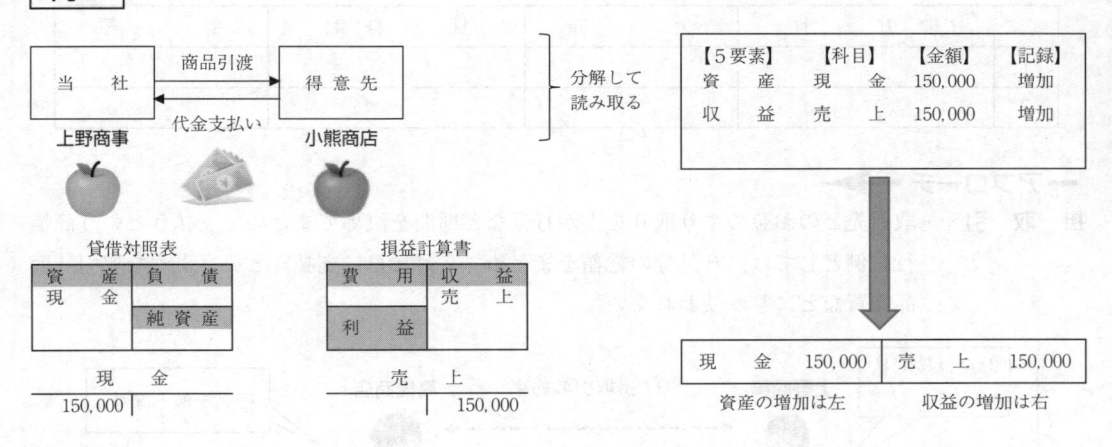

当社（上野商事）→商品引渡→得意先（小熊商店）
当社←代金支払い←得意先

分解して読み取る

【5要素】	【科目】	【金額】	【記録】
資産	現金	150,000	増加
収益	売上	150,000	増加

貸借対照表
資産	負債
現金	純資産

損益計算書
費用	収益
	売上
利益	

現金　　　　　　　　売上
150,000 |　　　　　　　| 150,000

現金　150,000　　売上　150,000
資産の増加は左　　収益の増加は右

問3

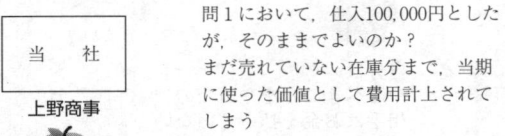

当社（上野商事）

問1において、仕入100,000円としたが、そのままでよいのか？
まだ売れていない在庫分まで、当期に使った価値として費用計上されてしまう

分解して読み取る

決算整理において、「購入した価値の額」から「当期に使った価値の額」へ修正する

【5要素】	【科目】	【金額】	【記録】
資産	繰越商品	50,000	増加
費用	仕入	50,000	減少

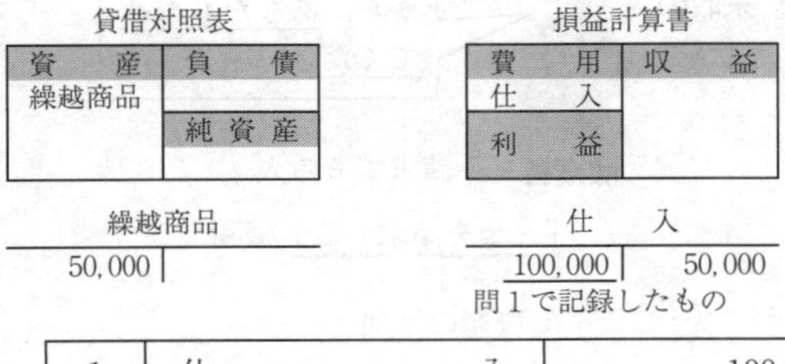

貸借対照表
資産	負債
繰越商品	純資産

損益計算書
費用	収益
仕入	
利益	

繰越商品　　　　　　　仕入
50,000 |　　　　　100,000 | 50,000
　　　　　　　　　問1で記録したもの

繰越商品　50,000　　仕入　50,000
資産の増加は左　　費用の減少は右

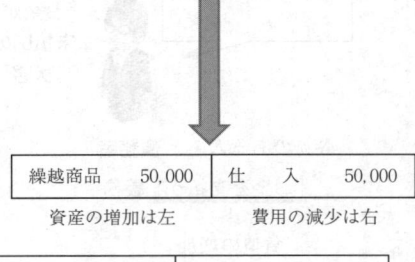

1	仕　　　入	100,000	現　　　金	100,000
2	現　　　金	150,000	売　　　上	150,000
3	繰 越 商 品	50,000	仕　　　入	50,000

3－2　掛取引による売買の記録

基本問題18　☆☆☆☆

次の取引について，それぞれの立場から三分法による仕訳を示しなさい。

1　上野商事は，高橋商店から商品100,000円分（単価50,000円を2個）を仕入れ，代金は掛取引により翌月10日に払うこととした。
2　期日が来たので，上野商事は上記の掛取引の代金を現金で支払った。

【上野商事】

	借方科目	金　　額	貸方科目	金　　額
1				
2				

【高橋商店】

	借方科目	金　　額	貸方科目	金　　額
1				
2				

――アプローチ――▶

掛　取　引‥‥取引先とのお金のやり取りを1か月分など期間を決めてまとめて支払うという商慣行。例としては，6月分の総額をまとめて7月10日に支払うというような取引。商品売買などにしか使われない。

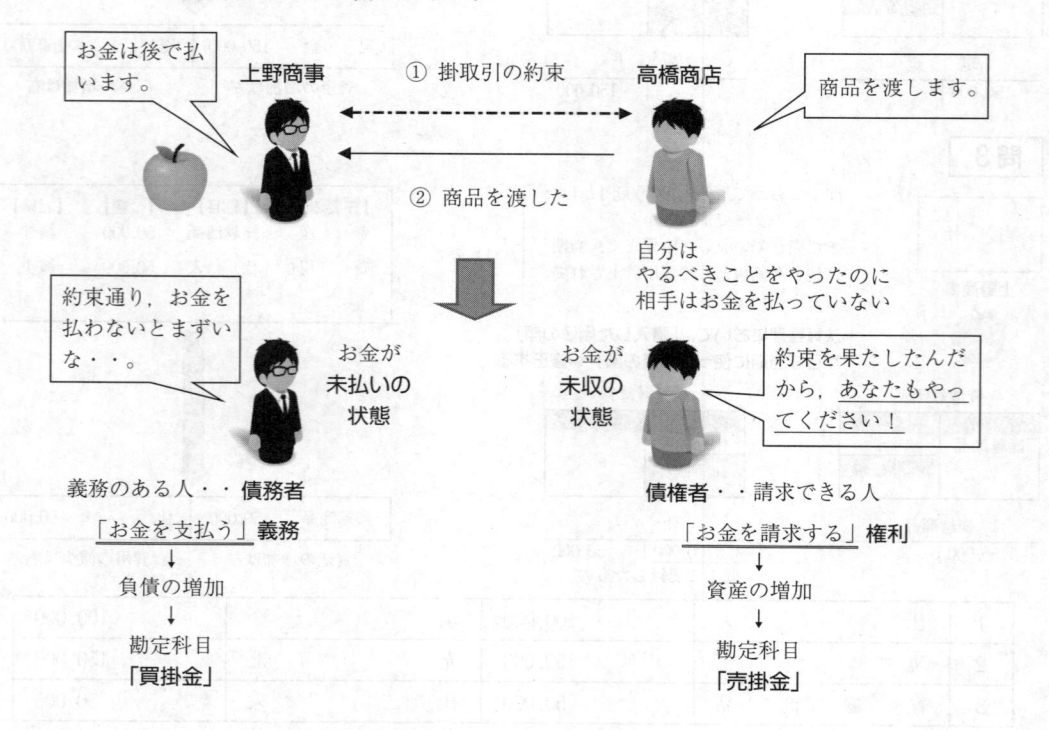

お金は後で払います。

上野商事　①　掛取引の約束　高橋商店

商品を渡します。

②　商品を渡した

約束通り，お金を払わないとまずいな‥。

お金が未払いの状態

自分はやるべきことをやったのに相手はお金を払っていない

お金が未収の状態

約束を果たしたんだから，あなたもやってください！

義務のある人‥‥債務者　　　　　債権者‥‥請求できる人

「お金を支払う」義務　　　　　　「お金を請求する」権利
↓　　　　　　　　　　　　　　　↓
負債の増加　　　　　　　　　　　資産の増加
↓　　　　　　　　　　　　　　　↓
勘定科目　　　　　　　　　　　　勘定科目
「買掛金」　　　　　　　　　　　「売掛金」

複式簿記の企業の経済活動を記録する

解答＆解説

【上野商事の会計処理】

問1

仕入先（高橋商店） ←商品引渡／掛取引→ 当社（上野商事）

代金未払い ∴ 負債

分解して読み取る

【5要素】	【科目】	【金額】	【記録】
費用	仕入	100,000	増加
負債	買掛金	100,000	増加

貸借対照表：資産／負債（買掛金）・純資産
損益計算書：費用（仕入）／収益・利益

買掛金　　　　　　　　仕入
　　｜100,000　　　　100,000｜

仕入 100,000 ／ 買掛金 100,000
費用の増加は左　　負債の増加は右

問2

仕入先（高橋商店） ←掛取引／代金の支払い— 当社（上野商事）

代金未払い 負債
↓
支払いによって義務が消滅
負債の減少

分解して読み取る

【5要素】	【科目】	【金額】	【記録】
負債	買掛金	100,000	減少
資産	現金	100,000	減少

貸借対照表：資産（現金）／負債（買掛金）・純資産
損益計算書：費用／収益・利益

現金
　　｜100,000

買掛金
100,000｜100,000
　　　　問1で記録したもの

買掛金 100,000 ／ 現金 100,000
負債の減少は左　　資産の減少は右

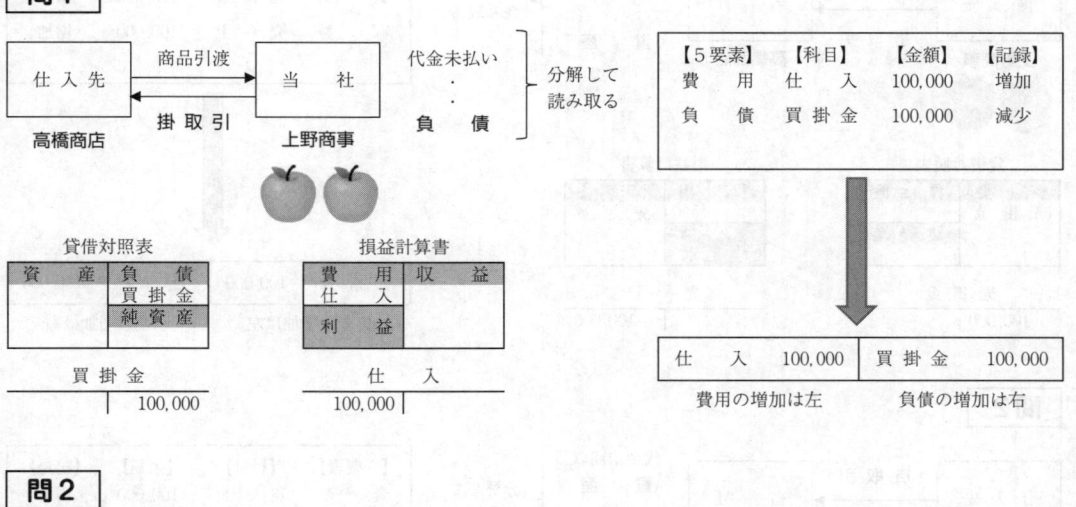

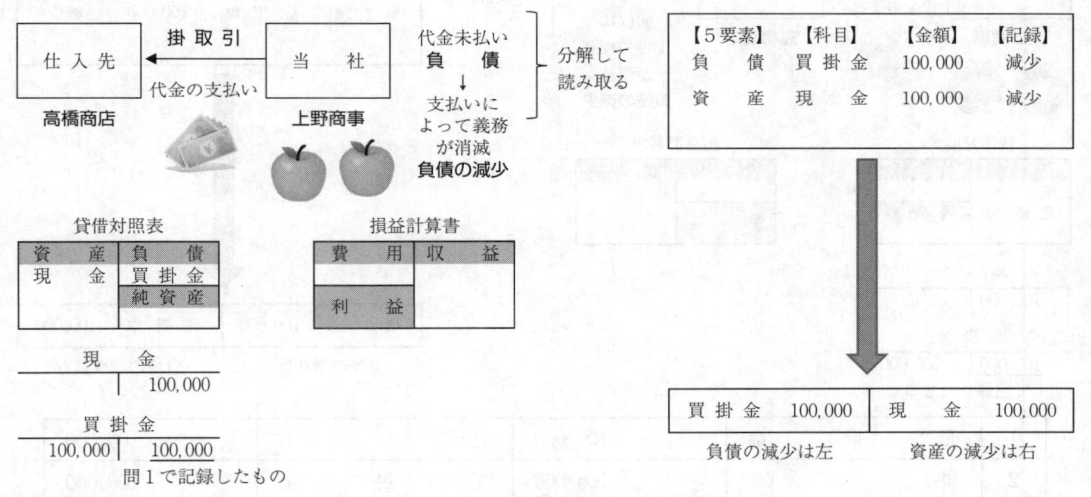

1	仕　　　　入	100,000	買　　掛　　金	100,000
2	買　　掛　　金	100,000	現　　　　金	100,000

【高橋商店の会計処理】

問1

1	売　掛　金	100,000	売　　　　上	100,000
2	現　　　　金	100,000	売　掛　金	100,000

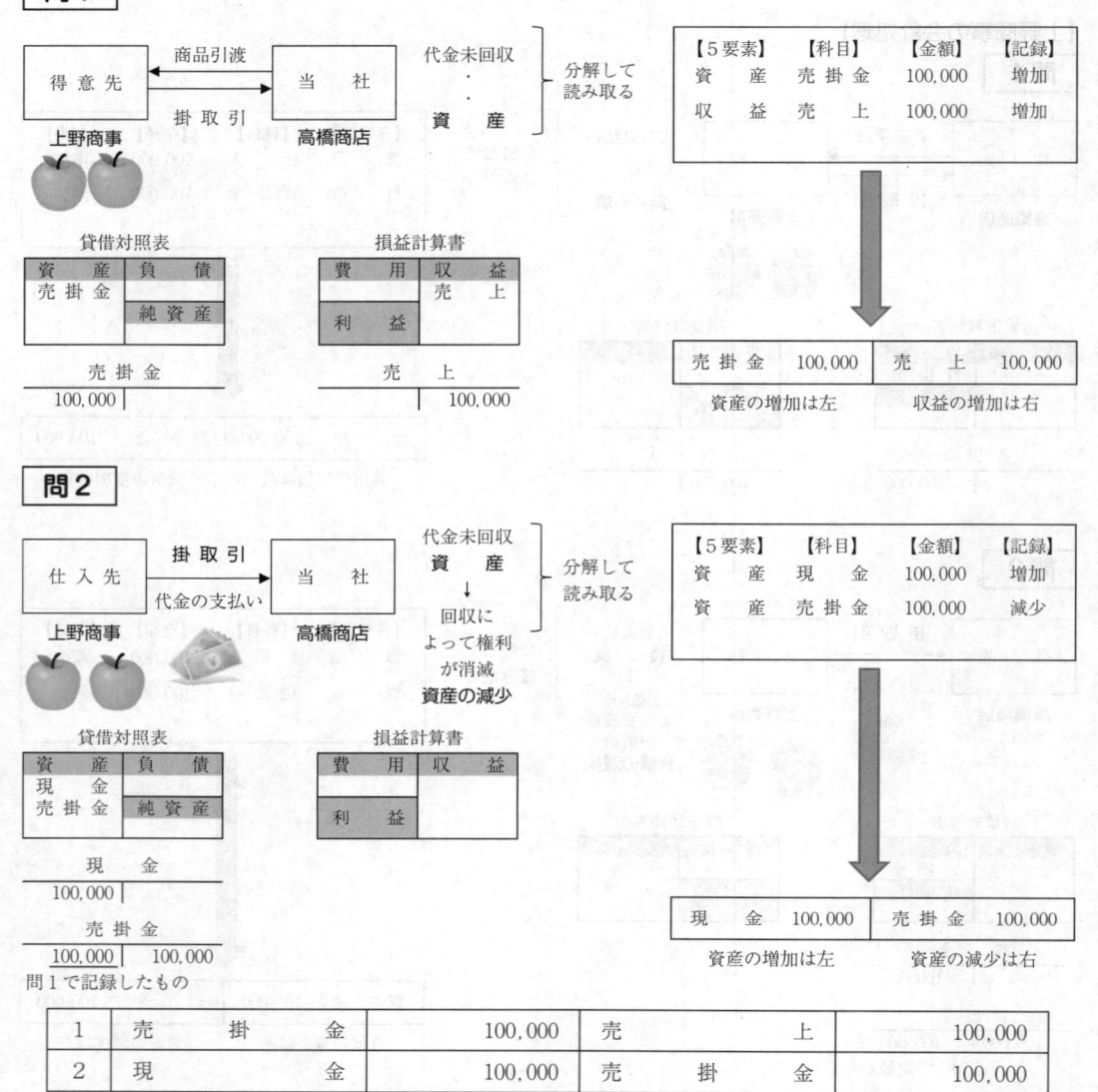

3-3　値引と返品があったときの記録

基本問題19　☆☆☆

次の取引について，それぞれの立場から三分法による仕訳を示しなさい。

1　上野商事は，高橋商店から商品100,000円分（単価50,000円を2個）を掛取引により仕入れていたが，そのうち1個が品質に不良があったため返品を行った。

複式簿記の企業の経済活動を記録する

【上野商事】

	借方科目	金額	貸方科目	金額
1				

【高橋商店】

	借方科目	金額	貸方科目	金額
1				

→アプローチ→

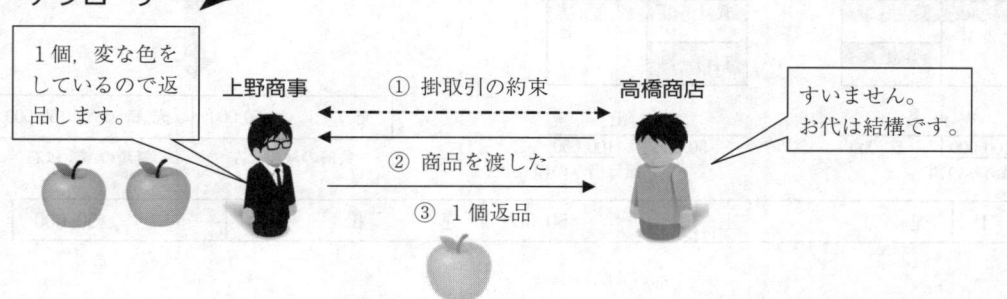

1個，変な色をしているので返品します。　上野商事　① 掛取引の約束　高橋商店　すいません。お代は結構です。
② 商品を渡した
③ 1個返品

返　品‥商品を返す＝取引自体を取り消して，なかったことにする。
値引き‥代金の減額＝取引の金額を修正する。

収益・費用をそれぞれ減額し，代金も減額するのは同じです。

解答＆解説
【上野商事の会計処理】

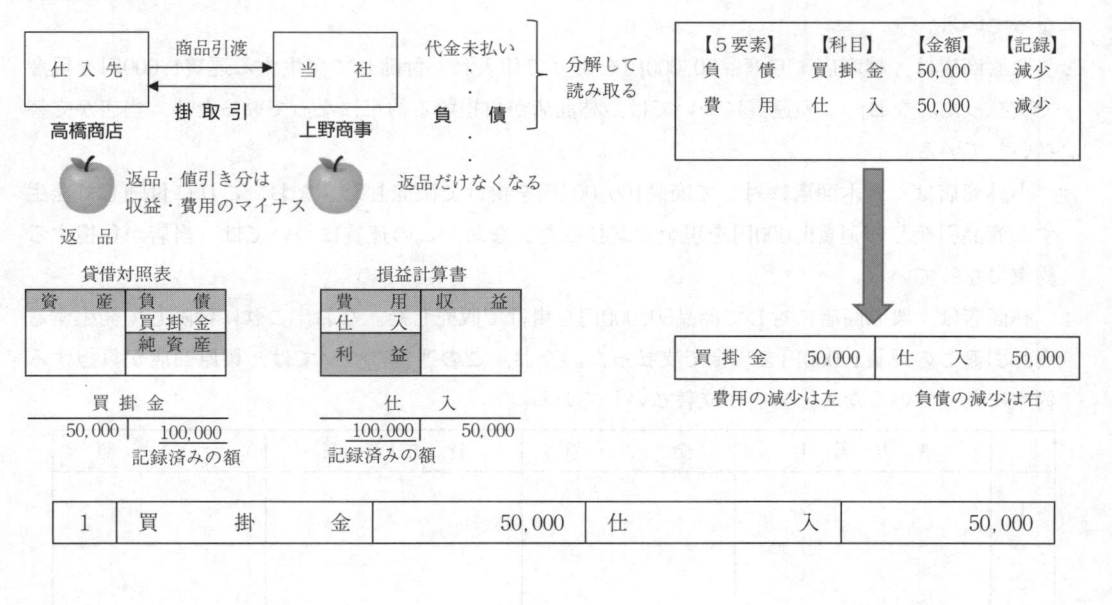

仕入先　商品引渡　当社　代金未払い　分解して読み取る
高橋商店　掛取引　上野商事　　　負　債

返品・値引き分は収益・費用のマイナス　　返品だけなくなる
返品

【5要素】	【科目】	【金額】	【記録】
負債	買掛金	50,000	減少
費用	仕入	50,000	減少

貸借対照表

資産	負債
	買掛金
	純資産

損益計算書

費用	収益
仕入	
利益	

買掛金
50,000 | 100,000
　　　　記録済みの額

仕入
100,000 | 50,000
記録済みの額

買掛金　50,000　仕入　50,000
費用の減少は左　　負債の減少は右

| 1 | 買掛金 | 50,000 | 仕入 | 50,000 |

【高橋商店の会計処理】

問 1

	借方科目	金額	貸方科目	金額
1	売　上	50,000	売　掛　金	50,000

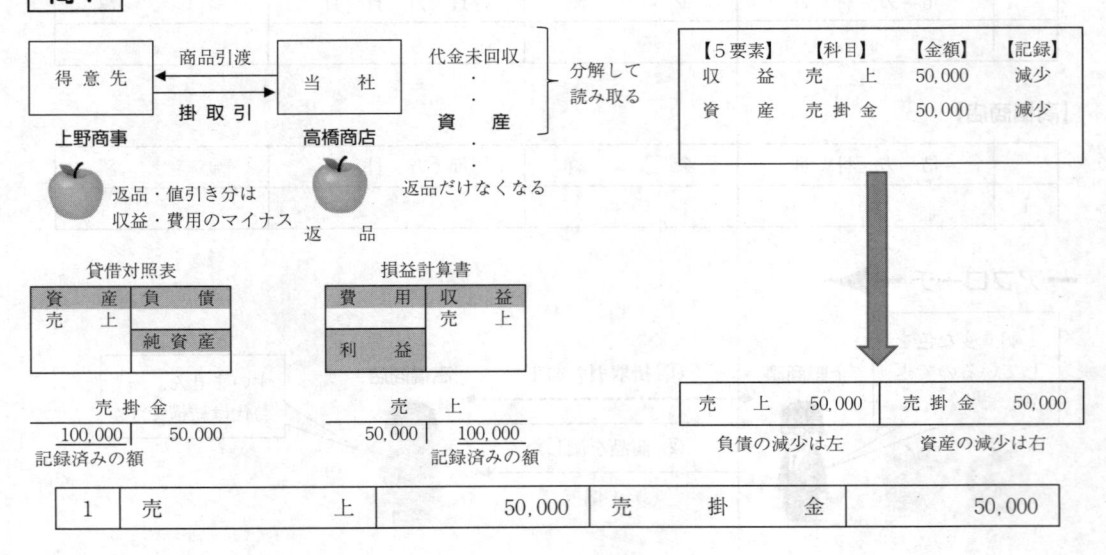

3-4　商品売買において生じる諸費用に関する会計処理

基本問題20　☆☆☆

次の取引について，三分法による仕訳を示しなさい。

1　青木商店は，小林商店より商品100,000円を掛けで仕入れ，これに付随して発生する商品引取りの運賃5,000円を現金で支払った。なお，この運賃については，青木商店が負担する約束になっている。

2　栗原商店は，林商店より商品50,000円を掛けで仕入れ，付随して発生する運賃1,000円を現金で支払った。なお，この運賃については，林商店が負担する約束になっているため，当店が立替払いしている。

3　小林商店は，青木商店に対して商品100,000円を掛けで販売した。なお，これに付随して発生する商品引渡しの運賃5,000円を現金で支払った。なお，この運賃については，当店が負担する約束になっている。

4　林商店は，栗原商店に対して商品50,000円を掛けで販売した。なお，これに付随して発生する商品引渡しの運賃1,000円を現金で支払った。なお，この運賃については，栗原商店が負担する約束になっているため，当店が立替払いしている。

	借方科目	金　額	貸方科目	金　額
1				
2				
3				

| 4 | | | |

━ アプローチ ━➤

商品の仕入・販売には，配送費用などが商品売買取引に付随するコストとして発生します。このような付随的に発生するコストのことを「諸掛」（しょがかり）といいます。ここでは単純に，諸掛とは宅配便などの代金だと思ってもらえばよいのですが，会計的にはこの諸掛に関する会計処理が面倒なのです。諸掛は，青木商店から見れば仕入に関する諸掛（仕入諸掛）ですが，小林商店から見ると販売に関する諸掛となります。この諸掛は，契約次第で，この代金を販売側が負担するのか，買い手側が負担するのかが変わってしまいます。状況が変われば，記録も変わりますので，よく問題を読み，どちらが負担する諸掛なのかを判断することが重要です。

	当方負担（＝自分で負担）の場合	先方負担（＝相手負担）の場合
仕入諸掛	仕入勘定に含めて処理 （商品購入代価＋仕入諸掛）	・立替金勘定で処理 または ・買掛金勘定と相殺処理
販売諸掛	発送費等の費用勘定で処理	・立替金勘定で処理 ・売掛金勘定に含めて処理

1 仕入諸掛【自分が諸掛を負担する場合】

送料はあなたが負担してくださいね。

小林商店 ← 掛取引 → 青木商店
① 代金 100,000円

わかりました。私が払います。

② 送料 5,000円

商品の金額は①＋②の合計で
105,000円
として考える

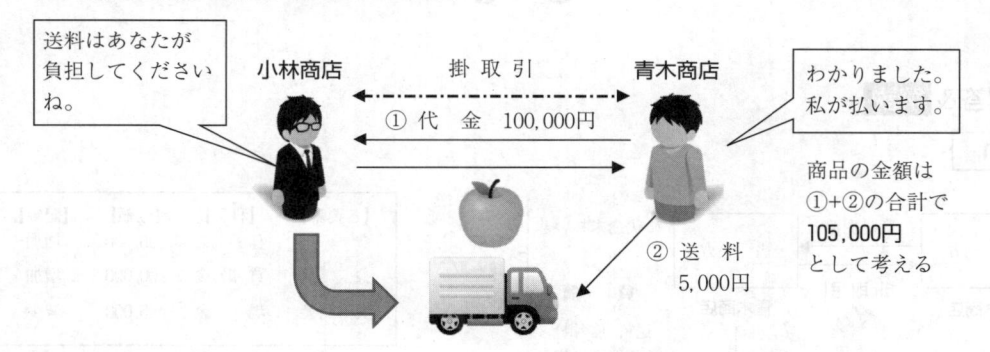

2 仕入諸掛【相手が諸掛を負担する場合】

送料は私が負担します。

林商店 ← 掛取引 → 栗原商店
① 代金 50,000円

では，私が払います。後で返してね。

とりあえず，代わりに払っておいてくださいね。

② 送料 1,000円

商品の金額は
①の50,000円のみ
②の送料（諸掛）分は
林商店への立替分なので，後で返してもらいます。

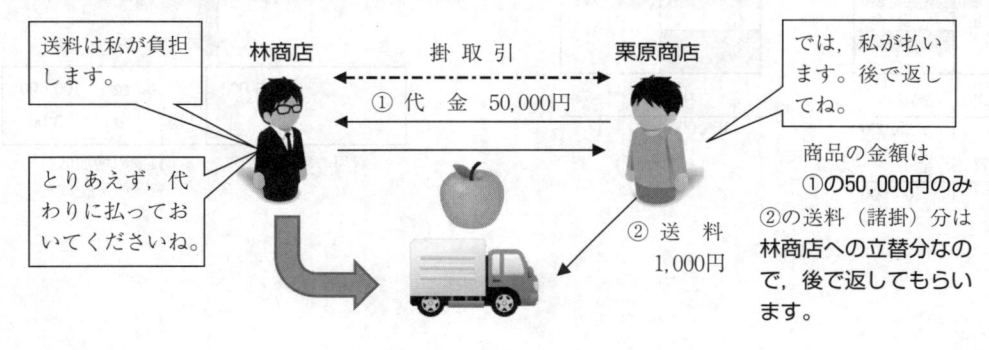

3 販売諸掛【自分が諸掛を負担する場合】

小林商店 ←―掛取引―→ 青木商店

送料は私が負担します。

① 代金 100,000円

② 送料 5,000円

売上以外に販売するための「発送費」がかかった

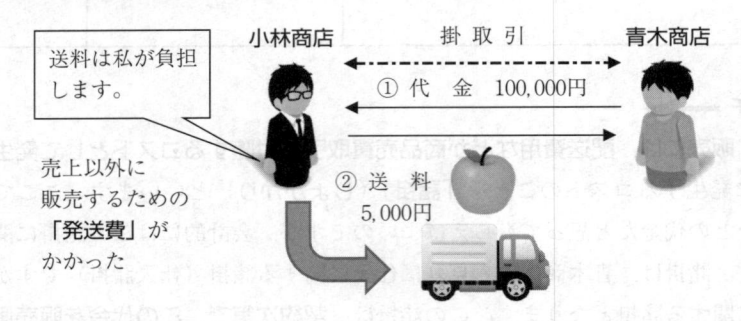

4 販売諸掛【相手が諸掛を負担する場合】

林商店 ←―掛取引―→ 栗原商店

送料はあなたが負担してくださいね。

では，私が払います。後で返してね。

とりあえず，代わりに払っておいてくださいね。

① 代金 50,000円

② 送料 1,000円

売上以外に販売するための「発送費」がかかった

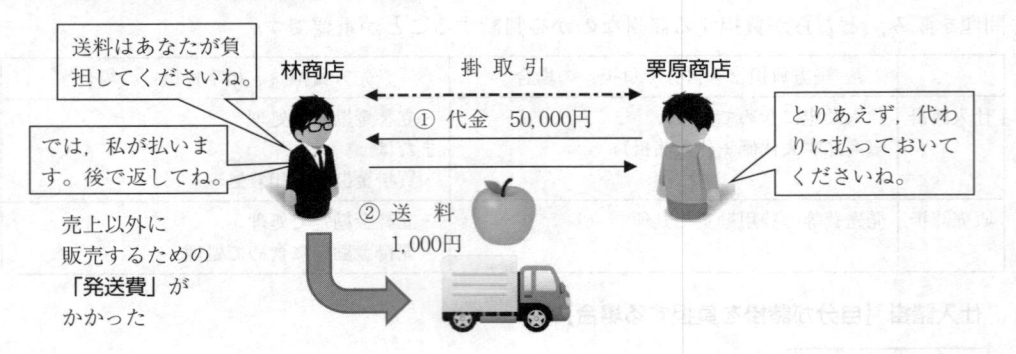

解答&解説

問1

先方（小林商店）―商品引渡／掛取引→ 当方（青木商店）

代金未払い ∴ 負債

送料（諸掛）自分負担分は商品の仕入代金の一部と考える

分解して読み取る

貸借対照表

資産	負債
現金	買掛金
	純資産

現金 5,000
買掛金 100,000

損益計算書

費用	収益
仕入	
利益	

仕入 105,000

【5要素】	【科目】	【金額】	【記録】
費用	仕入	105,000	増加
負債	買掛金	100,000	増加
資産	現金	5,000	減少

仕入 105,000	買掛金 100,000
	現金 5,000

費用の増加は左　　負債の増加は右
　　　　　　　　　資産の減少は右

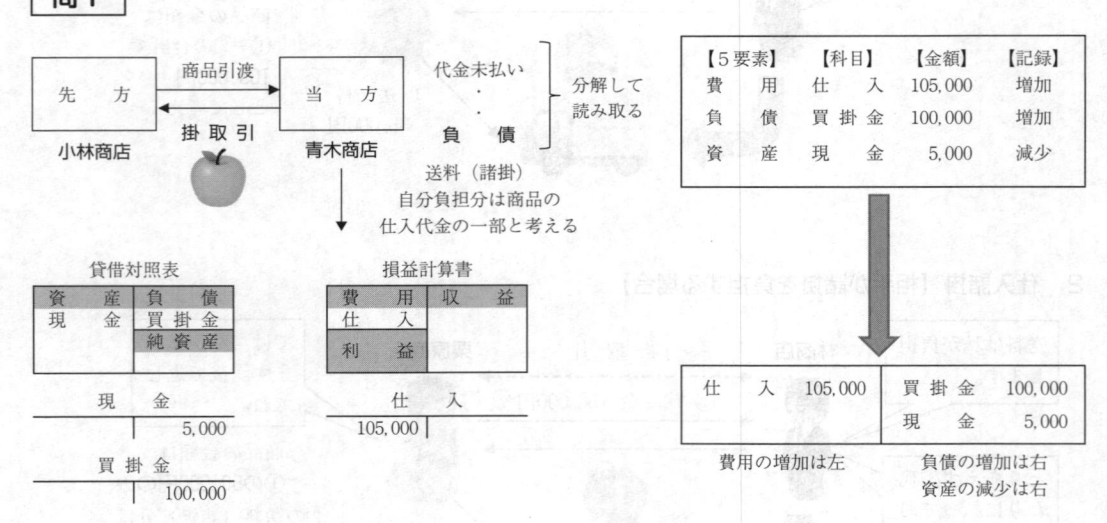

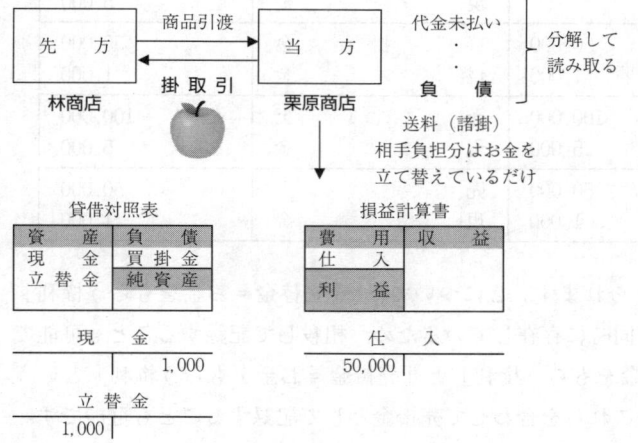

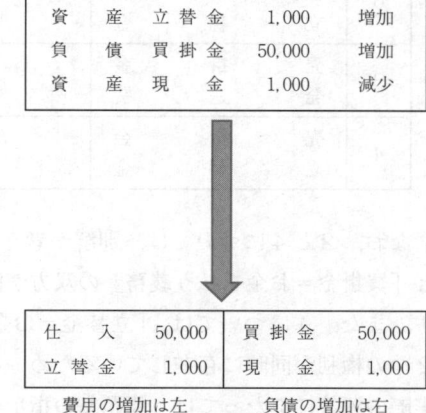

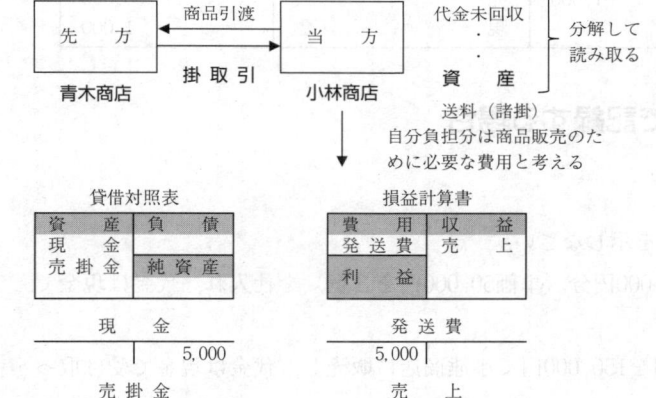

複式簿記の企業の経済活動を記録する

問2

先方（林商店）→商品引渡→当方（栗原商店）
掛取引
代金未払い ∴ 負債
送料（諸掛）相手負担分はお金を立て替えているだけ

分解して読み取る

【5要素】	【科目】	【金額】	【記録】
費用	仕入	50,000	増加
資産	立替金	1,000	増加
負債	買掛金	50,000	増加
資産	現金	1,000	減少

貸借対照表
資産	負債
現金	買掛金
立替金	純資産

損益計算書
費用	収益
仕入	
利益	

現　金
　　　　| 1,000

立替金
1,000 |

買掛金
　　　　| 50,000

仕　入
50,000 |

| 仕入 | 50,000 | 買掛金 | 50,000 |
| 立替金 | 1,000 | 現金 | 1,000 |

費用の増加は左　　負債の増加は右
資産の増加は左　　資産の減少は右

問3

先方（青木商店）←商品引渡←当方（小林商店）
掛取引
代金未回収 ∴ 資産
送料（諸掛）自分負担分は商品販売のために必要な費用と考える

分解して読み取る

【5要素】	【科目】	【金額】	【記録】
資産	売掛金	100,000	増加
費用	発送費	5,000	増加
収益	売上	100,000	増加
資産	現金	5,000	減少

貸借対照表
資産	負債
現金	
売掛金	純資産

損益計算書
費用	収益
発送費	売上
利益	

現　金
　　　　| 5,000

売掛金
100,000 |

発送費
5,000 |

売　上
　　　　| 100,000

| 売掛金 | 100,000 | 売上 | 100,000 |
| 発送費 | 5,000 | 現金 | 5,000 |

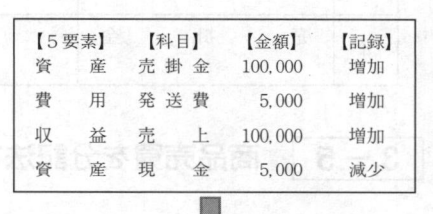

資産の増加は左　　収益の増加は右
費用の増加は左　　資産の減少は右

問4

先方（栗原商店）←商品引渡←当方（林商店）
掛取引
代金未回収 ∴ 資産
送料（諸掛）相手負担分はお金を立て替えているだけ

分解して読み取る

【5要素】	【科目】	【金額】	【記録】
資産	売掛金	50,000	増加
資産	立替金	1,000	増加
収益	売上	50,000	増加
資産	現金	1,000	減少

貸借対照表
資産	負債
現金	
売掛金	純資産
立替金	

損益計算書
費用	収益
	売上
利益	

現　金
　　　　| 1,000

売掛金
50,000 |

立替金
1,000 |

売　上
　　　　| 50,000

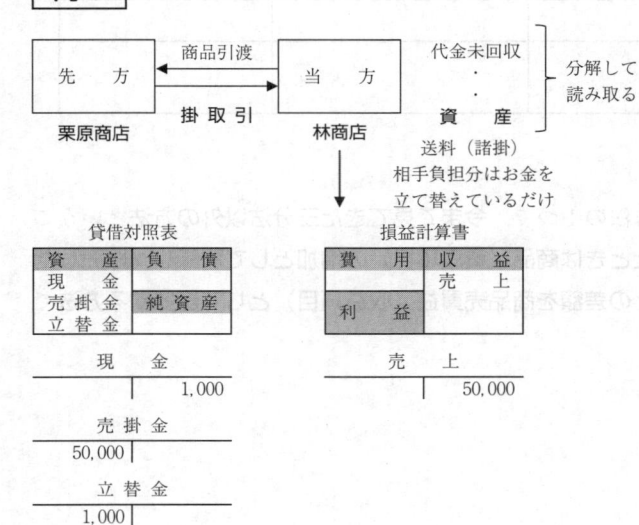

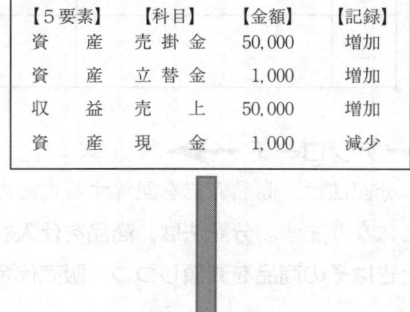

| 売掛金 | 50,000 | 売上 | 50,000 |
| 立替金 | 1,000 | 現金 | 1,000 |

資産の増加は左　　収益の増加は右
資産の増加は左　　資産の減少は右

1	仕　　　　　入	105,000	買　掛　　金 現　　　　　金	100,000 5,000
2	仕　　　　　入 立　替　　金	50,000 1,000	買　掛　　金 現　　　　　金	50,000 1,000
3	売　掛　　金 発　送　　費	100,000 5,000	売　　　　　上 現　　　　　金	100,000 5,000
4	売　掛　　金 立　替　　金	50,000 1,000	売　　　　　上 現　　　　　金	50,000 1,000

　なお，2と4については，別解が考えられます。2については，「立替金＝お金をもらう権利」と「買掛金＝お金を払う義務」の双方が同時に存在しているため，相殺して記録することも可能です。また，4については，「立替金＝お金をもらう権利」と「売掛金＝お金をもらう権利」という2つの権利が同時に存在しているため，これらを合わせて売掛金として記録することも可能です。実際の解答にあたっては，問題文の指示に従って対応して下さい。

2	仕　　　　　入	50,000	買　掛　　金 現　　　　　金	49,000 1,000
4	売　掛　　金	51,000	売　　　　　上 現　　　　　金	50,000 1,000

3−5　商品売買を分記法で記録する場合

基本問題21　☆☆

　次の取引について，分記法による仕訳を示しなさい。

1　上野商事は，高橋商店から商品100,000円分（単価50,000円を2個）を仕入れ，代金は現金で支払った。
2　上野商事は，上記の商品のうち1個を150,000円で小熊商店に販売し，代金は現金で受け取った。

	借　方　科　目	金　　額	貸　方　科　目	金　　額
1				
2				

―アプローチ―→

　分記法は，商品売買を記録するための方法の1つで，今まで見てきた三分法以外の方法ということになります。分記法は，商品を仕入れたときは商品（資産項目）の増加として記録し，販売したときはその商品を減額しつつ，販売代金との差額を商品売買益（収益項目）として記録する方法です。

解答 & 解説

問1

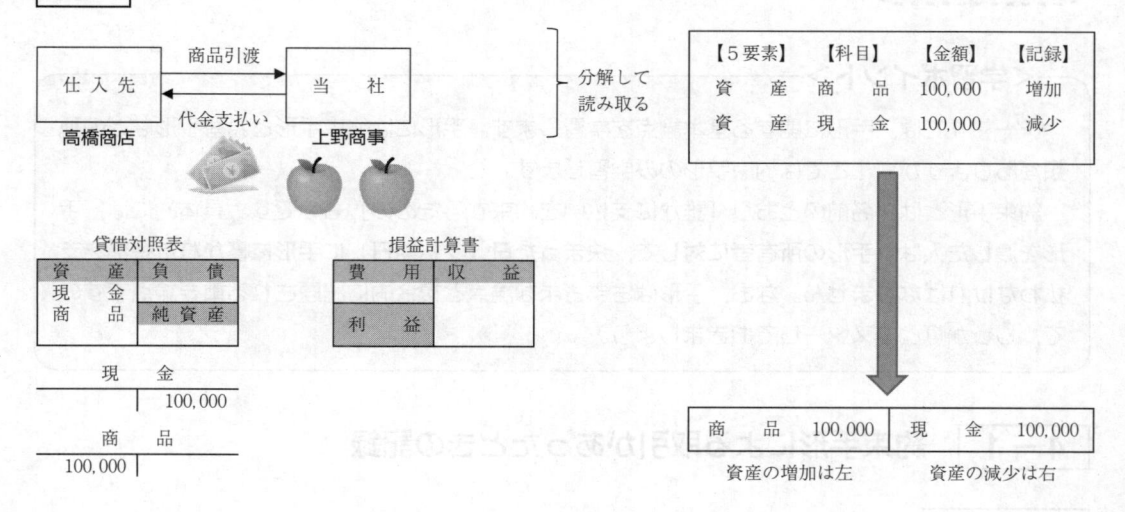

```
仕入先 ──商品引渡→ 当 社
高橋商店 ←代金支払い── 上野商事
```

分解して読み取る

【5要素】	【科目】	【金額】	【記録】
資 産	商 品	100,000	増加
資 産	現 金	100,000	減少

貸借対照表
資 産	負 債
現 金	
商 品	純資産

損益計算書
費 用	収 益
利 益	

現 金
| | 100,000 |

商 品
| 100,000 | |

| 商 品 | 100,000 | 現 金 | 100,000 |

資産の増加は左　　資産の減少は右

問2

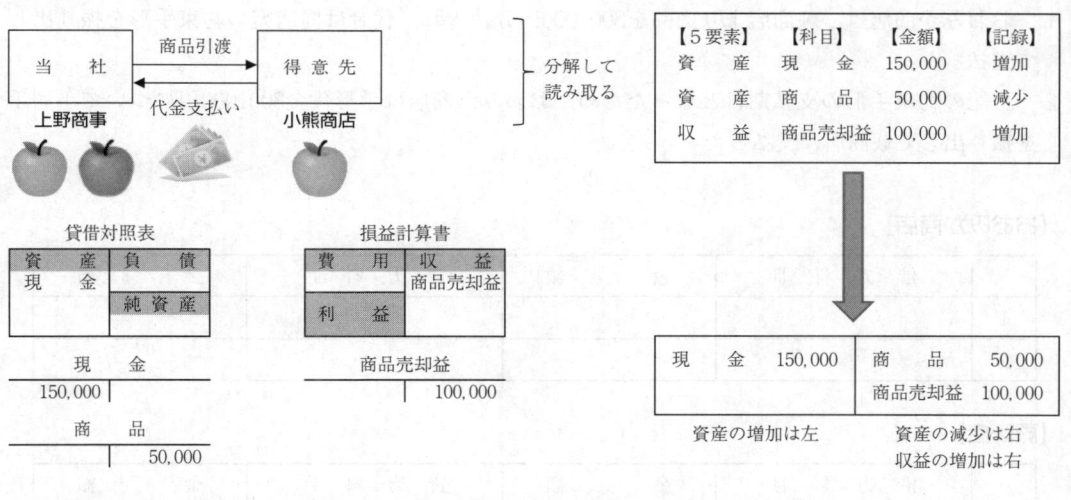

```
当 社 ──商品引渡→ 得意先
上野商事 ←代金支払い── 小熊商店
```

分解して読み取る

【5要素】	【科目】	【金額】	【記録】
資 産	現 金	150,000	増加
資 産	商 品	50,000	減少
収 益	商品売却益	100,000	増加

貸借対照表
資 産	負 債
現 金	純資産

損益計算書
費 用	収 益
	商品売却益
利 益	

現 金
| 150,000 | |

商 品
| | 50,000 |

商品売却益
| | 100,000 |

| 現 金 | 150,000 | 商 品 | 50,000 |
| | | 商品売却益 | 100,000 |

資産の増加は左　　資産の減少は右
　　　　　　　　　収益の増加は右

1	商　　　　品	100,000	現　　　　　　　金	100,000
2	現　　　　金	150,000	商　　　　　　　品	50,000
			商 品 売 却 益	100,000

77

テーマ4　手形取引に関する記録

> **＜学習ポイント＞**
>
> 　テーマ4では，手形に関する基本論点を学習します。手形には約束手形と為替手形などの種類がありますが，ここでは約束手形のみ学習します。
> 　約束手形とは，名前のとおり「誰かに支払いを約束するための」ものです。具体的には，手形を渡した人は，**手形の所有者に対して，決まった日（支払期日）に手形に書かれた金額を支払わなければなりません。**なお，手形はさまざまな論点と複合的に出題される重要論点ですので，しっかりとマスターしておきましょう。

4－1　約束手形による取引があったときの記録

基本問題22　☆☆☆☆☆

次の取引について，それぞれの立場において仕訳を示しなさい。

1　おおみか商店は，蕨商店より商品を300,000円分仕入れ，代金は同店宛の約束手形を振り出して支払った。
2　上記の約束手形の支払期日となったため，おおみか商店は手形代金300,000円について小切手を振り出して蕨商店に支払った。

【おおみか商店】

	借　方　科　目	金　　　額	貸　方　科　目	金　　　額
1				
2				

【蕨商店】

	借　方　科　目	金　　　額	貸　方　科　目	金　　　額
1				
2				

複式簿記の企業の経済活動を記録する

アプローチ ➡

販売側（蕨商店）
お金が未収
↓
お金を後で受け取る権利が生じる
↓
債権の発生
↓
資産の増加
↓
勘定科目「受取手形」の増加

受取手形として記録しておこう

仕入側（おおみか商店）
代金が未払い
↓
お金を後で払う義務が生じる
↓
債務の発生
↓
負債の増加
↓
勘定科目「支払手形」の増加

支払手形として記録しておこう

（蕨商店 → おおみか商店、約束手形）

おおみか商店は，蕨商店から商品を買いましたので，代金を払う必要があります。そのため，**「支払日を指定した約束手形」を同店宛**（同店は文脈上蕨商店を指していますので，受取人の宛先が蕨商店という意味）**に振り出しました**（書いて渡したという意味）。蕨商店はおおみか商店に対して**「お金の支払いを請求する権利」**，おおみか商店は蕨商店に対して**「お金を払う義務」**を負うことになります。この**権利**を**「受取手形」**として，**支払い義務**を**「支払手形」**として，それぞれが貸借対照表に記載します。

解答＆解説

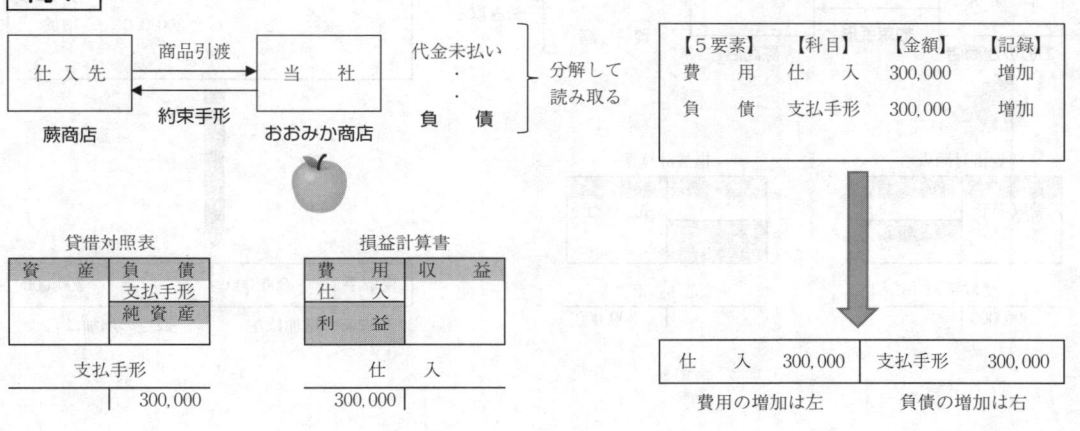

【おおみか商店の会計処理】

問1

仕入先（蕨商店）← 商品引渡 ← 当社（おおみか商店）
当社 → 約束手形 → 仕入先

代金未払い ∴ 負債 → 分解して読み取る

【5要素】	【科目】	【金額】	【記録】
費用	仕入	300,000	増加
負債	支払手形	300,000	増加

貸借対照表

資産	負債
	支払手形
	純資産

支払手形
　　　　| 300,000

損益計算書

費用	収益
仕入	
利益	

仕　入
300,000 |

仕　入　300,000	支払手形　300,000
費用の増加は左	負債の増加は右

問2

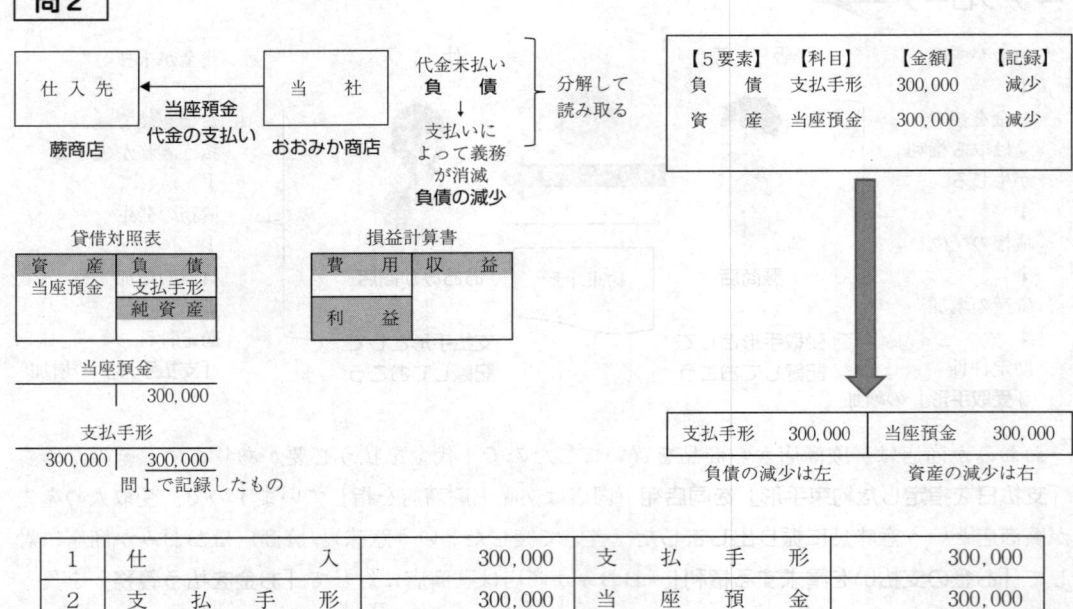

```
仕入先 ← 当座預金 ← 当社       代金未払い    分解して
蕨商店    代金の支払い おおみか商店  負債       読み取る
                              ↓
                          支払いに
                          よって義務
                          が消滅
                          負債の減少
```

【5要素】	【科目】	【金額】	【記録】
負債	支払手形	300,000	減少
資産	当座預金	300,000	減少

貸借対照表

資産	負債
当座預金	支払手形
	純資産

損益計算書

費用	収益
利益	

当座預金
　　　　| 300,000

支払手形
300,000 | 300,000
　　　　　問1で記録したもの

支払手形 300,000	当座預金 300,000
負債の減少は左	資産の減少は右

| 1 | 仕　　　　入 | 300,000 | 支　払　手　形 | 300,000 |
| 2 | 支　払　手　形 | 300,000 | 当　座　預　金 | 300,000 |

【蕨商店の会計処理】

問1

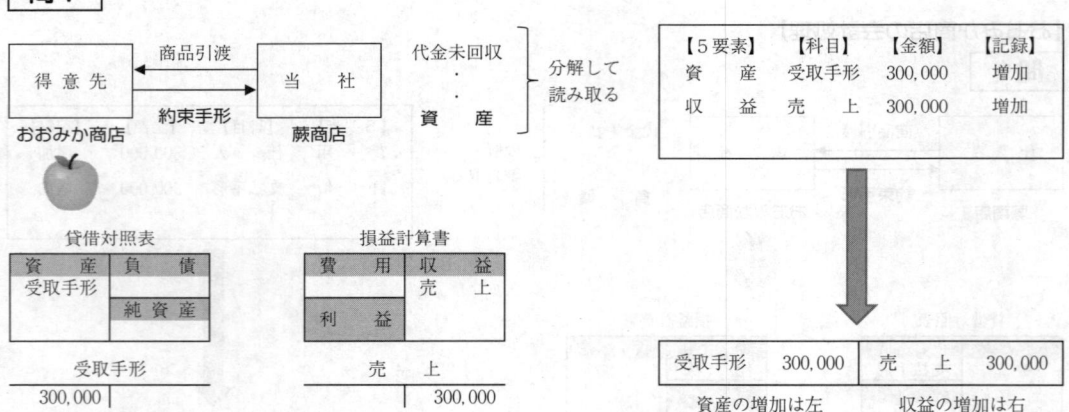

```
得意先 ← 商品引渡 → 当社    代金未回収    分解して
おおみか商店 約束手形 蕨商店   ：         読み取る
                          資産
```

【5要素】	【科目】	【金額】	【記録】
資産	受取手形	300,000	増加
収益	売上	300,000	増加

貸借対照表

資産	負債
受取手形	
	純資産

損益計算書

費用	収益
	売上
利益	

受取手形
300,000 |

売上
　　　　| 300,000

受取手形 300,000	売　　上 300,000
資産の増加は左	収益の増加は右

問2

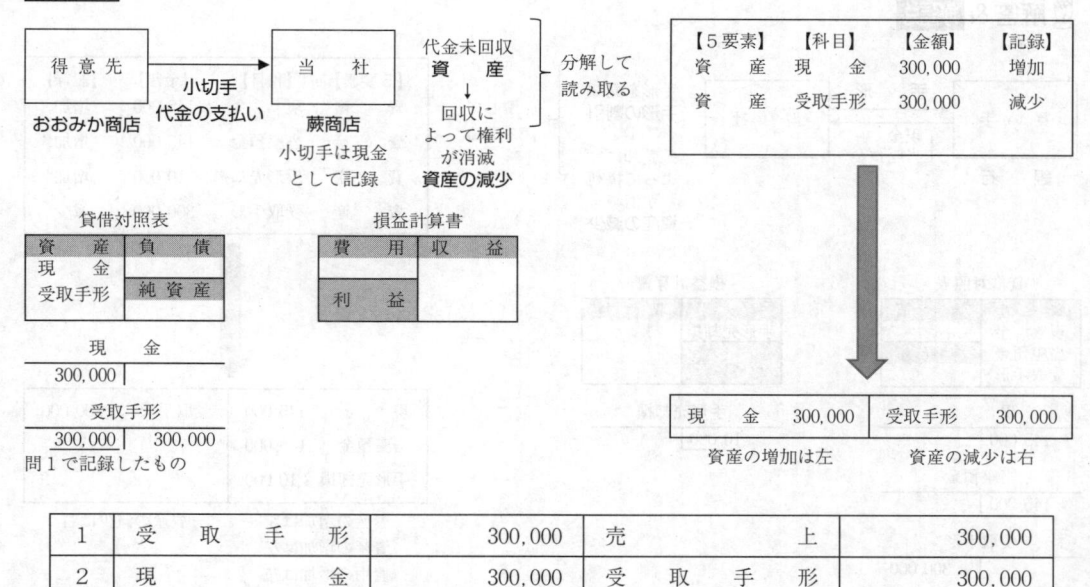

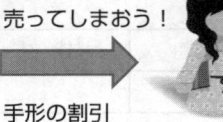

1	受 取 手 形	300,000	売 上	300,000
2	現 金	300,000	受 取 手 形	300,000

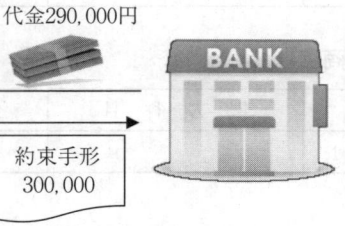

4-2 手形の割引に関する会計処理

基本問題23 ☆☆☆

次の取引について，仕訳を示しなさい。

1. 得意先おおみか商店が当店宛に振り出した約束手形300,000円を取引銀行で割り引いた。割引料として10,000円を差し引かれ，残金が手取金であり半分を当座預金，残りを現金で受け取った。

借方科目	金 額	貸方科目	金 額
1			

─アプローチ→

解答&解説

[図：手形の割引に関する図解]

【5要素】	【科目】	【金額】	【記録】
資産	現金	145,000	増加
資産	当座預金	145,000	増加
費用	手形売却損	10,000	増加
資産	受取手形	300,000	減少

現金 145,000	受取手形 300,000
当座預金 145,000	
手形売却損 10,000	

資産の増加は左　　資産の減少は右
資産の増加は左
費用の増加は左

	借方科目	金額	貸方科目	金額
1	現　　　　金 当　座　預　金 手　形　売　却　損	145,000 145,000 10,000	受　取　手　形	300,000

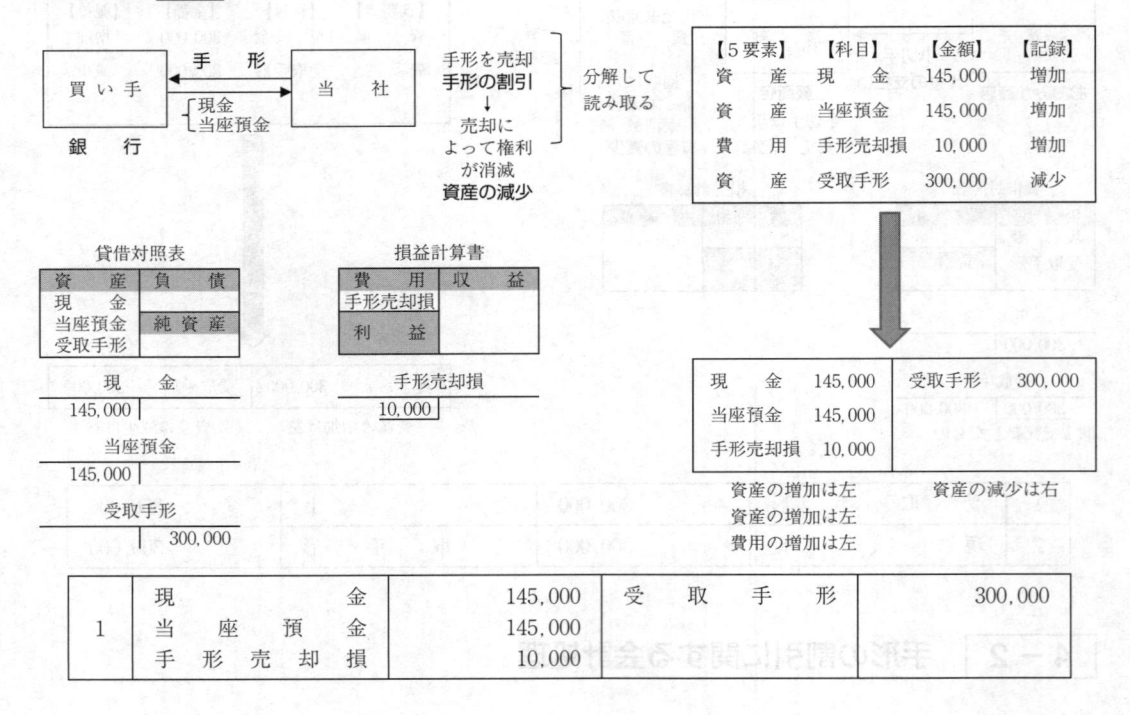

4-3　手形の裏書譲渡に関する会計処理

基本問題24　☆☆☆☆

次の取引について、それぞれの立場において仕訳を示しなさい。

1　おおみか商店は、蕨商店より商品を300,000円分仕入れ、代金は日立商店振出し、おおみか商店宛の約束手形を裏書譲渡した。

【おおみか商店】

	借方科目	金　　額	貸方科目	金　　額
1				

【蕨商店】

	借方科目	金　　額	貸方科目	金　　額
1				

━ アプローチ ━

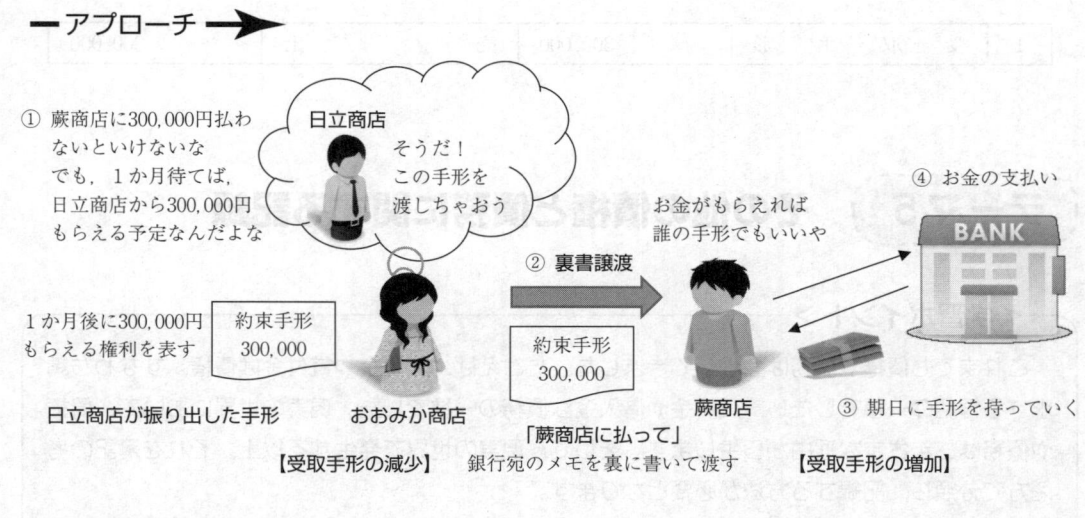

① 蕨商店に300,000円払わないといけないな でも，1か月待てば，日立商店から300,000円もらえる予定なんだよな

日立商店
そうだ！この手形を渡しちゃおう

④ お金の支払い

1か月後に300,000円もらえる権利を表す

約束手形 300,000

日立商店が振り出した手形

おおみか商店

② 裏書譲渡

約束手形 300,000

お金がもらえれば誰の手形でもいいや

蕨商店

③ 期日に手形を持っていく

BANK

【受取手形の減少】　「蕨商店に払って」銀行宛のメモを裏に書いて渡す　【受取手形の増加】

解答&解説

【おおみか商店の会計処理】

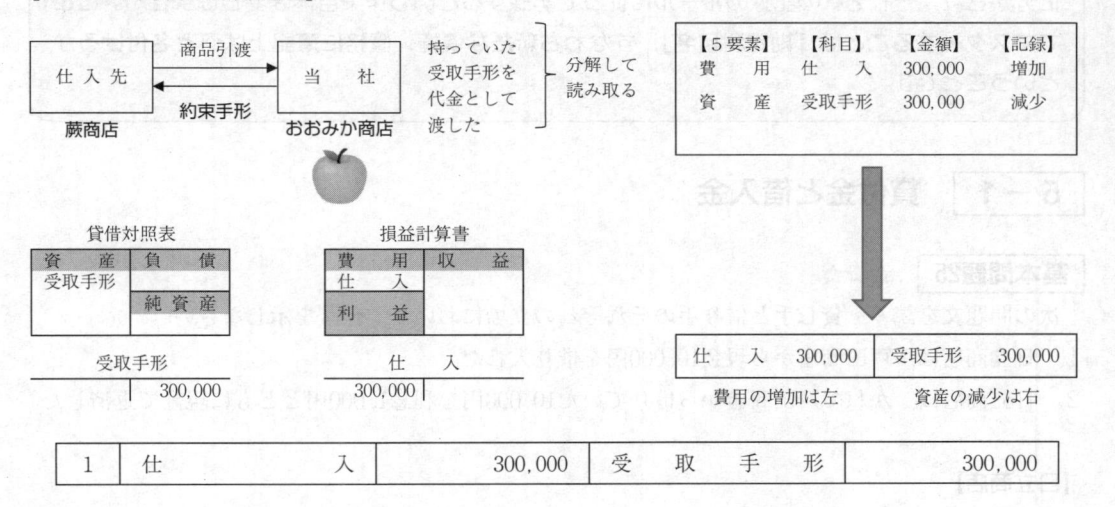

仕入先	←商品引渡→	当社
蕨商店	約束手形	おおみか商店

持っていた受取手形を代金として渡した → 分解して読み取る

【5要素】	【科目】	【金額】	【記録】
費用	仕入	300,000	増加
資産	受取手形	300,000	減少

貸借対照表
資産｜負債
受取手形｜
　　　　｜純資産

損益計算書
費用｜収益
仕入｜
利益｜

受取手形　300,000 ｜
｜ 仕入　300,000

仕入　300,000　｜　受取手形　300,000
費用の増加は左　　　資産の減少は右

| 1 | 仕　　入 | 300,000 | 受　取　手　形 | 300,000 |

【蕨商店の会計処理】

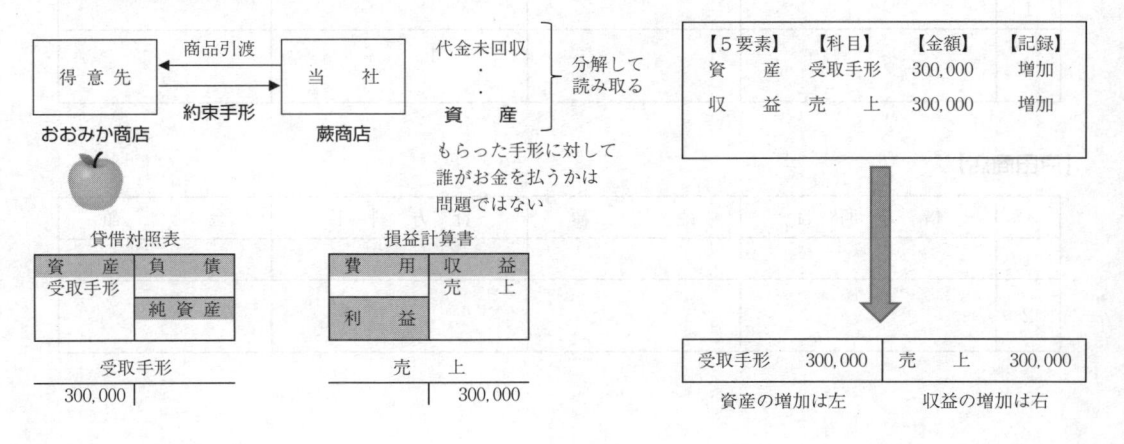

得意先	←商品引渡→	当社
おおみか商店	約束手形	蕨商店

代金未回収
∴資産

もらった手形に対して誰がお金を払うかは問題ではない

→ 分解して読み取る

【5要素】	【科目】	【金額】	【記録】
資産	受取手形	300,000	増加
収益	売上	300,000	増加

貸借対照表
資産｜負債
受取手形｜
　　　　｜純資産

損益計算書
費用｜収益
　　｜売上
利益｜

受取手形　300,000 ｜
｜ 売上　300,000

受取手形　300,000　｜　売　上　300,000
資産の増加は左　　　収益の増加は右

| 1 | 受 取 手 形 | 300,000 | 売　　　　上 | 300,000 |

テーマ5　その他の債権と債務に関する記録

> **＜学習ポイント＞**
>
> これまでも債権や債務は登場してきました。たとえば，売掛金や貸付金は債権，すなわち請求する権利の一種でしたし，買掛金や借入金は債務の一種でした。現実の世界において，債権や債務はさまざまな理由から生じます。そして，現実の世界で発生する以上，それを簿記の考え方で分類し，記録する方法が必要となります。
>
> テーマ5では，債権や債務が発生するさまざまなパターンについて事例を通じて学習します。ただ，どのような理由で生じたものであっても，簿記上，債権は資産に分類され，債務は負債に分類され，それぞれの記録のルールに従って記録するという作業自体は変わりません。ここでマスターすることは「勘定科目名」，すなわち新たな債権・債務に簿記上は何と名付けるかということです。

5－1　貸付金と借入金

基本問題25　☆☆☆

次の問題文を読み，貸し手と借り手のそれぞれの立場において，仕訳を示しなさい。

1　日立商店は，戸田商店から現金10,000円を借り入れた。
2　日立商店は，かねて戸田商店から借りていた10,000円を利息1,000円とともに現金で返済した。

【日立商店】

	借方科目	金　額	貸方科目	金　額
1				
2				

【戸田商店】

	借方科目	金　額	貸方科目	金　額
1				
2				

━ アプローチ ➡

　戸田商店は，日立商店に対して自分のお金を一定の期間貸します。当たり前ですが，これはお金が戸田商店から日立商店に一時的に移動しているだけですから，**戸田商店は日立商店に対して「お金の返済を請求する権利」を持ち，日立商店は戸田商店に対して「お金を返す義務」を負う**ことになります。また，お金が戸田商店から日立商店に一時的に移動している間，戸田商店は自分のお金を自由に使うことができません。つまり，**戸田商店は，日立商店に対して「一時的にお金を自由に使う権利」**を売ったことになります。利息は，この権利に対する代金として受け取るのです。

　また，日立商店はこの「一時的な自由」を購入し，お金を借りている間だけは自由に使い，期間が終了したら，借りたお金と同額を返すことになります。

お金を貸した	お金を貸す		お金を借りた	お金を借りた
↓				↓
お金を後で受け取る権利が生じる				お金を後で返す義務が生じる
↓	戸田商店	借用証書	日立商店	↓
債権の発生				債務の発生
↓				↓
資産の増加				負債の増加
↓				↓
勘定科目「貸付金」の増加				勘定科目「借入金」の増加

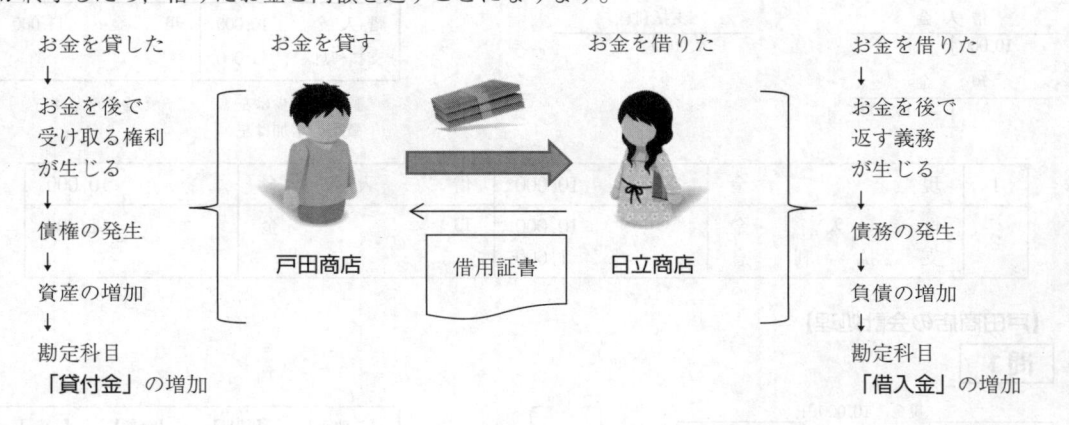

👉解答&解説

【日立商店の会計処理】

問1

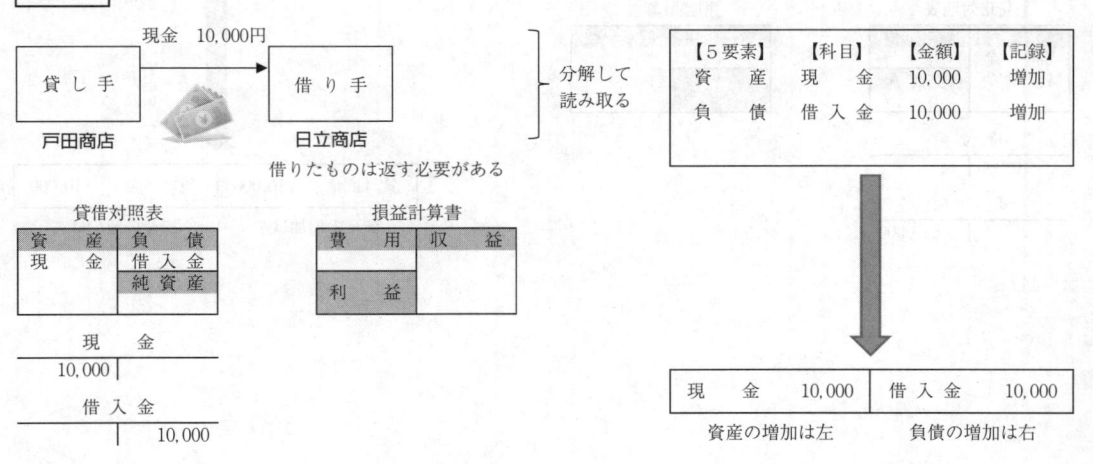

貸し手（戸田商店）── 現金 10,000円 → 借り手（日立商店）
分解して読み取る
借りたものは返す必要がある

【5要素】	【科目】	【金額】	【記録】
資　産	現　金	10,000	増加
負　債	借入金	10,000	増加

貸借対照表

資　産	負　債
現　金	借入金
	純資産

損益計算書

費　用	収　益
利　益	

現　金
10,000 |

借入金
　　　| 10,000

現　金　10,000	借入金　10,000

資産の増加は左　　負債の増加は右

問2

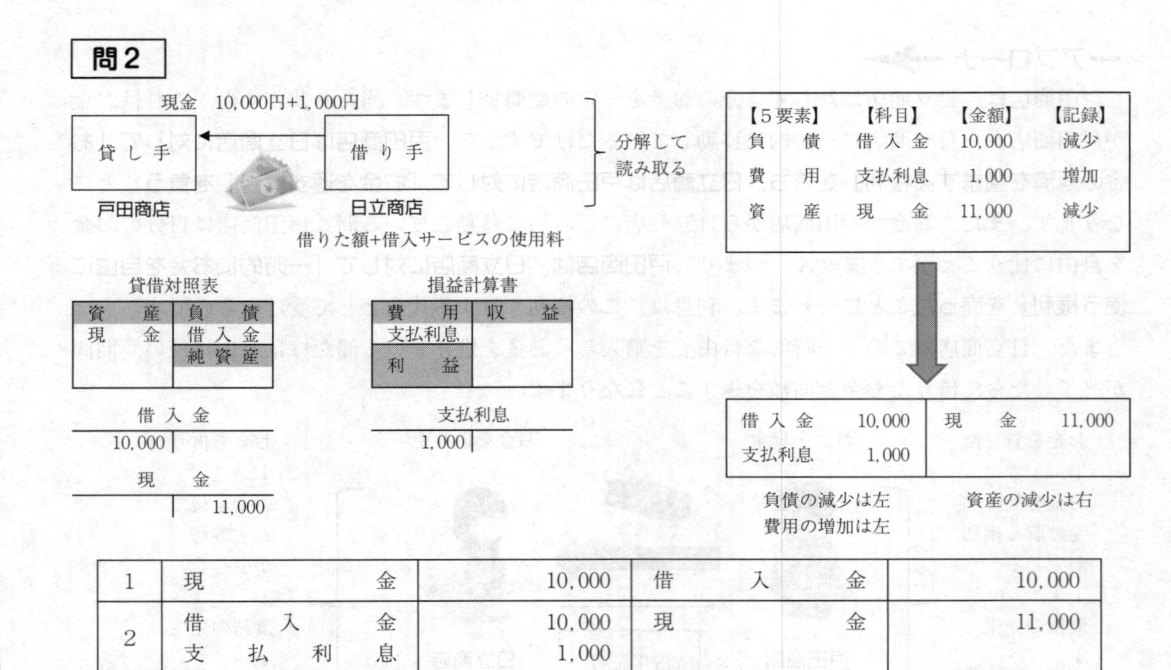

現金 10,000円+1,000円

貸し手（戸田商店） ← 借り手（日立商店）

借りた額+借入サービスの使用料

分解して読み取る

【5要素】	【科目】	【金額】	【記録】
負債	借入金	10,000	減少
費用	支払利息	1,000	増加
資産	現金	11,000	減少

貸借対照表

資産	負債
現金	借入金
	純資産

損益計算書

費用	収益
支払利息	
利益	

借入金
10,000 |

現金
　　　| 11,000

| 借入金　　10,000 | 現金　　11,000 |
| 支払利息　 1,000 | |

負債の減少は左　　　資産の減少は右
費用の増加は左

| 1 | 現　　　金 | 10,000 | 借　入　金 | 10,000 |
| 2 | 借　入　金
支　払　利　息 | 10,000
1,000 | 現　　　金 | 11,000 |

【戸田商店の会計処理】

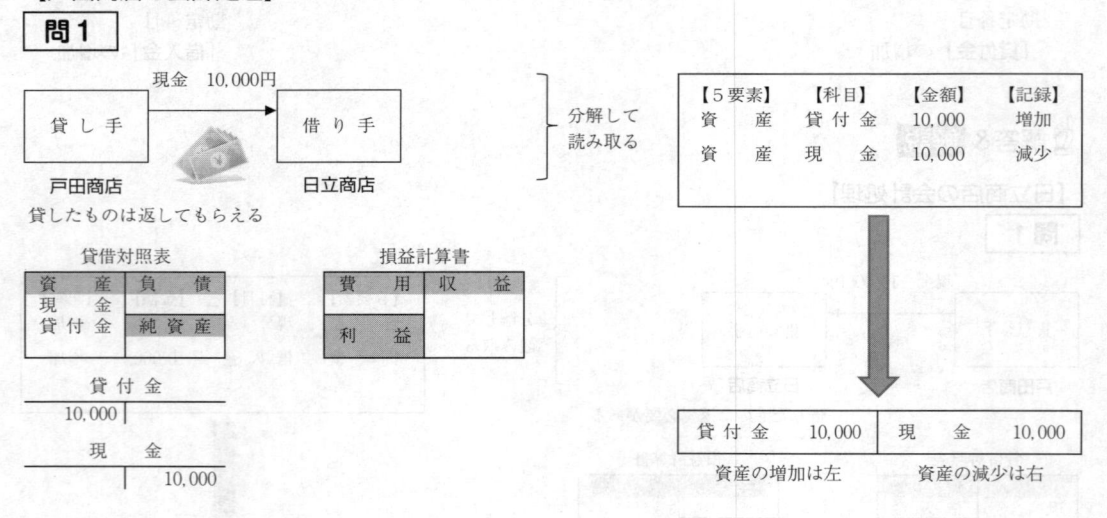

問1

現金 10,000円

貸し手（戸田商店） → 借り手（日立商店）

貸したものは返してもらえる

分解して読み取る

【5要素】	【科目】	【金額】	【記録】
資産	貸付金	10,000	増加
資産	現金	10,000	減少

貸借対照表

資産	負債
現金	
貸付金	純資産

損益計算書

費用	収益
利益	

貸付金
10,000 |

現金
　　　| 10,000

| 貸付金　　10,000 | 現金　　10,000 |

資産の増加は左　　　資産の減少は右

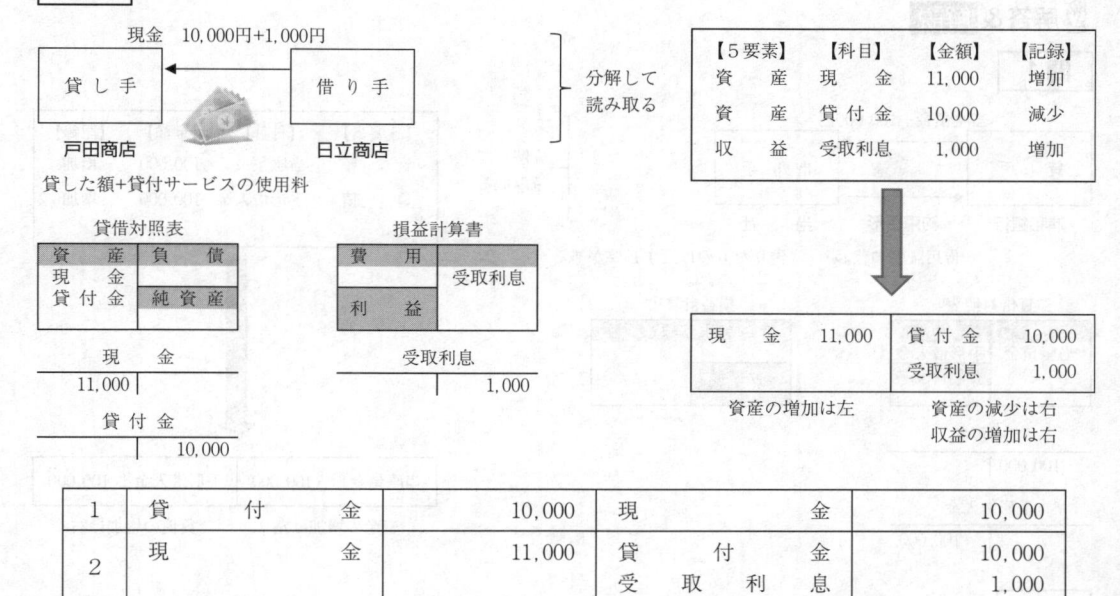

問2

	【5要素】	【科目】	【金額】	【記録】
	資　産	現　　金	11,000	増加
	資　産	貸 付 金	10,000	減少
	収　益	受取利息	1,000	増加

現金　11,000　　　貸付金　10,000
　　　　　　　　　受取利息　1,000

資産の増加は左　　資産の減少は右
　　　　　　　　　収益の増加は右

	借方科目	金額	貸方科目	金額
1	貸　付　金	10,000	現　　　金	10,000
2	現　　　金	11,000	貸　付　金 受　取　利　息	10,000 1,000

基本問題26　☆☆

次の取引について，仕訳を示しなさい。

1　当社は，新たな取引先の開拓にあたり資金が不足しているため，約束手形を振り出して浦和銀行から100,000円を借り入れ，当座預金とした。
2　当社は，愛知商店に現金200,000円を貸し付け，愛知商店振出の約束手形200,000円を受け取った。

━━アプローチ━━▶

通常の借入の場合には，借入の証として借用証書を取り交わしますが，この**借用証書の代わりに約束手形を取り交わす**場合があります。これを**手形貸付・手形借入**といいます。借用証書の代わりに約束手形を用いるだけで，実態は通常の貸付・借入と変わりませんので，**会計処理も，これに準じて処理**をします。

	借方科目	金　額	貸方科目	金　額
1				
2				

解答&解説

問1

貸し手(浦和銀行) → 当座預金 100,000円 → 借り手(当社)
約束手形　借用証書の代わり　借りたものは返す必要がある

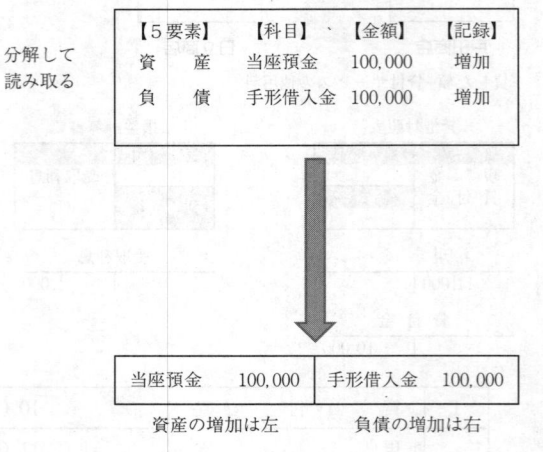

分解して読み取る

【5要素】	【科目】	【金額】	【記録】
資産	当座預金	100,000	増加
負債	手形借入金	100,000	増加

貸借対照表：資産(当座預金) / 負債(手形借入金)・純資産
損益計算書：費用・利益 / 収益

当座預金 100,000
手形借入金 100,000

当座預金 100,000 | 手形借入金 100,000
資産の増加は左　　負債の増加は右

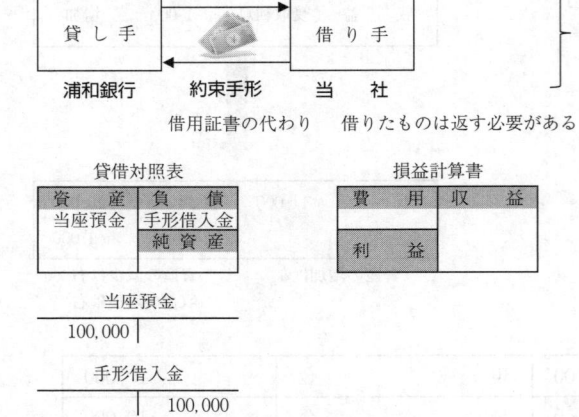

問2

貸したものは返してもらえる

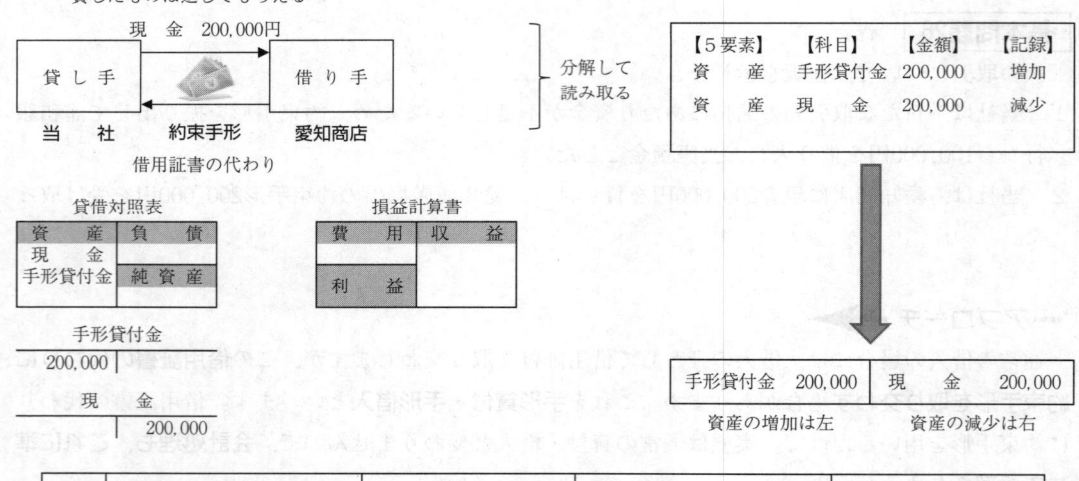

貸し手(当社) → 現金 200,000円 → 借り手(愛知商店)
約束手形　借用証書の代わり

分解して読み取る

【5要素】	【科目】	【金額】	【記録】
資産	手形貸付金	200,000	増加
資産	現金	200,000	減少

貸借対照表：資産(現金・手形貸付金) / 負債・純資産
損益計算書：費用・利益 / 収益

手形貸付金 200,000
現金 200,000

手形貸付金 200,000 | 現金 200,000
資産の増加は左　　資産の減少は右

| 1 | 当　座　預　金 | 100,000 | 手　形　借　入　金 | 100,000 |
| 2 | 手　形　貸　付　金 | 200,000 | 現　　　　　金 | 200,000 |

5－2　未収入金と未払金

基本問題27　☆☆☆☆

次の取引について，仕訳を示しなさい。

1　当社は，営業用の車両を購入したが，代金100,000円は月末に払うこととした。
2　当社は，上記の営業用車両を多賀商店に200,000円で売却し，代金は2か月後に受け取ることとした。

	借方科目	金　　額	貸方科目	金　　額
1				
2				

→アプローチ→

※　売掛金や買掛金との違い

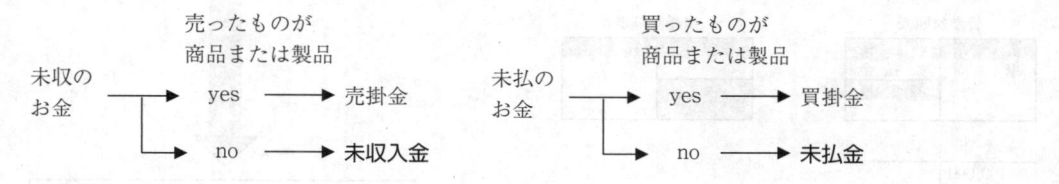

```
                売ったものが                          買ったものが
                商品または製品                        商品または製品
未収の        ┌─ yes ──→ 売掛金     未払の      ┌─ yes ──→ 買掛金
お金     ────┤                      お金    ────┤
              └─ no  ──→ 未収入金               └─ no  ──→ 未払金
```

「商品または製品」とは，その企業が「販売する目的」で持っている資産のことを指します。さらに販売目的の資産のうち，外部から購入してきたものを「商品」，自分で製造したものを「製品」と呼びます。企業が保有する資産には，本社ビルや販売用の自動車など，販売目的以外の「使用目的」で保有されるものもあります。しかし，「使用目的」の資産であっても，不要になれば売却されます。このような場合で，未収や未払の状態が発生すれば，勘定科目として未収入金や未払金を使用することになります。

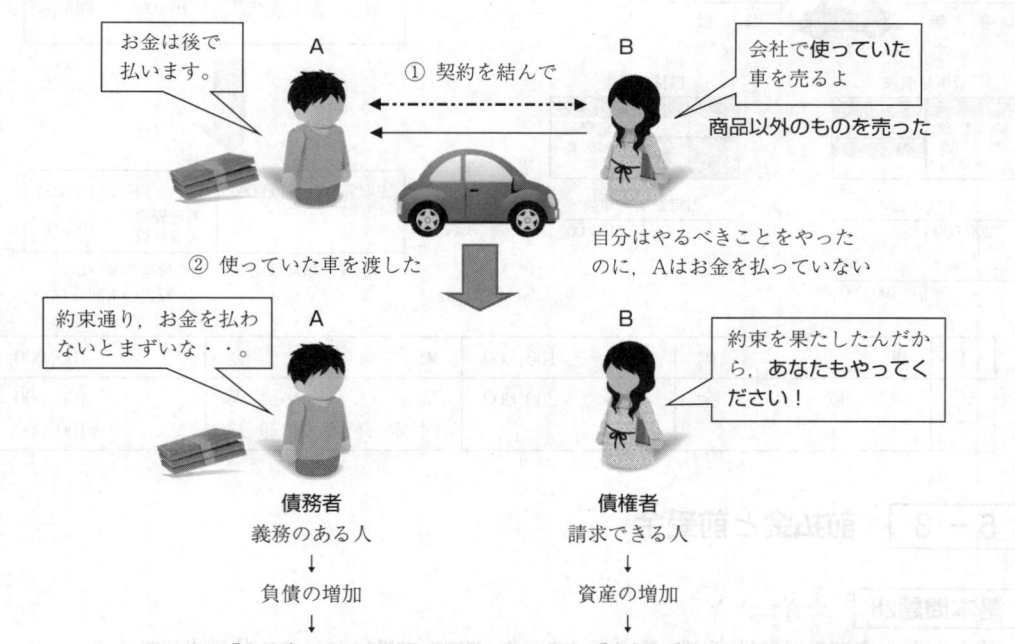

A　お金は後で払います。　　①　契約を結んで　　B　会社で使っていた車を売るよ

商品以外のものを売った

②　使っていた車を渡した

自分はやるべきことをやったのに，Aはお金を払っていない

A　約束通り，お金を払わないとまずいな・・。　　B　約束を果たしたんだから，あなたもやってください！

債務者
義務のある人
↓
負債の増加
↓
勘定科目「未払金」という科目で記録

債権者
請求できる人
↓
資産の増加
↓
勘定科目「未収入金」という科目で記録

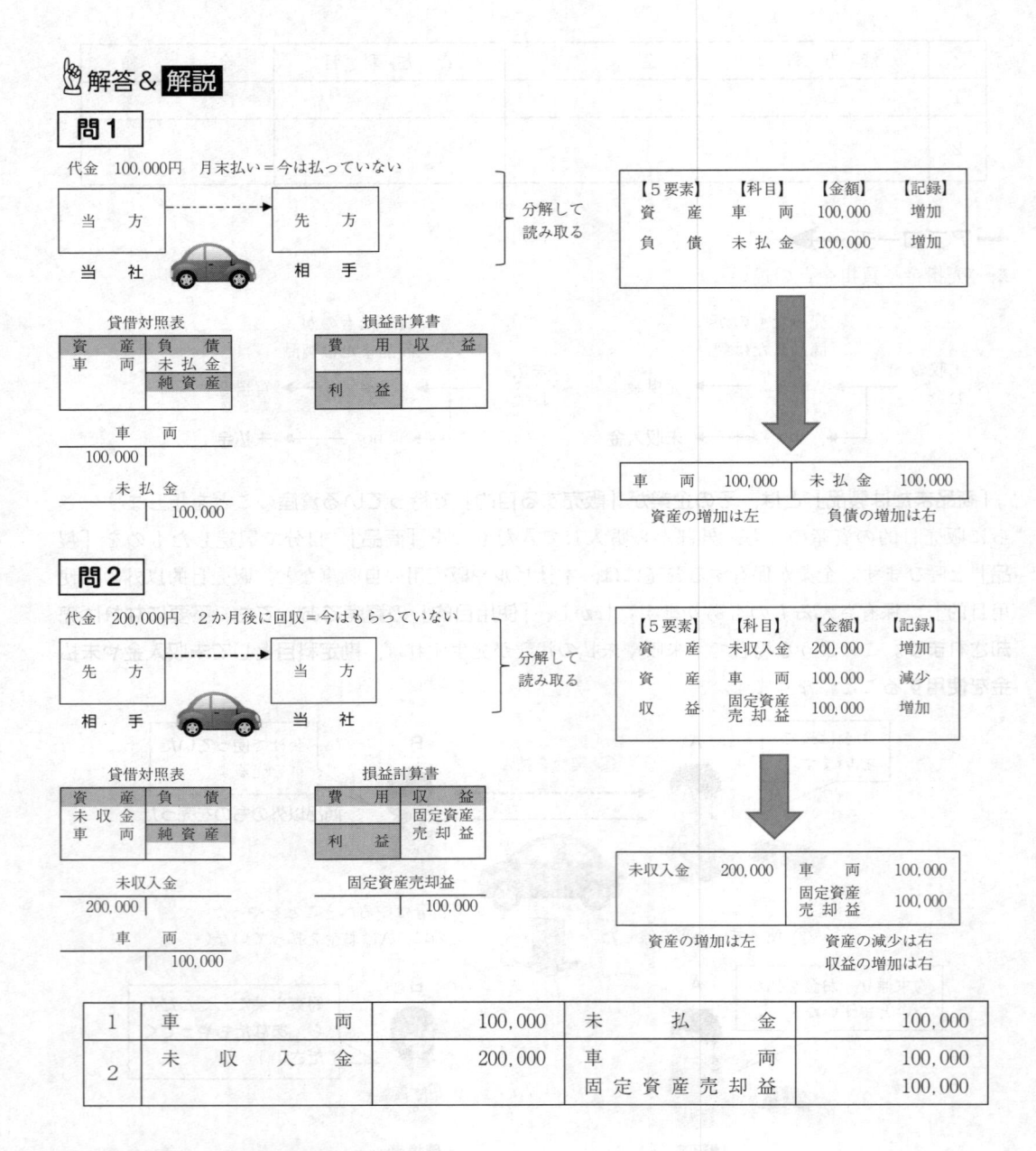

解答&解説

問1

代金 100,000円　月末払い＝今は払っていない

【5要素】	【科目】	【金額】	【記録】
資産	車両	100,000	増加
負債	未払金	100,000	増加

車両 100,000	未払金 100,000

資産の増加は左　　負債の増加は右

問2

代金 200,000円　2か月後に回収＝今はもらっていない

【5要素】	【科目】	【金額】	【記録】
資産	未収入金	200,000	増加
資産	車両	100,000	減少
収益	固定資産売却益	100,000	増加

未収入金 200,000	車両 100,000
	固定資産売却益 100,000

資産の増加は左　　資産の減少は右
　　　　　　　　　収益の増加は右

1	車両	100,000	未払金	100,000
2	未収入金	200,000	車両	100,000
			固定資産売却益	100,000

5－3　前払金と前受金

基本問題28　☆☆☆☆☆

次の問題文を読み，茨城商店と鈴木商店のそれぞれの立場において，仕訳を示しなさい。

1　茨城商店は，鈴木商店から商品1,000,000円を仕入れる契約を結び，その手付として現金100,000円を支払った。この商品の引取りは，2か月後である。
2　茨城商店は，鈴木商店から上記商品の引渡しを受けたため，代金から手付金を控除した残額を現金で支払った。

【茨城商店】

	借方科目	金　額	貸方科目	金　額
1				
2				

【鈴木商店】

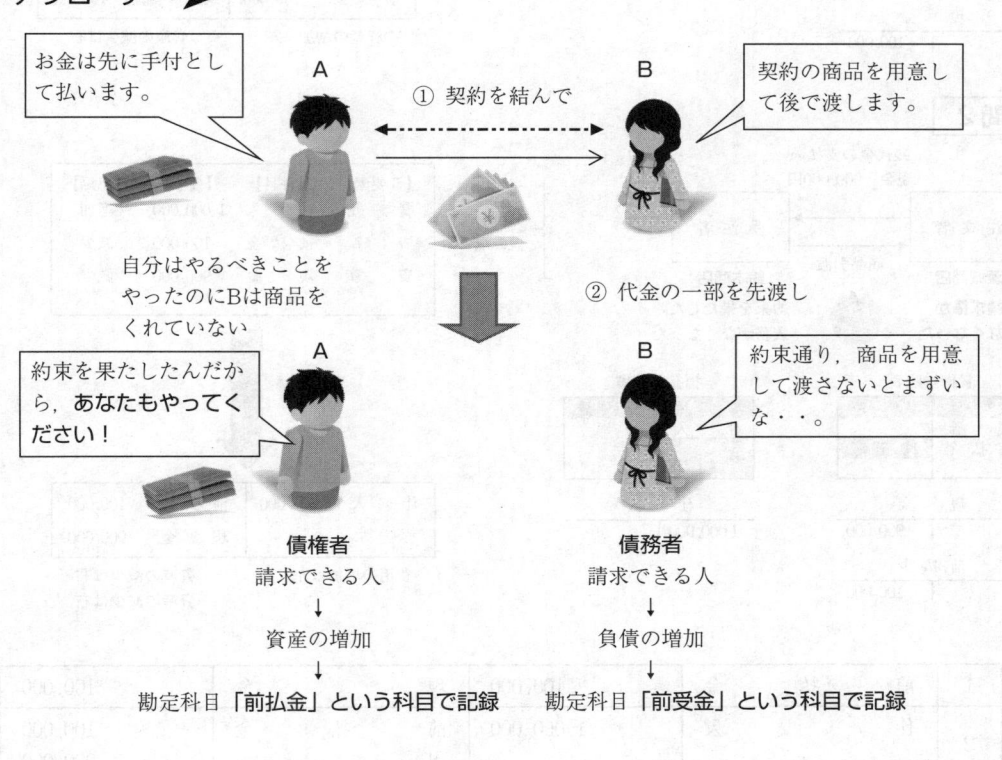

	借方科目	金　額	貸方科目	金　額
1				
2				

→アプローチ→

A「お金は先に手付として払います。」
① 契約を結んで
B「契約の商品を用意して後で渡します。」

② 代金の一部を先渡し

A 自分はやるべきことをやったのにBは商品をくれていない

A「約束を果たしたんだから、あなたもやってください！」

B「約束通り、商品を用意して渡さないとまずいな・・。」

債権者　　　　　　　　　　　　　債務者
請求できる人　　　　　　　　　　請求できる人
↓　　　　　　　　　　　　　　　↓
資産の増加　　　　　　　　　　　負債の増加
↓　　　　　　　　　　　　　　　↓
勘定科目「前払金」という科目で記録　勘定科目「前受金」という科目で記録

91

解答＆解説

【茨城商店の会計処理】

問1

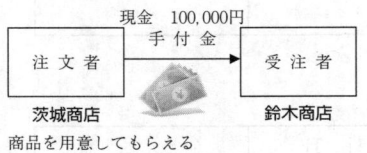

現金 100,000円 手付金

注文者（茨城商店） → 受注者（鈴木商店）
商品を用意してもらえる

貸借対照表
資　産	負　債
現　金	
前払金	純資産

損益計算書
費　用	収　益
利　益	

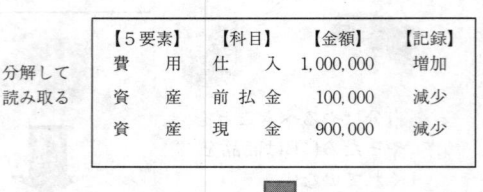

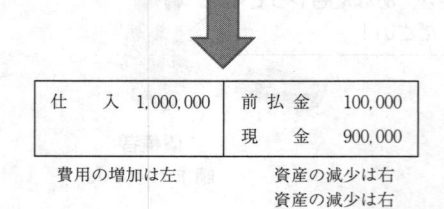

前払金
100,000 |

現　金
　　　| 100,000

分解して読み取る

【5要素】	【科目】	【金額】	【記録】
資　産	前払金	100,000	増加
資　産	現　金	100,000	減少

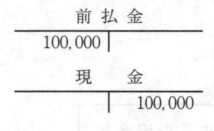

↓

前払金　100,000	現　金　100,000

資産の増加は左　　資産の減少は右

問2

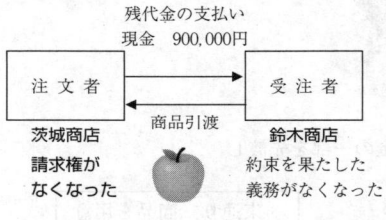

残代金の支払い
現金 900,000円

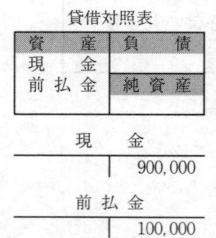

注文者（茨城商店） → 受注者（鈴木商店）
　　　　　　　　← 商品引渡
請求権がなくなった　　約束を果たした義務がなくなった

貸借対照表
資　産	負　債
現　金	
前払金	純資産

損益計算書
費　用	収　益
仕　入	
利　益	

現　金
　　　| 900,000

仕　入
1,000,000 |

前払金
　　　| 100,000

分解して読み取る

【5要素】	【科目】	【金額】	【記録】
費　用	仕　入	1,000,000	増加
資　産	前払金	100,000	減少
資　産	現　金	900,000	減少

↓

仕　入　1,000,000	前払金　100,000
	現　金　900,000

費用の増加は左　　資産の減少は右
　　　　　　　　　資産の減少は右

1	前　払　金	100,000	現　　　金	100,000
2	仕　　　入	1,000,000	前　払　金 現　　　金	100,000 900,000

92

【鈴木商店の会計処理】

問1

注文者（茨城商店）→ 現金 100,000円 手付金 → 受注者（鈴木商店：商品を用意する義務がある）

分解して読み取る

【5要素】	【科目】	【金額】	【記録】
資産	現金	100,000	増加
負債	前受金	100,000	増加

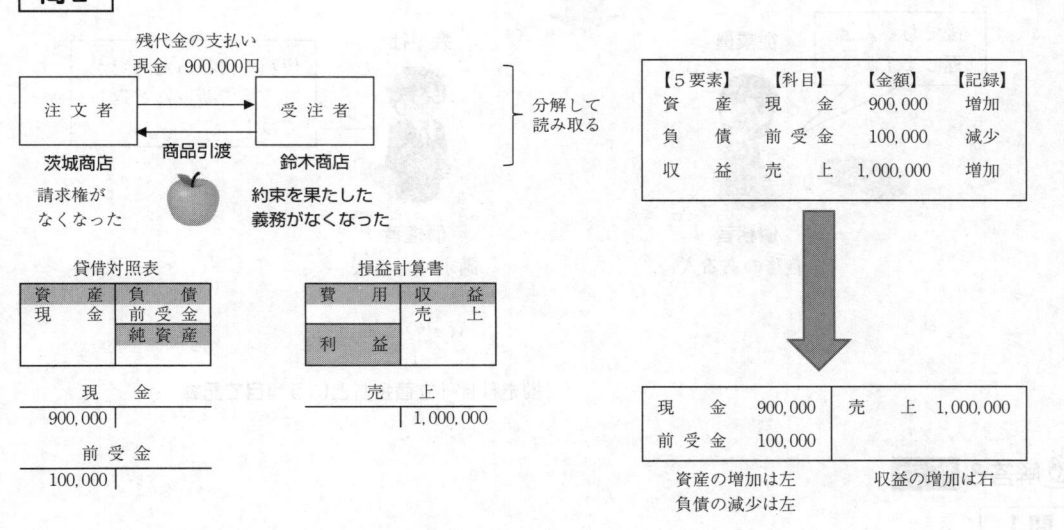

↓

現金 100,000 / 前受金 100,000

資産の増加は左　負債の増加は右

貸借対照表
資産：現金／負債：前受金、純資産

損益計算書
費用：利益／収益

現金 100,000
前受金 100,000

問2

注文者（茨城商店：請求権がなくなった）← 残代金の支払い 現金 900,000円 / 商品引渡 → 受注者（鈴木商店：約束を果たした義務がなくなった）

分解して読み取る

【5要素】	【科目】	【金額】	【記録】
資産	現金	900,000	増加
負債	前受金	100,000	減少
収益	売上	1,000,000	増加

↓

現金 900,000　　　売上 1,000,000
前受金 100,000

資産の増加は左　　収益の増加は右
負債の減少は左

貸借対照表
資産：現金／負債：前受金、純資産

損益計算書
費用：利益／収益：売上

現金 900,000
前受金 100,000
売上 1,000,000

| 1 | 現　金 | 100,000 | 前　受　金 | 100,000 |
| 2 | 前　受　金
現　金 | 100,000
900,000 | 売　　上 | 1,000,000 |

5-4　立替金

基本問題29　☆☆

次の取引について，仕訳を示しなさい。

1　従業員が払うべき生命保険の保険料5,000円を立て替えるために現金で支払った。
2　当社は，従業員に給料200,000円を支払う際に，上記の立替額を差し引いた残額を現金にて支払った。

	借　方　科　目	金　　　額	貸　方　科　目	金　　　額
1				
2				

アプローチ

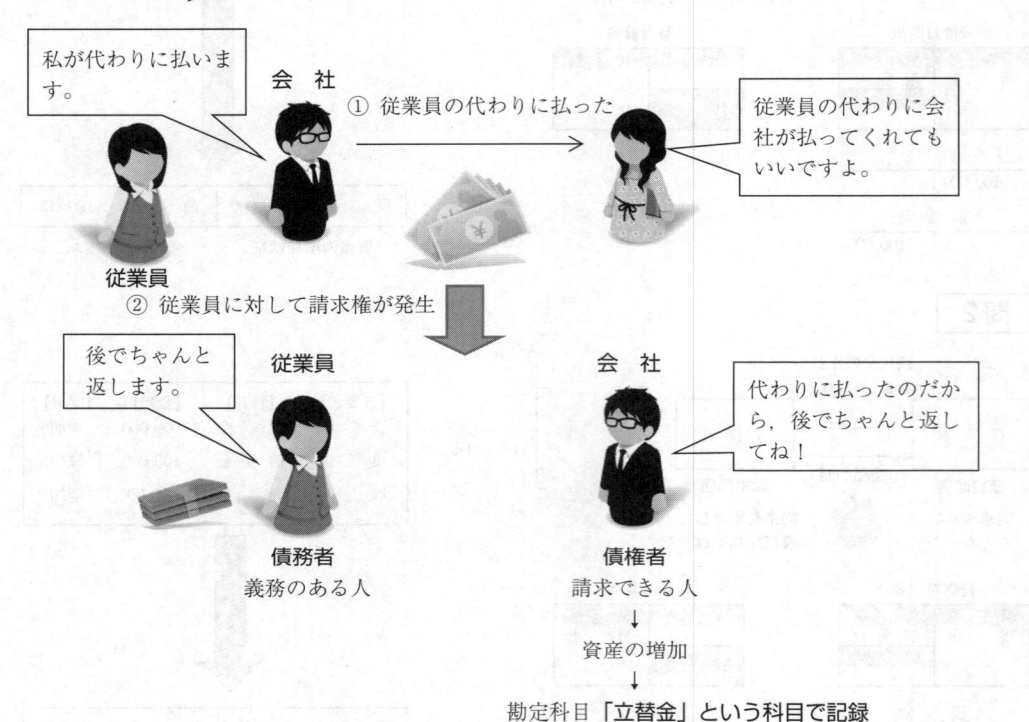

① 従業員の代わりに払った

「私が代わりに払います。」— 従業員
会社
「従業員の代わりに会社が払ってくれてもいいですよ。」

② 従業員に対して請求権が発生

「後でちゃんと返します。」— 従業員
債務者 義務のある人

会社
「代わりに払ったのだから、後でちゃんと返してね！」
債権者 請求できる人
↓
資産の増加
↓
勘定科目「立替金」という科目で記録

解答＆解説

問1

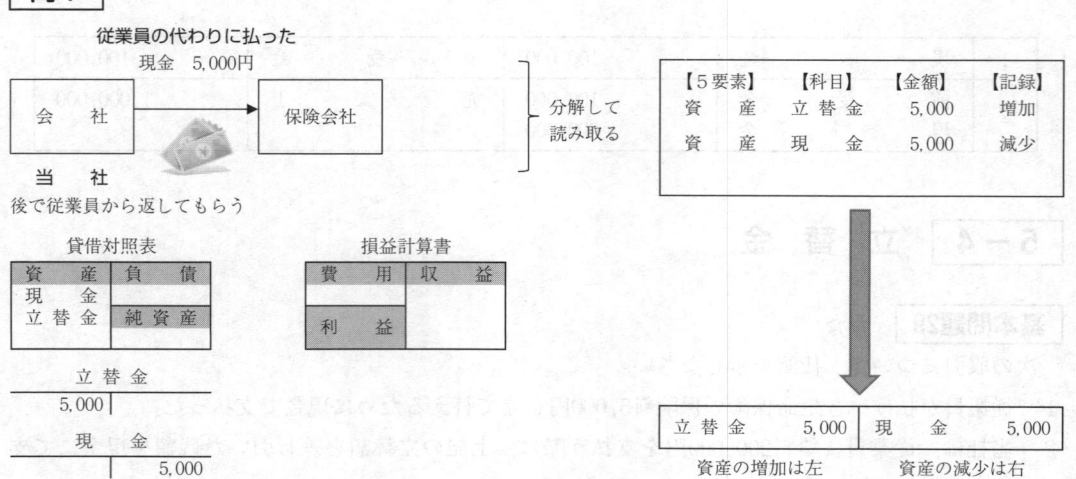

従業員の代わりに払った
現金 5,000円

会社 → 保険会社
当社
後で従業員から返してもらう

分解して読み取る

【5要素】	【科目】	【金額】	【記録】
資産	立替金	5,000	増加
資産	現金	5,000	減少

貸借対照表

資　産	負　債
現　金	
立替金	純資産

損益計算書

費　用	収　益
利　益	

立　替　金
| 5,000 | |

現　金
| | 5,000 |

立　替　金	5,000	現　金	5,000

資産の増加は左　　　資産の減少は右

問2

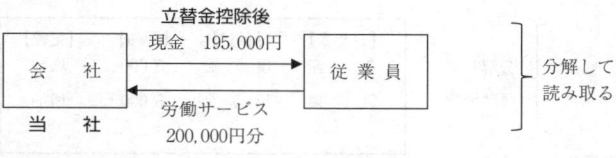

```
              立替金控除後
              現金 195,000
  会  社  ←――――――――――→  従業員       分解して
  当  社    労働サービス                読み取る
            200,000円分
```

給料200,000円に対して，立替金を控除し，195,000円を支払った

給料200,000円に対して，195,000円しか受け取っていない

【5要素】	【科目】	【金額】	【記録】
費用	給料	200,000	増加
資産	立替金	5,000	減少
資産	現金	195,000	減少

お金を返してもらった（立替金消滅）

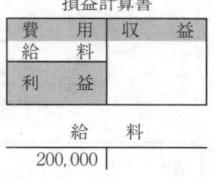

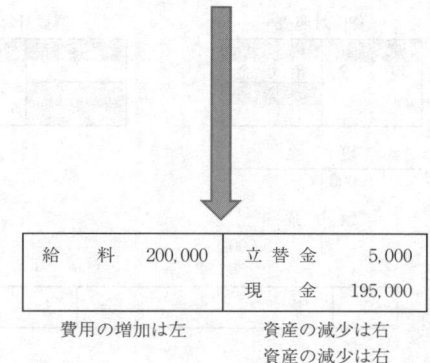

貸借対照表

資 産	負 債
現 金	
立替金	純資産

現　金
　　　| 195,000

立　替　金
　　　| 5,000

お金を返した（義務を果たした）

損益計算書

費 用	収 益
給 料	
利 益	

給　料
200,000 |

給　料	200,000	立替金	5,000
		現　金	195,000

費用の増加は左　　資産の減少は右
　　　　　　　　　資産の減少は右

1	立　替　金	5,000	現　　　金	5,000
2	給　　　料	200,000	立　替　金	5,000
			現　　　金	195,000

5-5　預り金

基本問題30 ☆☆

次の取引について，仕訳を示しなさい。

1　当社は，従業員から現金5,000円を預かった。

	借方科目	金　額	貸方科目	金　額
1				

―アプローチ→

従業員　①お金を預かる→　会社　「お金を一時的に預かります。」

② 従業員に対して義務が発生
債務者
義務のある人
↓
負債の増加
↓
勘定科目「**預り金**」という科目で記録

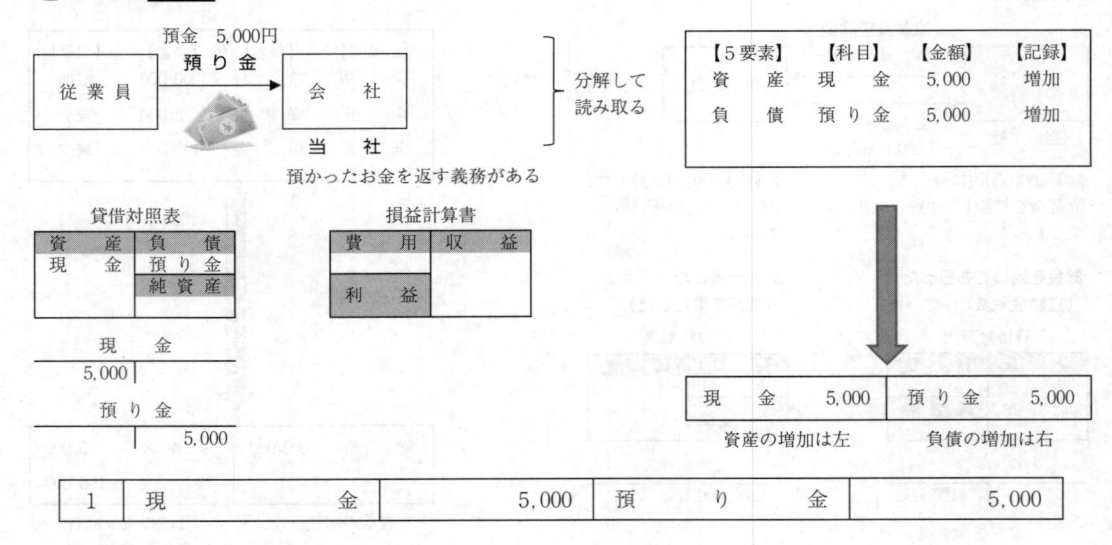

解答&解説

預金 5,000円
預り金

従業員 → 会社/当社
預かったお金を返す義務がある

分解して読み取る

【5要素】	【科目】	【金額】	【記録】
資 産	現 金	5,000	増加
負 債	預 り 金	5,000	増加

貸借対照表
資 産	負 債
現 金	預 り 金
	純資産

損益計算書
費 用	収 益
利 益	

現 金
5,000

預 り 金
　　　5,000

現 金	5,000	預 り 金	5,000

資産の増加は左　　負債の増加は右

| 1 | 現 金 | 5,000 | 預 り 金 | 5,000 |

5-6 仮払金

基本問題31　☆☆☆☆

次の取引について，仕訳を示しなさい。

1　経理担当の職員は，従業員の稲葉と紅谷の出張に際し，それぞれに旅費概算額50,000円を現金で渡した。
2　従業員の稲葉が出張から戻り，上記旅費の金額が40,000円であることの報告を受け，残金の返金を受け取った。
3　従業員の紅谷が出張から戻り，上記旅費の金額が70,000円であることの報告を受けた。不足額は紅谷が払っていたため，紅谷に現金で支払った。

	借方科目	金　額	貸方科目	金　額
1				
2				
3				

━アプローチ━▶

仮　払　金‥支払い時点において，支払いの目的や金額があいまいな場合に使用する勘定科目です。
　　　　　　問題文中では，「概算で払った」という文言で出題されることが多いです。

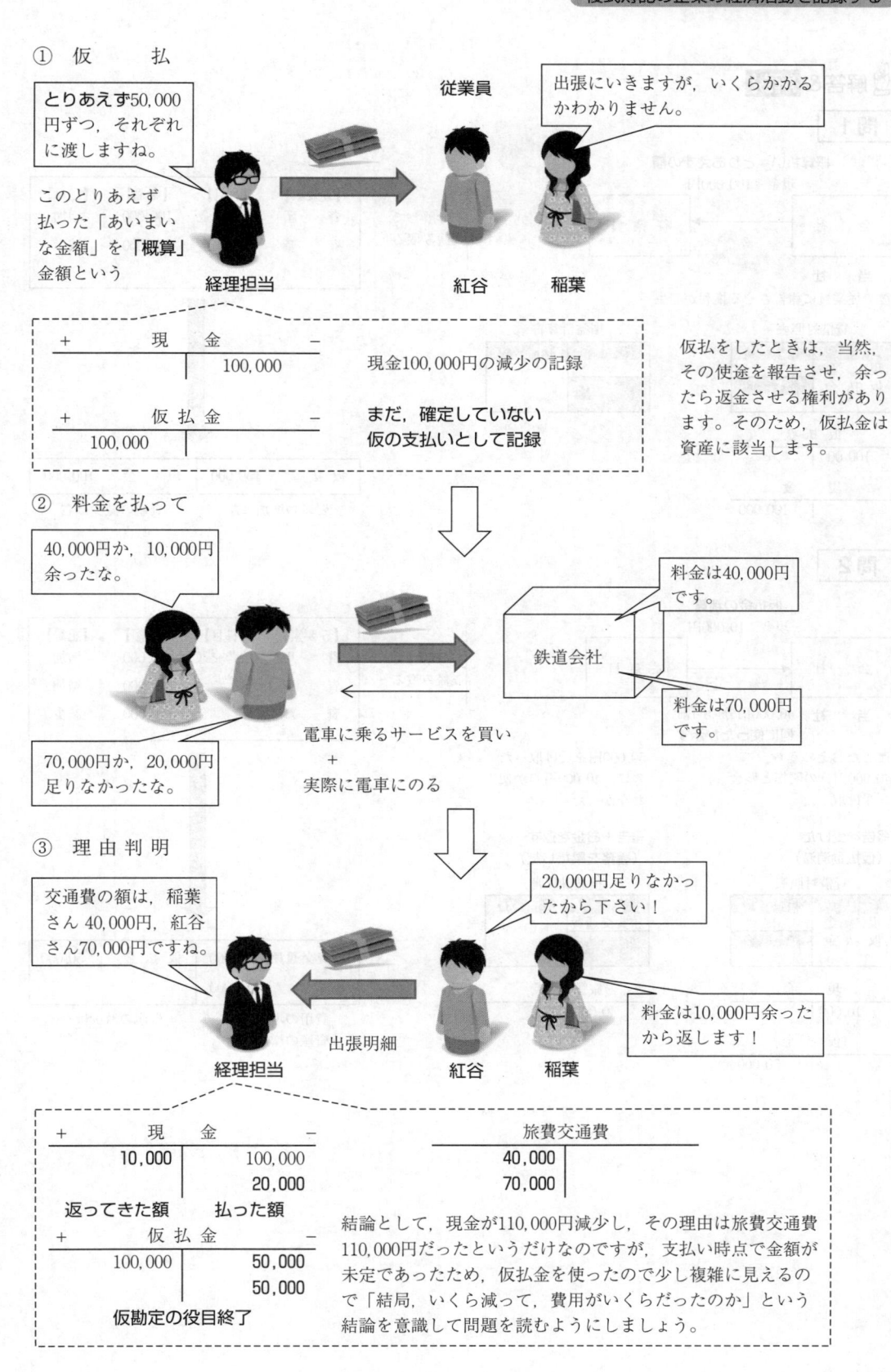

複式簿記の企業の経済活動を記録する

① 仮 払

とりあえず50,000円ずつ，それぞれに渡しますね。

このとりあえず払った「あいまいな金額」を「概算」金額という

経理担当 → 従業員 紅谷 稲葉

出張にいきますが，いくらかかるかわかりません。

```
 +    現   金    -
              100,000
```
現金100,000円の減少の記録

```
 +    仮 払 金   -
  100,000
```
まだ，確定していない仮の支払いとして記録

仮払をしたときは，当然，その使途を報告させ，余ったら返金させる権利があります。そのため，仮払金は資産に該当します。

② 料金を払って

40,000円か，10,000円余ったな。

70,000円か，20,000円足りなかったな。

鉄道会社

料金は40,000円です。
料金は70,000円です。

電車に乗るサービスを買い
 ＋
実際に電車にのる

③ 理 由 判 明

交通費の額は，稲葉さん40,000円，紅谷さん70,000円ですね。

出張明細

経理担当 ← 紅谷 稲葉

20,000円足りなかったから下さい！
料金は10,000円余ったから返します！

```
 +      現    金     -
     10,000    100,000
                20,000
   返ってきた額   払った額
```

```
 +    仮 払 金   -
  100,000    50,000
              50,000
   仮勘定の役目終了
```

```
        旅費交通費
     40,000
     70,000
```

結論として，現金が110,000円減少し，その理由は旅費交通費110,000円だったというだけなのですが，支払い時点で金額が未定であったため，仮払金を使ったので少し複雑に見えるので「結局，いくら減って，費用がいくらだったのか」という結論を意識して問題を読むようにしましょう。

97

解答＆解説

問1

概算払い＝とりあえずの額

現金 100,000円

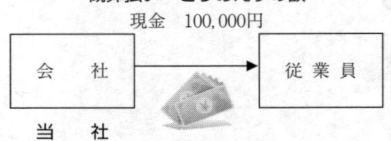

会社（当社）→ 従業員

後で従業員に報告させる権利が発生

貸借対照表
資　産	負　債
現　金	
仮払金	純資産

損益計算書
費　用	収　益
利　益	

仮払金
100,000 |

現　金
　　　 | 100,000

分解して読み取る

【5要素】	【科目】	【金額】	【記録】
資　産	仮払金	100,000	増加
資　産	現　金	100,000	減少

↓

仮払金 100,000	現　金 100,000

資産の増加は左　　資産の減少は右

問2

仮払金の精算

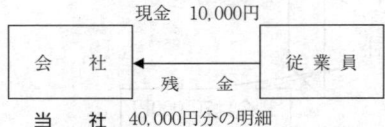

現金 10,000円

会社 ← 残金 ← 従業員

当社　40,000円分の明細
何に使ったか示す

渡したお金のうち、40,000円分の明細と残金を受け取った

50,000円を受け取ったのに、40,000円しか使わなかった

報告を受けた
（仮払金消滅）

貸借対照表
資　産	負　債
現　金	
仮払金	純資産

報告＋お金を返す
（義務を果たした）

損益計算書
費　用	収　益
旅費交通費	
利　益	

現　金
10,000 |

仮払金
　　　 | 50,000

旅費交通費
40,000 |

分解して読み取る

【5要素】	【科目】	【金額】	【記録】
費　用	旅費交通費	40,000	増加
資　産	現　金	10,000	増加
資　産	仮払金	50,000	減少

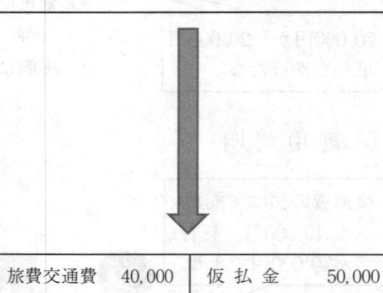

↓

旅費交通費 40,000	仮払金 50,000
現　金 10,000	

費用の増加は左　　資産の減少は右
資産の増加は左

複式簿記の企業の経済活動を記録する

問3

仮払金の精算
現金 20,000円

会社（当社） ──不足分→ 従業員

渡したお金以上の70,000円分の明細を受け取った
報告を受けた（仮払金消滅）

50,000円しか受け取ってないのに，70,000円使った
報告（義務を果たした）＋お金をもらう

分解して読み取る

【5要素】	【科目】	【金額】	【記録】
費用	旅費交通費	70,000	増加
資産	仮払金	50,000	減少
資産	現金	20,000	減少

貸借対照表

資産	負債
現金	
仮払金	純資産

損益計算書

費用	収益
旅費交通費	
利益	

現金
｜ 20,000

仮払金
｜ 50,000

旅費交通費
70,000 ｜

旅費交通費	70,000	仮払金	50,000
		現金	20,000

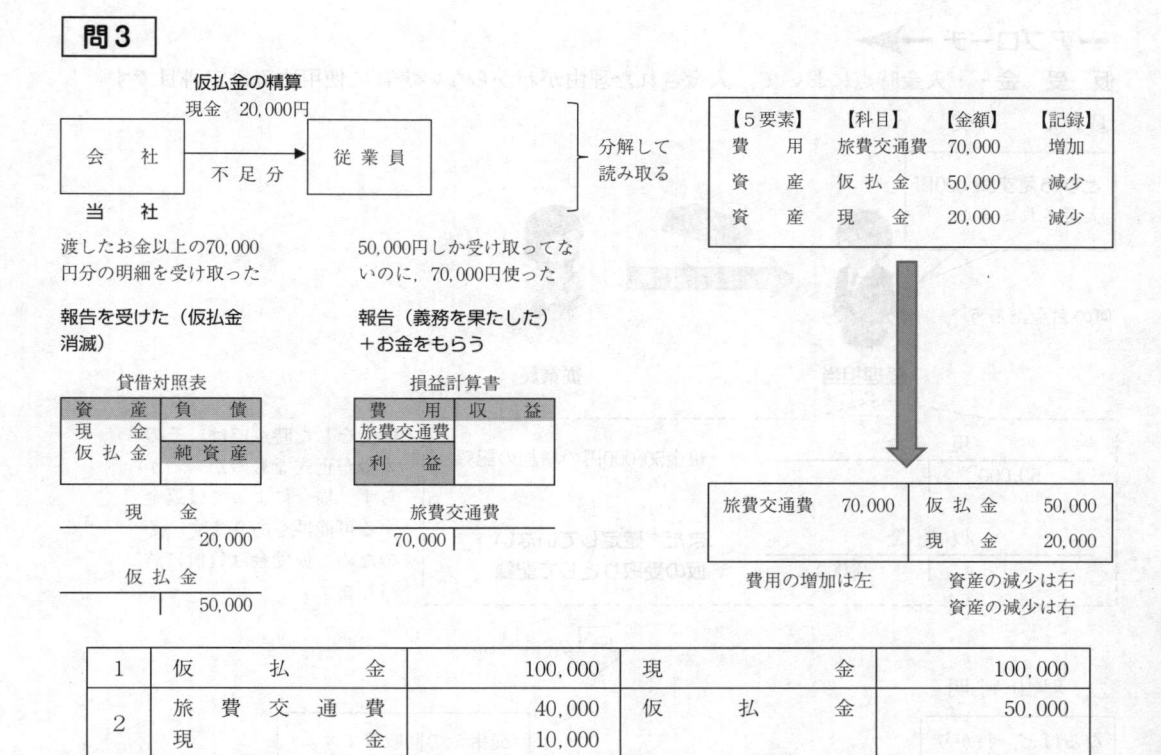

費用の増加は左　　資産の減少は右
　　　　　　　　　資産の減少は右

1	仮　払　金	100,000	現　　　金	100,000
2	旅費交通費 現　　　金	40,000 10,000	仮　払　金	50,000
3	旅費交通費	70,000	仮　払　金 現　　　金	50,000 20,000

5-7 仮 受 金

基本問題32 ☆☆☆☆

次の取引について，仕訳を示しなさい。

1　出張中の従業員から50,000円が当座預金口座に入金された。入金の理由は不明である。
2　従業員が出張から戻り，上記金額が売掛金の回収であることが明らかになった。

	借方科目	金額	貸方科目	金額
1				
2				

アプローチ

仮　受　金‥入金時点において，入金された理由がわからない場合に使用する勘定科目です。

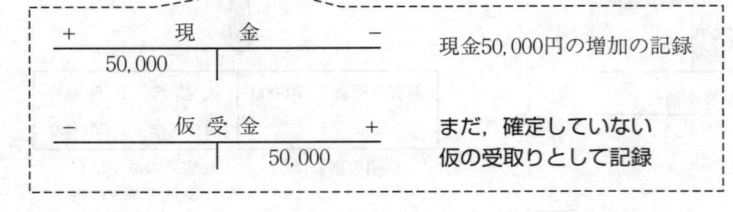

① 仮　　受

「とりあえず50,000円入金されてきた。」

何のお金だろう？

経理担当　　　従業員

+	現　金	−
50,000		

現金50,000円の増加の記録

−	仮受金	+
		50,000

まだ，確定していない仮の受取りとして記録

仮受をした時点では，その入金が正式なものかもわからず，場合によっては返金する可能性もあります。そのため，仮受金は負債に該当します。

② 理由判明

「なるほど，わかりました。本当は，売掛金を減らすべきだったのか。」

「売掛金の回収分です。」

経理担当　内容連絡　利用者

+	現　金	−
50,000		

増加した金額は記録済み

+	売掛金	−
××		50,000

不明

−	仮受金	+
50,000		50,000

仮勘定の役目終了

結論として，現金が50,000円増加し，その理由が売掛金の回収だったというだけなのですが，入金時点で理由が不明であったため，仮受金を使ったので少し複雑に見えるので「結局，いくら増えて，理由が何だったのか」という結論を意識して問題を読むようにしましょう。

解答＆解説

問1

理由が不明の入金
現金 50,000円

会社（当社） ← 従業員

返す必要があるかもしれない

分解して読み取る

【5要素】	【科目】	【金額】	【記録】
資　産	現　金	50,000	増加
負　債	仮受金	50,000	増加

貸借対照表

資　産	負　債
現　金	仮受金
	純資産

損益計算書

費　用	収　益
利　益	

現　金
50,000 |

仮受金
　　　 | 50,000

| 現　金 | 50,000 | 仮受金 | 50,000 |

資産の増加は左　　負債の増加は右

問2

理由の報告

会社（当社） ← 従業員
売掛金の回収

売掛金の回収と判明＝返す必要なし

分解して読み取る

【5要素】	【科目】	【金額】	【記録】
負　債	仮受金	50,000	減少
資　産	売掛金	50,000	減少

貸借対照表

資　産	負　債
売掛金	仮受金
	純資産

損益計算書

費　用	収　益
利　益	

仮受金
50,000 |

売掛金
　　　 | 50,000

| 仮受金 | 50,000 | 売掛金 | 50,000 |

負債の減少は左　　資産の減少は左

| 1 | 現　　　　金 | 50,000 | 仮　受　　金 | 50,000 |
| 2 | 仮　受　　金 | 50,000 | 売　掛　　金 | 50,000 |

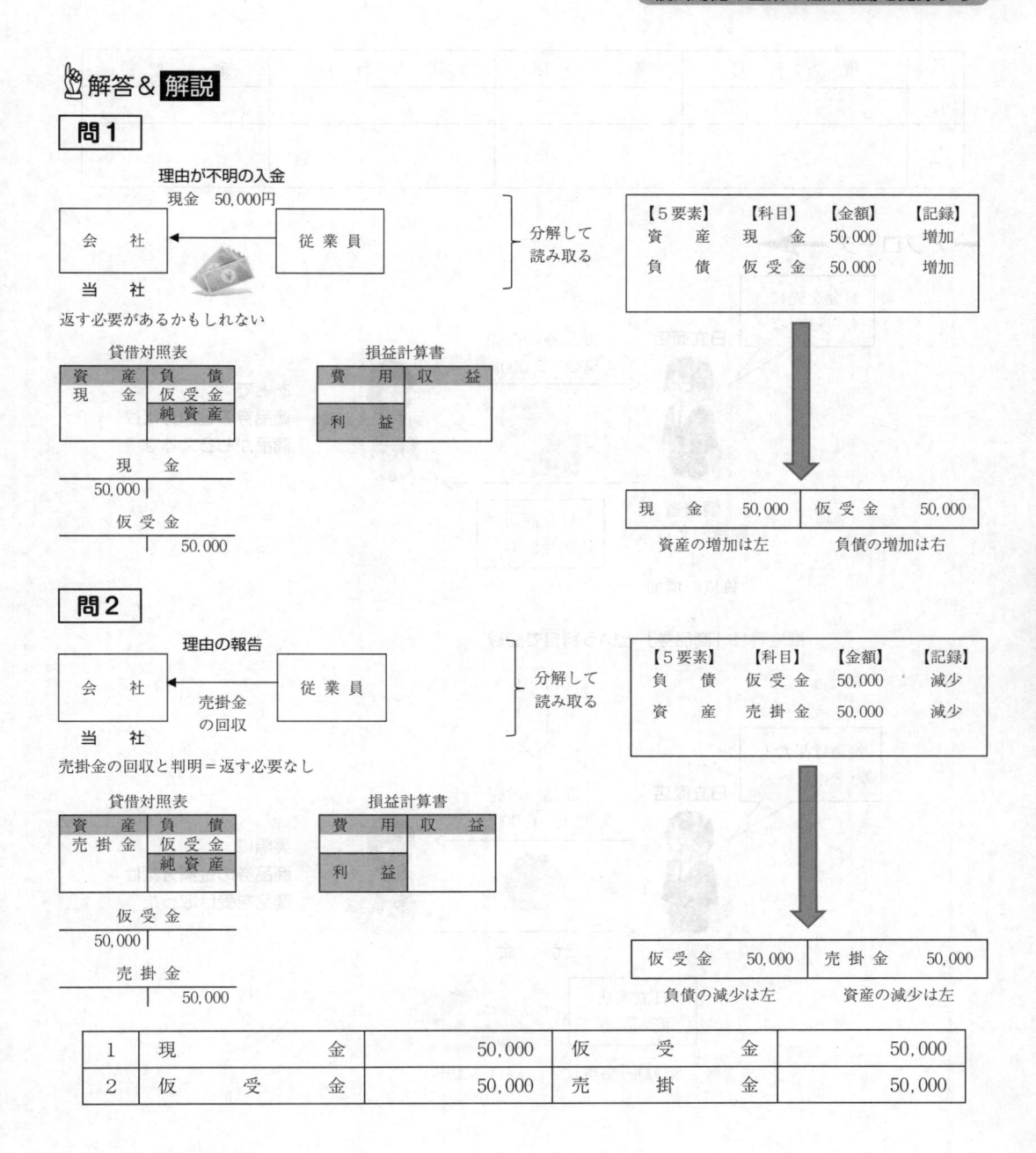

5-8 商品券

基本問題33 ☆☆

次の取引について，仕訳を示しなさい。

1　日立商店は，商品券を5,000円分販売し，代金は現金で受け取った。
2　日立商店は，商品を6,000円で販売し，代金は上記の商品券5,000円分と不足分1,000円は現金で受け取った。

	借方科目	金　　額	貸方科目	金　　額
1				
2				

→アプローチ→

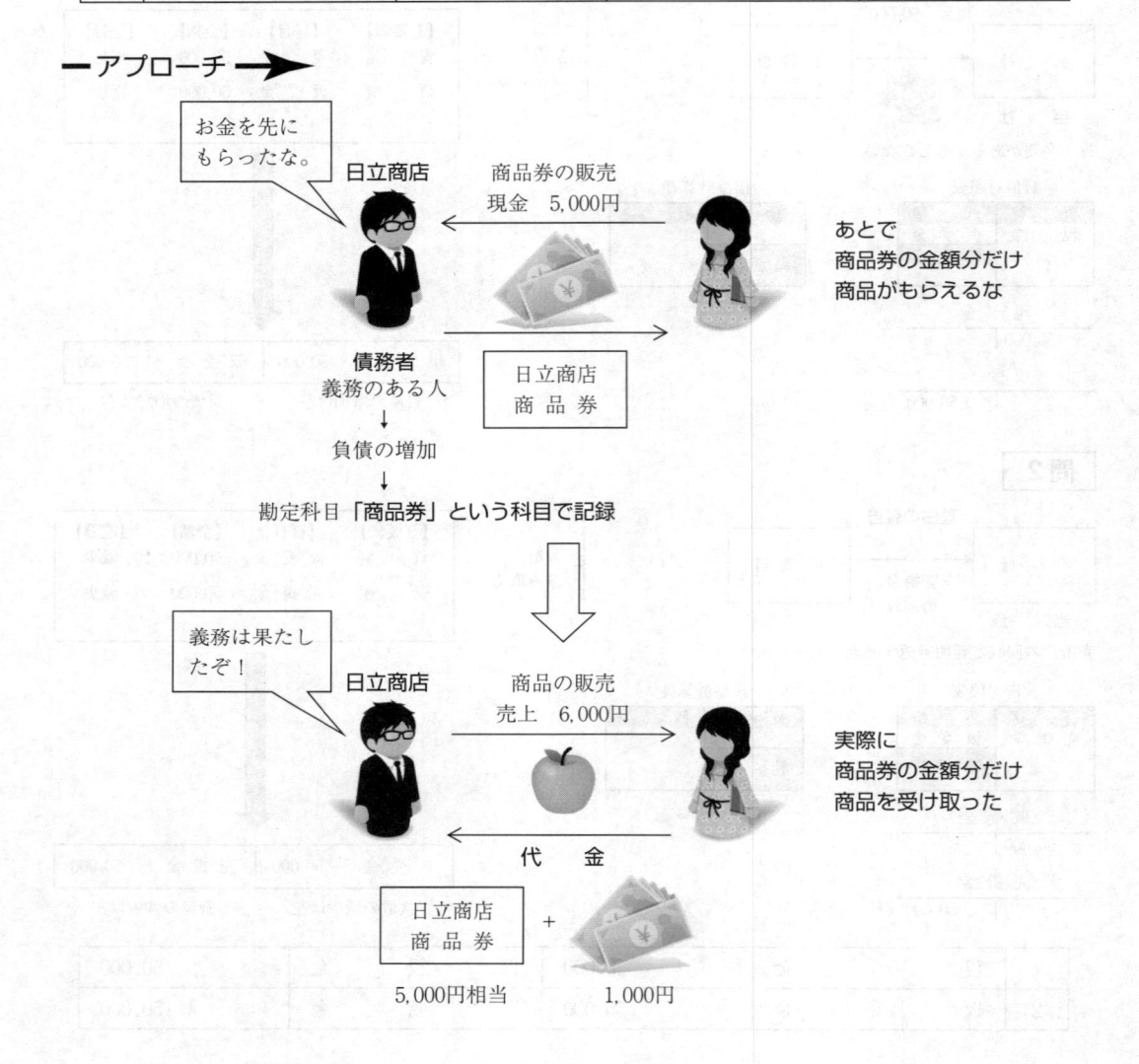

お金を先にもらったな。

日立商店 ← 商品券の販売　現金　5,000円

あとで商品券の金額分だけ商品がもらえるな

債務者
義務のある人
↓
負債の増加
↓
勘定科目「商品券」という科目で記録

日立商店
商品券

義務は果たしたぞ！

日立商店 → 商品の販売　売上　6,000円

実際に商品券の金額分だけ商品を受け取った

← 代　　金

日立商店
商品券
5,000円相当　＋　1,000円

解答＆解説

問1

商品券販売
現金 5,000円

日立商店 ← 顧客
当社

受け取った金額相当額の商品を引き渡す義務が生じた

分解して読み取る

【5要素】	【科目】	【金額】	【記録】
資産	現金	5,000	増加
負債	商品券	5,000	増加

貸借対照表

資産	負債
現金	商品券
	純資産

損益計算書

費用	収益
利益	

現金
5,000 |

商品券
　　　| 5,000

現金　5,000　　商品券　5,000

資産の増加は左　　負債の増加は右

問2

商品販売

日立商店 ← 顧客
当社
　　＋
日立商店
商品券

分解して読み取る

【5要素】	【科目】	【金額】	【記録】
資産	現金	1,000	増加
負債	商品券	5,000	減少
収益	売上	6,000	増加

貸借対照表

資産	負債
現金	商品券
	純資産

損益計算書

費用	収益
	売上
利益	

現金
1,000 |

売上
　　　| 6,000

商品券
5,000 |

現金　1,000　　売上　6,000
商品券 5,000

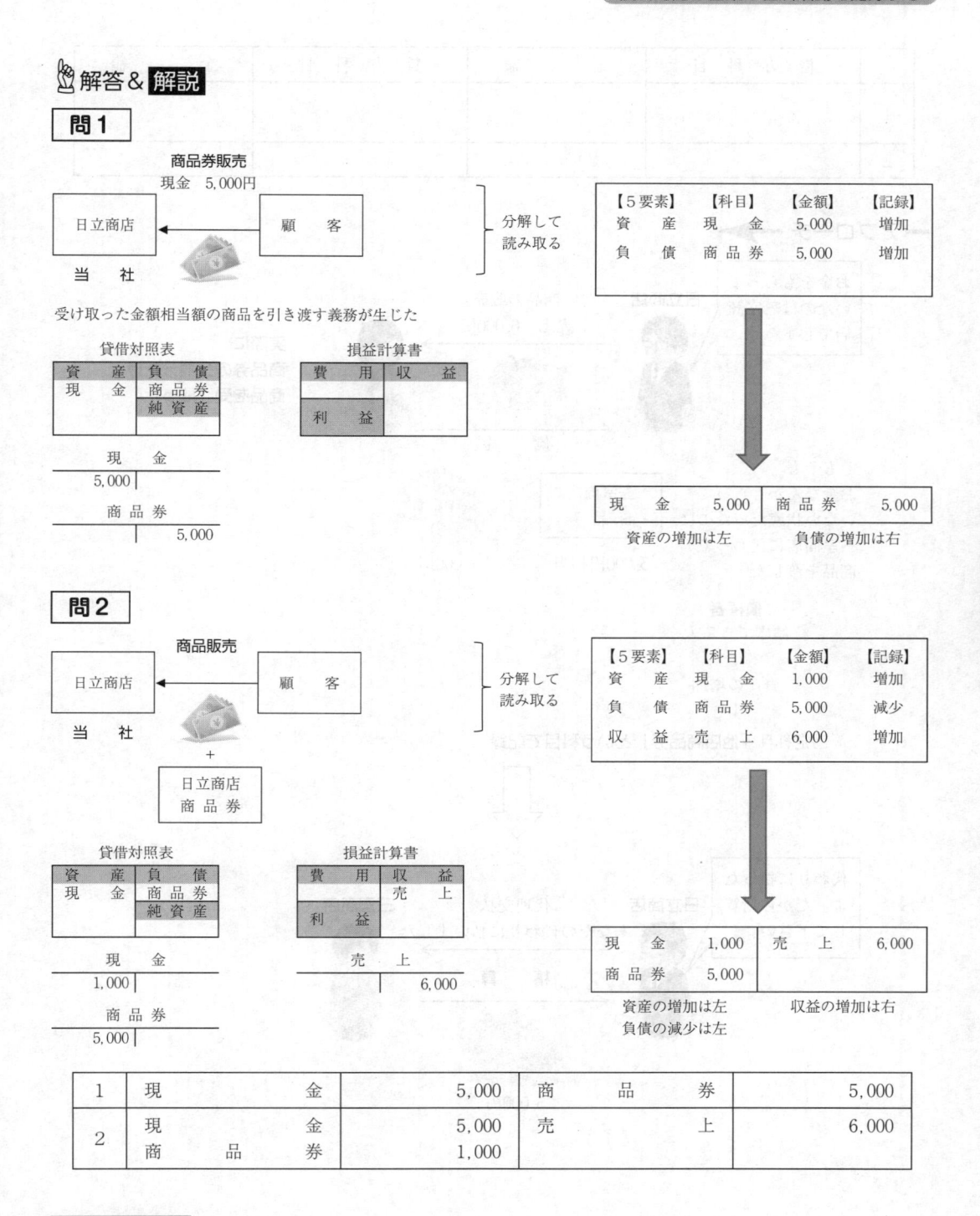

資産の増加は左　　収益の増加は右
負債の減少は左

| 1 | 現　金 | 5,000 | 商　品　券 | 5,000 |
| 2 | 現　金
商　品　券 | 5,000
1,000 | 売　上 | 6,000 |

基本問題34　☆☆

次の取引について，仕訳を示しなさい。

1　日立商店は，商品を6,000円で販売し，代金は三室商店の商品券5,000円分と不足分1,000円は現金で受け取った。

2　日立商店は，上記の商品券を三室商店に対して精算した。

	借 方 科 目	金　　額	貸 方 科 目	金　　額
1				
2				

→ アプローチ →

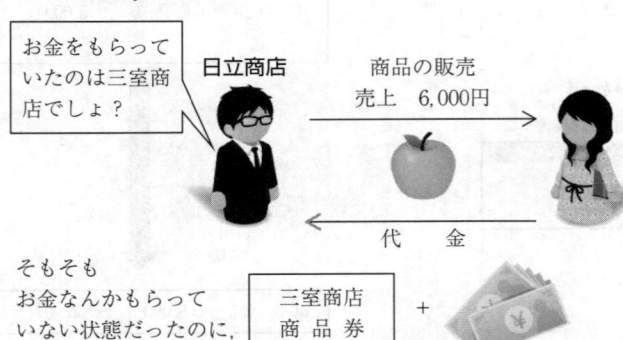

お金をもらっていたのは三室商店でしょ？

日立商店　商品の販売　売上　6,000円

実際に商品券の金額分だけ商品を受け取った

代　金

そもそもお金なんかもらっていない状態だったのに，三室商店に代わって商品を渡した

三室商店商品券　5,000円相当　＋　1,000円

債権者
請求できる人
↓
資産の増加
↓
勘定科目「他店商品券」という科目で記録

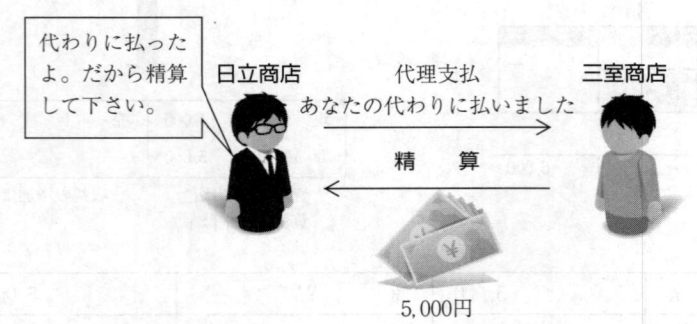

代わりに払ったよ。だから精算して下さい。

日立商店　代理支払　あなたの代わりに払いました　三室商店

精　算

5,000円

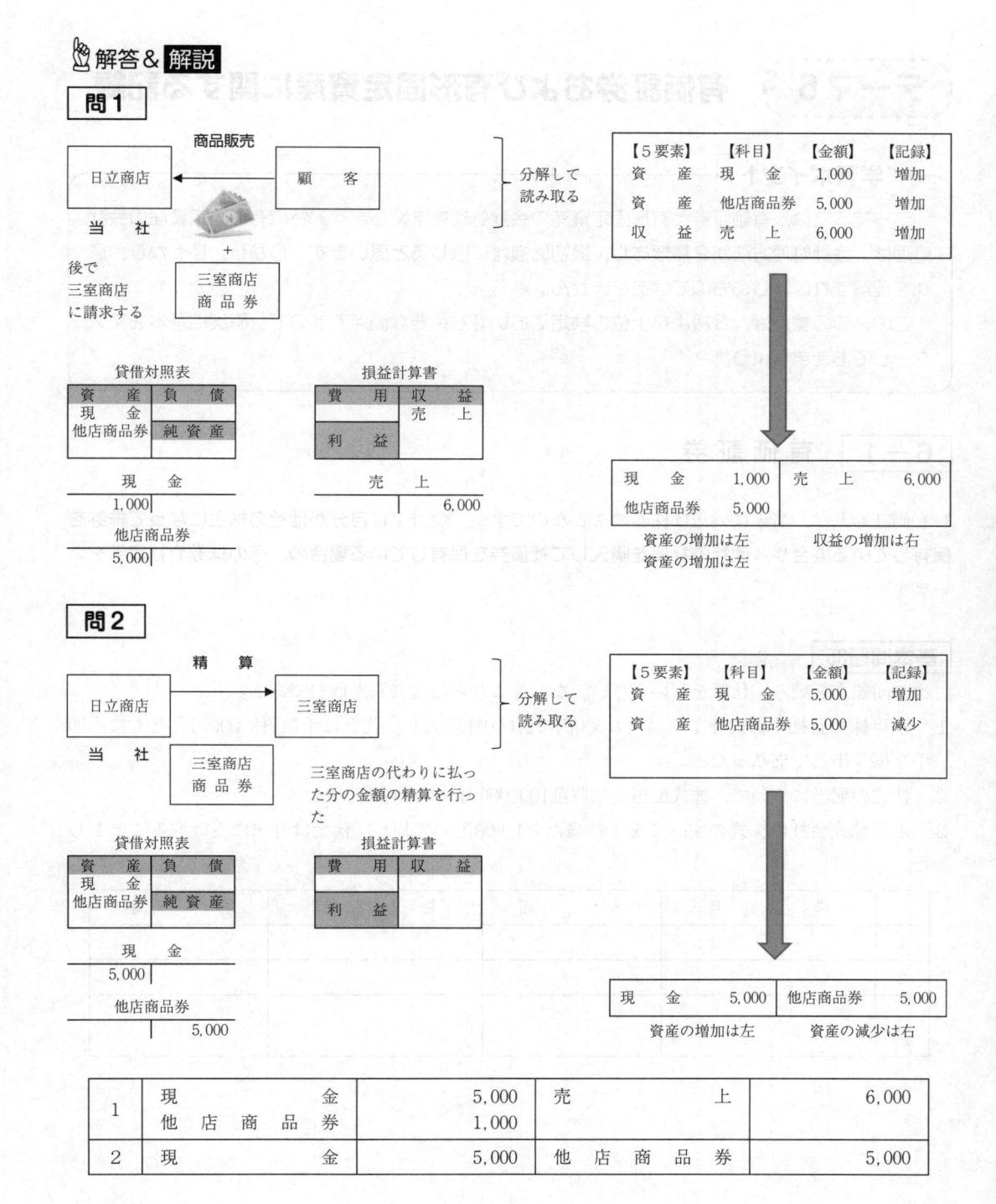

複式簿記の企業の経済活動を記録する

👉解答&解説

問1

商品販売
日立商店 ← 顧客
当社
＋
後で三室商店に請求する
三室商店商品券

分解して読み取る

【5要素】	【科目】	【金額】	【記録】
資産	現金	1,000	増加
資産	他店商品券	5,000	増加
収益	売上	6,000	増加

貸借対照表

資産	負債
現金	
他店商品券	純資産

損益計算書

費用	収益
	売上
利益	

現金
1,000 |

他店商品券
5,000 |

現金	1,000	売上	6,000
他店商品券	5,000		

資産の増加は左　　収益の増加は右
資産の増加は左

問2

精算
日立商店 → 三室商店
当社
三室商店商品券

三室商店の代わりに払った分の金額の精算を行った

分解して読み取る

【5要素】	【科目】	【金額】	【記録】
資産	現金	5,000	増加
資産	他店商品券	5,000	減少

貸借対照表

資産	負債
現金	
他店商品券	純資産

損益計算書

費用	収益
利益	

現金
5,000 |

他店商品券
| 5,000

現金	5,000	他店商品券	5,000

資産の増加は左　　資産の減少は右

1	現　　　　金 他 店 商 品 券	5,000 1,000	売　　　　　　上	6,000
2	現　　　　金	5,000	他 店 商 品 券	5,000

105

テーマ6　有価証券および有形固定資産に関する記録

＜学習ポイント＞

　テーマ6では，有価証券と有形固定資産の会計処理を学習します。特に有形固定資産の会計処理は，会計処理方法が2種類あり，最初は複雑に感じると思います。しかし，しっかりと意味を理解すれば難しいものではありません。
　この2つの論点は，3級より上位の検定においても重要な論点ですので，確実に基本をマスターしておきましょう。

6－1　有価証券

　有価証券とは，簡単にいえば株券のことなのですが，会計上は自分が他社の株主になって株券を保有している場合や，他社の社債を購入して社債券を保有している場合の，その株券や社債券をいいます。

基本問題35　☆☆☆

次の問題文を読み，仕訳を行いなさい。なお，これらは連続した取引である。
1　水戸株式会社の株式を1株当たり500円で1,000株購入し，代金は手数料5,000円とともに小切手を振り出して支払った。
2　株式の配当について，株式配当金領収証100,000円分を受け取った。
3　水戸株式会社の株式のすべてを1株当たり1,000円で売却し，代金は月末に受け取ることとした。

	借方科目	金　　額	貸方科目	金　　額
1				
2				
3				

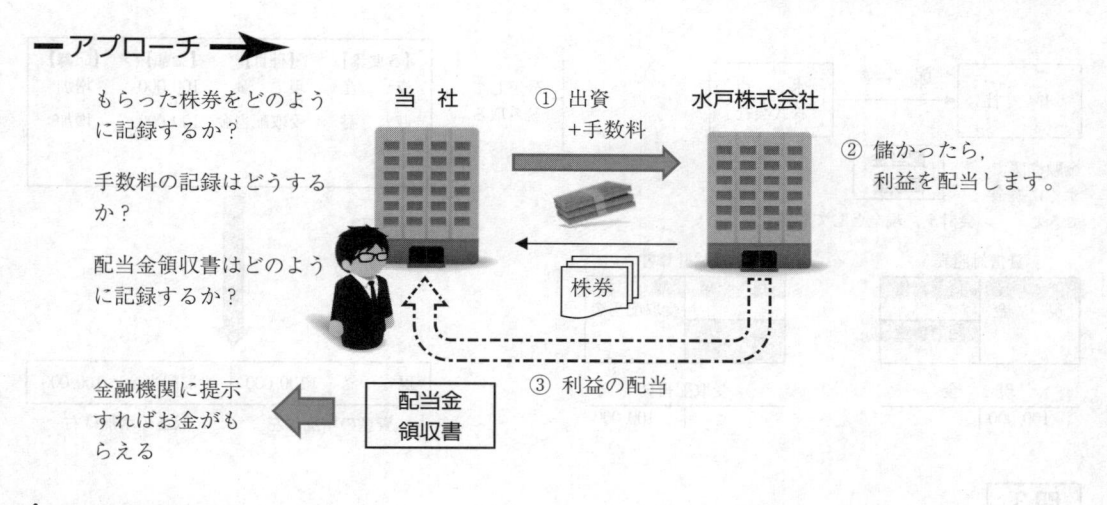

複式簿記の企業の経済活動を記録する

━━アプローチ ━━▶

もらった株券をどのように記録するか？

手数料の記録はどうするか？

配当金領収書はどのように記録するか？

当社 ① 出資＋手数料 → 水戸株式会社

② 儲かったら，利益を配当します。

← 株券

③ 利益の配当

金融機関に提示すればお金がもらえる ← 配当金領収書

解答＆解説

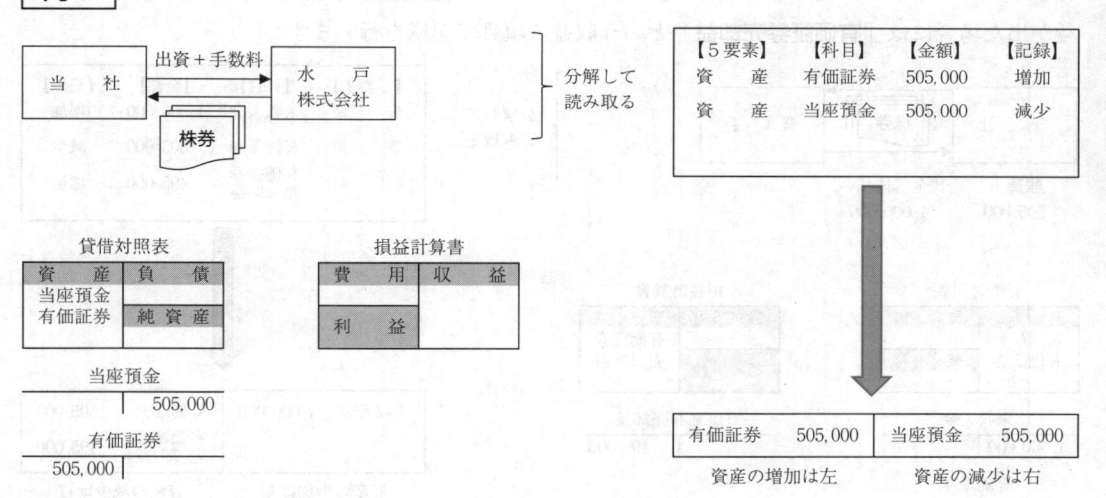

問1

当社 ⇄ 出資＋手数料 水戸株式会社
株券

分解して読み取る

【5要素】	【科目】	【金額】	【記録】
資産	有価証券	505,000	増加
資産	当座預金	505,000	減少

貸借対照表

資産	負債
当座預金	
有価証券	純資産

損益計算書

費用	収益
利益	

当座預金
　　　　505,000

有価証券
505,000

有価証券 505,000	当座預金 505,000
資産の増加は左	資産の減少は右

問2

有価証券（株式）を持っている場合には，その株式を発行している会社が儲かって利益が出ると，その配当を受け取ることができます。配当の受取方法は，**配当金領収書**（通貨代用証券の一種）が郵送されてきますので，それを持って金融機関で換金します。なお，配当を受け取ったときは，**受取配当金**という収益の勘定で記録します。

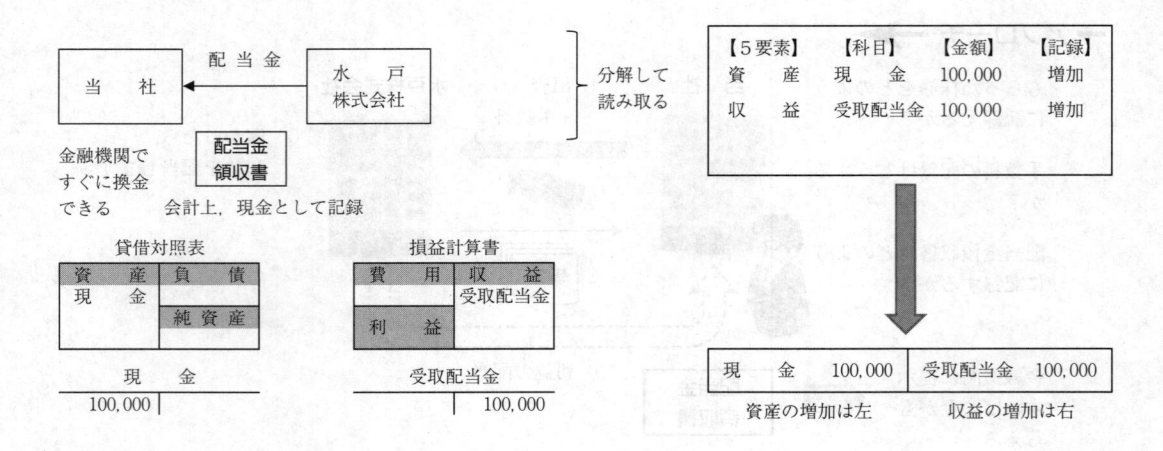

問3

有価証券を売却した場合には，通常は有価証券を取得した（買った）値段と異なる価格で売却されることになります。売却によって，損が出た場合には「**有価証券売却損**」という費用の項目で，益が出た場合には「**有価証券売却益**」という収益の項目で記録を行います。

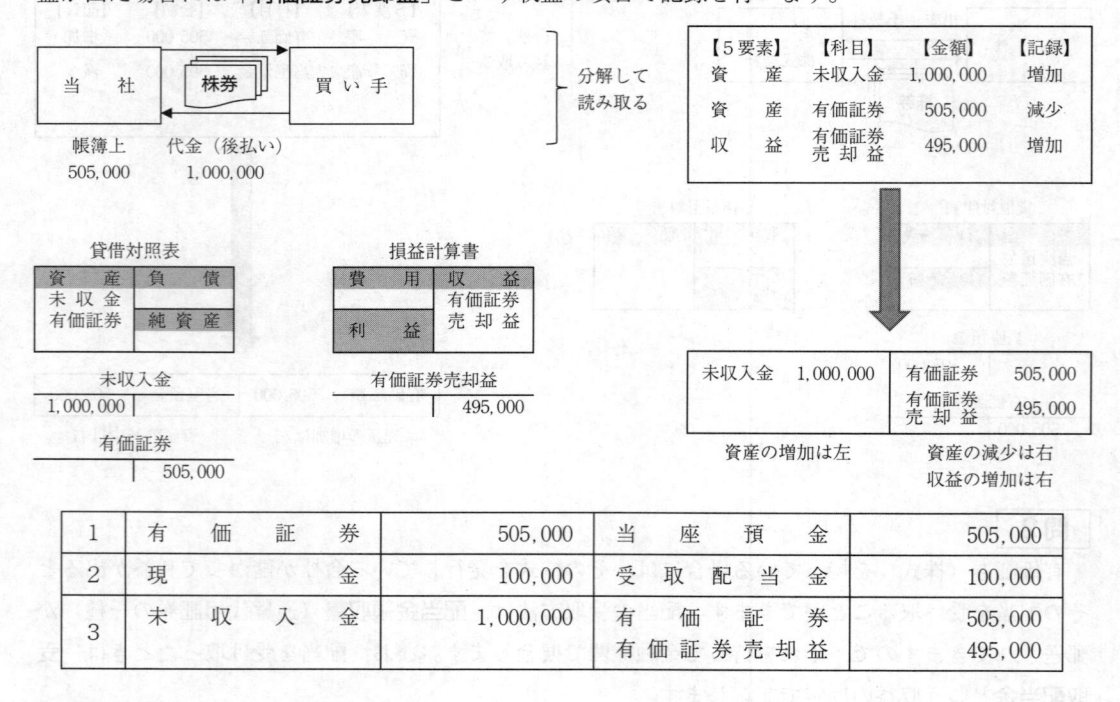

1	有 価 証 券	505,000	当 座 預 金	505,000
2	現 金	100,000	受 取 配 当 金	100,000
3	未 収 入 金	1,000,000	有 価 証 券 有 価 証 券 売 却 益	505,000 495,000

基本問題36 ☆☆☆

次の問題文を読み，仕訳を行いなさい。なお，これらは連続した取引である。

1　水戸株式会社発行の社債（額面金額1,000,000円）を，額面100円につき98円で買い入れ，代金は小切手を振り出して支払った（1口の額面100円）。
2　上記の社債のうち，額面500,000円を額面100円につき95円で売却し，代金は現金で受け取った。

	借方科目	金　　額	貸方科目	金　　額
1				
2				

━アプローチ━▶

③ 額面金額1,000,000円分の社債を，額面100円につき2円引きで買えた（98円で買入）。返済期日が来たら，額面で返してもらえるから，100円につき2円得するな。

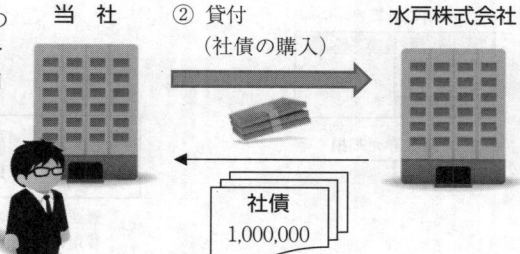

当　社　　②貸付（社債の購入）　　水戸株式会社

① お金を借りるのに社債を発行しよう！

④ 約束の期日が来たら，社債の**額面金額分**だけお金を返さなければならない。

社債 1,000,000

払うのは
総額1,000,000 ＝ <u>1口100円</u> × 10,000口　→　98円 × 10,000口 ＝ **980,000円**
　　　　　　　　98円で買えた

1　口‥販売単位のこと。たとえば，額面1,000円分買いたい場合は，1口が100円なら10口購入することになります。なお，**社債を安く買ったとしても返済は額面で受け取ることができますので，安く買えたほうが有利**だといえます。

　問2のように，**社債を売却する際にも「額面金額」を基準として取引**されます。問では額面500,000円分を売却とありますが，帳簿の記録上は490,000円（安く買っているため）ですので，**売却によってなくなる社債の金額は額面ではなく，購入金額で決まります**ので，注意しましょう。

解答＆解説

問1

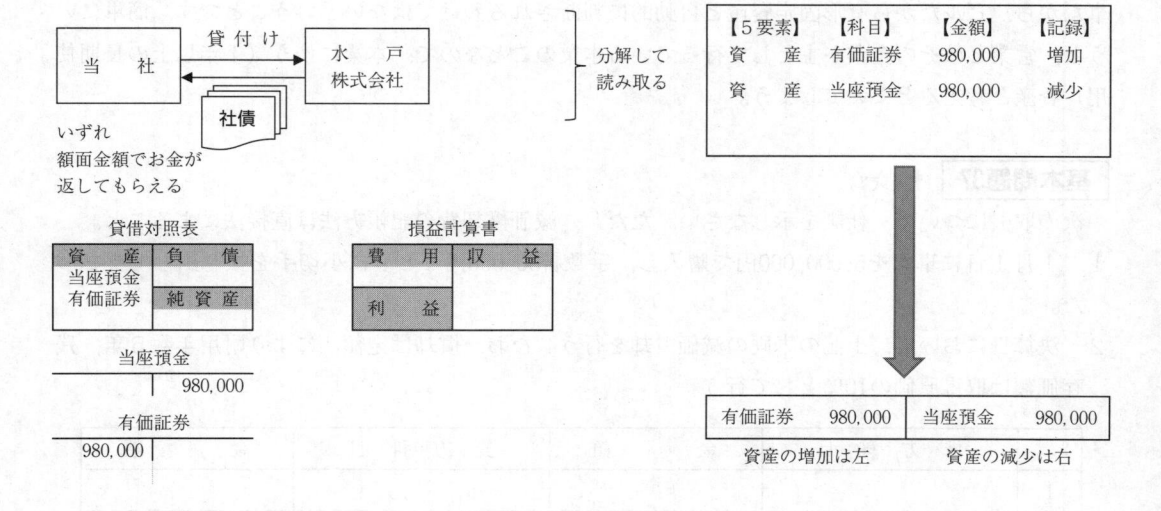

当　社　━貸付け━▶　水戸株式会社
　　　　　　社債

いずれ額面金額でお金が返してもらえる

【5要素】	【科目】	【金額】	【記録】
資　産	有価証券	980,000	増加
資　産	当座預金	980,000	減少

貸借対照表
資　産	負　債
当座預金	
有価証券	純資産

損益計算書
費　用	収　益
利　益	

当座預金
　　　　　| 980,000

有価証券
980,000　|

有価証券　980,000　｜　当座預金　980,000
　資産の増加は左　　　　資産の減少は右

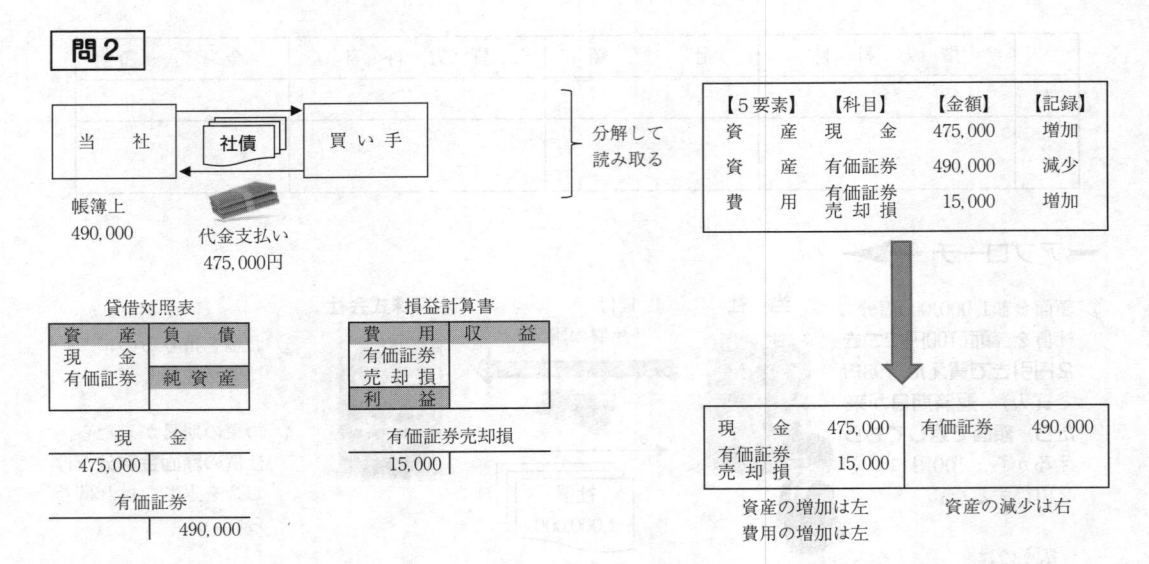

問2

	【5要素】	【科目】	【金額】	【記録】
	資　産	現　金	475,000	増加
	資　産	有価証券	490,000	減少
	費　用	有価証券売却損	15,000	増加

現　金	475,000	有価証券	490,000
売却損	15,000		

資産の増加は左　　　資産の減少は右
費用の増加は左

なお，保有している社債について，利息を受け取った場合には「**有価証券利息**」という収益の科目で記録します。受取利息と間違えないようにしましょう。

	借方科目	金額	貸方科目	金額
1	有　価　証　券	980,000	当　座　預　金	980,000
2	現　　　　金 有価証券売却損	475,000 15,000	有　価　証　券	490,000

6－2　有形固定資産

　有形固定資産とは，「企業が営業のために長期間使用することを目的として保有する形のあるもの」をいいます。その代表的な内容は，営業用の車両や本社ビルなどです。注意してほしいのは，車だから，ビルだから有形固定資産と自動的に判断されるわけではないということです。簡単にいうと，営業とはその企業が主として行っている本業のことなので，本業に使う（1年以上の長期使用）資産と考えるとよいでしょう。

基本問題37　☆☆☆

　次の取引について，仕訳を示しなさい。ただし，減価償却費の記帳方法は直接法によること。
1　1月1日に車両を5,000,000円で購入し，手数料50,000円とともに小切手を振り出して支払った。
2　決算日において，上記の車両の減価償却を行う。なお，償却は定額法により耐用年数5年，残存価額は取得原価の10％として行う。

	借方科目	金額	貸方科目	金額
1				
2				

複式簿記の企業の経済活動を記録する

アプローチ

5年間使用する

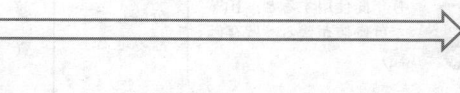

5,000,000円で車購入
＋手数料50,000円

この車を5年間使って売上を上げよう。そうすると，5年間，車を使ったという事実がきちんと損益計算書に反映されてないダメだな。

5年間かけて車の価値はどんどん減っていくので，それを損益計算書に反映したい

残存価額 10％は残る

購入時　車両　5,050,000円（手数料（付随費用といいます）も含める）として資産計上して，**使用した期間に費用として分割計上する**。

このように分割計上することを「**減価償却**」といいます。今回は問題文の指示から，定額（＝同じ金額）ずつ，それぞれの期間に分割して費用計上します。なお，減価償却は期末の**決算整理**において行われます。

定　額　法‥固定資産の耐用期間中，**毎期均等額（同じ金額）** の減価償却費を計上する方法をいいます。

	1年目	2年目	3年目	4年目	5年目
減価償却費	909,000	909,000	909,000	909,000	909,000

分割した費用計上額のことを「**減価償却費**」といいます。なお，本問では「**5,050,000円のうち残存価額10％分を引いた金額を5年で分割計上**」することになります。

【直接法】　減価償却費　909,000　／　車　両　909,000
　　　　　　　　　　費用　◀────　資産

解答＆解説

問1

当社 ←代金＋手数料─ 販売店

分解して読み取る

【5要素】	【科目】	【金額】	【記録】
資　産	車　両	5,050,000	増加
資　産	当座預金	5,050,000	減少

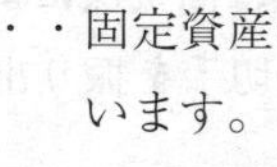

手数料も車の代金の一部と考えます

貸借対照表

資　産	負　債
当座預金	
車　両	純資産

当座預金
　　　｜5,050,000
車　両
5,050,000｜

損益計算書

費　用	収　益
利　益	

車　両	5,050,000	当座預金	5,050,000

資産の増加は左　　　資産の減少は右

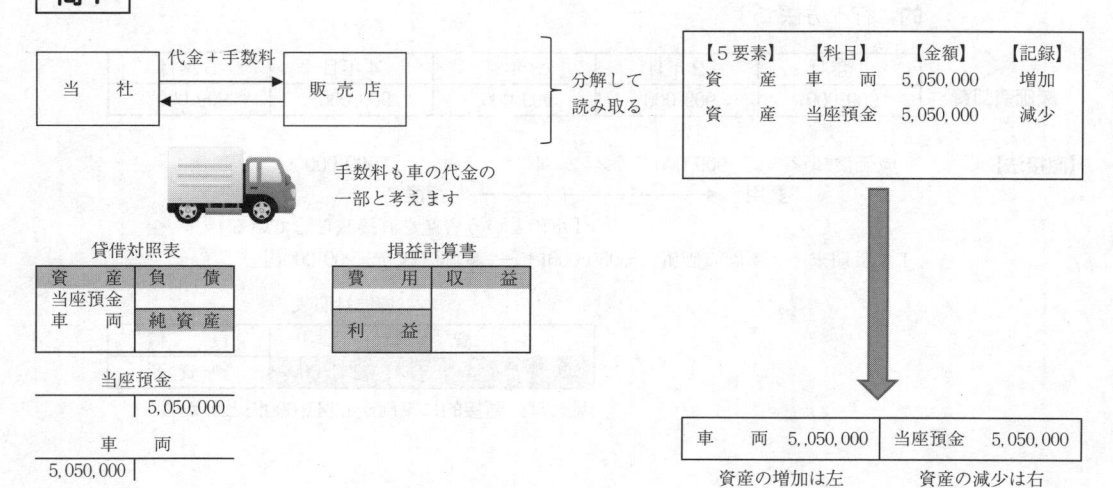

問2

5年間使用すると、10%だけ価値が残る（残存価額）

分解して読み取る

【5要素】	【科目】	【金額】	【記録】
費用	減価償却費	909,000	増加
資産	車両	909,000	減少

車を業務に使用し、車の価値が減少している。
価値の減り方を、一定（定額）と考えて、
車両 5,050,000×90%÷5年×1年 だけ費用にする。

貸借対照表

資産	負債
車両	純資産

損益計算書

費用	収益
減価償却費	
利益	

車両　5,050,000 | 909,000
減価償却費　909,000 |

減価償却費 909,000	車両 909,000
費用の増加は左	資産の減少は右

| 1 | 車　　両 | 5,050,000 | 当　座　預　金 | 5,050,000 |
| 2 | 減　価　償　却　費 | 909,000 | 車　　両 | 909,000 |

基本問題38 ☆☆☆☆

次の取引について、仕訳を示しなさい。ただし、減価償却費の記帳方法は間接法によること。

1　1月1日に車両を5,000,000円で購入し、手数料50,000円とともに小切手を振り出して支払った。

2　決算日において、上記の車両の減価償却を行う。なお、償却は定額法により耐用年数5年、残存価額は取得原価の10%として行う。

	借方科目	金　　額	貸方科目	金　　額
1				
2				

━アプローチ━

間　接　法‥資産の減少を「減価償却累計額」（累計＝合計のこと）という勘定を使って、間接的に行う方法です。

減価償却費

	1年目	2年目	3年目	4年目	5年目
	909,000	909,000	909,000	909,000	909,000

【直接法】　　減価償却費　909,000　／　車両　909,000
　　　　　　　　費用　←　　　　　　　　資産
　　　　　　　　「車両という資産を直接減らしている」
　　1年目期末　車両の価値　5,050,000円 － 減価償却分　909,000円

貸借対照表

資　　産	負　　債
車　　両　　4,141,000	純　資　産

見れば、**直接的**に車両が4,141,000円とわかる

【間接法】

減価償却費　909,000　／　車両減価償却累計額　909,000

資産の評価勘定
費用 ← 資産
「車両という資産を間接的に減らしている」

車　両
5,050,000

↑ 資産の評価勘定

車両減価償却累計額
909,000

貸借対照表

資　　産		負　債
車　　両	5,050,000	
車両減価償却累計額	△909,000	純資産

差額で，間接的に車両が4,141,000円とわかる

解答&解説

問1 基本問題37の 解答&解説 を参照のこと。

問2 基本問題37の 解答&解説 を参照のこと。

　ただし，貸借対照表上の車両価値の減少分の表現の仕方が「直接法」から「間接法」へと変更されているので，注意して下さい。**間接法は，資産を直接減額せず「減価償却累計額」という勘定科目を使って，資産を間接的に減額**します。また，減価償却累計額という勘定科目は，価値の減った資産の種類ごとに分けて「○○減価償却累計額」という個別の勘定科目を使用する場合もあります。この○○には，減少させたい資産の勘定科目が入ります。本問は単純に減価償却累計額という科目を使いましたが，車両の場合なら「車両減価償却累計額」，たとえば建物の減少を表したい場合には「建物減価償却累計額」という勘定科目を使うこともあります。受験上は問題文や科目指示に従って下さい。

1	車　　　　　両	5,050,000	当　座　預　金	5,050,000
2	減　価　償　却　費	909,000	減価償却累計額	909,000

基本問題39　☆☆☆

次の取引について，仕訳を示しなさい。ただし，減価償却費の記帳方法は直接法によること。

1　当社は，保有していた車両を当期首に売却した。この車両は2年前に購入したものであり，取得原価は5,050,000円，これまでの償却済みの金額は909,000円である。売却代金は4,000,000円であり，代金は月末に受け取ることになっている。

	借　方　科　目	金　　額	貸　方　科　目	金　　額
1				

─アプローチ─

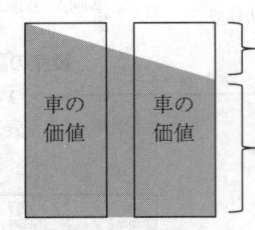

5,000,000円で車購入
＋手数料50,000円

909,000円×2年分＝1,818,000円分だけ車の価値が減っている

残りの価値は5,050,000円
－1,818,000円＝3,232,000円

2年間使用して売却した

これまでの記録

1年目
　車　　両　　5,050,000　／　×　　×　　5,050,000
　減価償却費　　909,000　／　車　両　　909,000

2年目　減価償却費　909,000　／　車　両　　909,000

当期首における貸借対照表

資　産	負　債
車　両　3,232,000	純資産

これを4,000,000円で売却したので、
差額で768,000円の益が出た　→

固定資産売却益（損の場合、固定資産売却損） という収益（損）の勘定科目で記載します。

※ なお、代金は月末に受取りなので、現時点では未収の状態です。未収の原因が商品売買以外ですので、勘定科目は未収入金を使います。

解答＆解説

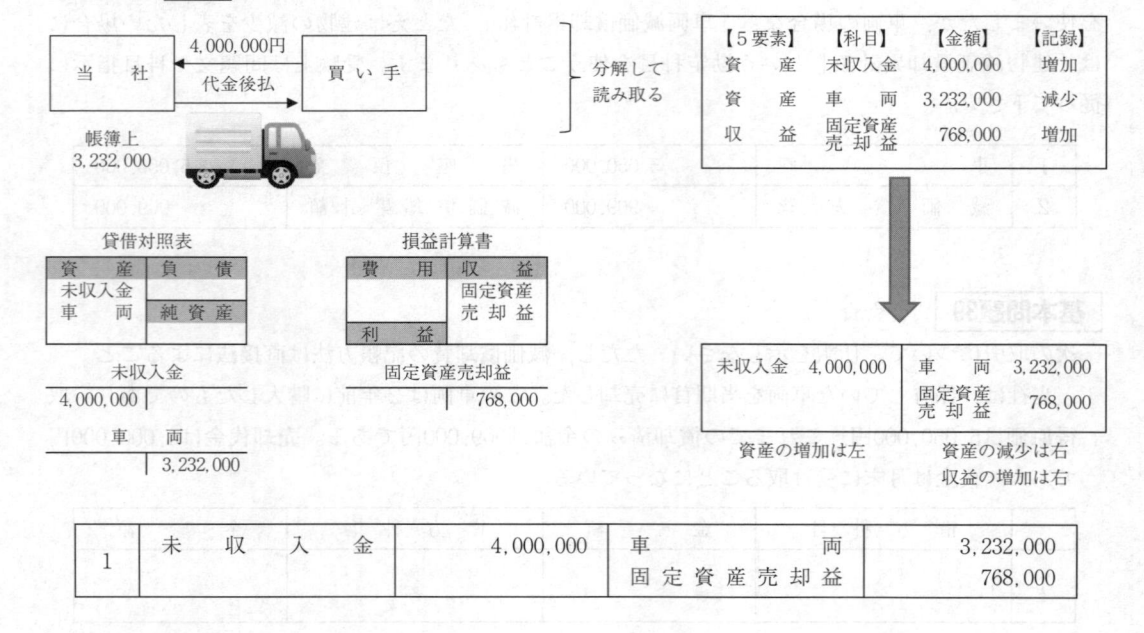

当社　―4,000,000円→　買い手
　　　　代金後払

帳簿上
3,232,000

分解して読み取る

【5要素】	【科目】	【金額】	【記録】
資　産	未収入金	4,000,000	増加
資　産	車　両	3,232,000	減少
収　益	固定資産売却益	768,000	増加

貸借対照表

資　産	負　債
未収入金	
車　両	純資産

損益計算書

費　用	収　益
	固定資産売却益
利　益	

未収入金　4,000,000　｜
車　　両　　　　　　｜3,232,000
固定資産売却益　　　｜768,000

未収入金　4,000,000　｜　車　両　3,232,000
　　　　　　　　　　　｜　固定資産売却益　768,000

資産の増加は左　　資産の減少は右
　　　　　　　　　収益の増加は右

| 1 | 未　収　入　金 | 4,000,000 | 車　　　　　両 | 3,232,000 |
| | | | 固定資産売却益 | 768,000 |

基本問題40　☆☆☆☆☆

次の取引について、仕訳を示しなさい。ただし、減価償却費の記帳方法は間接法によること。

1　当社は、保有していた車両を当期首に売却した。この車両は2年前に購入したものであり、取

得原価は5,050,000円，これまでの償却済みの金額は1,818,000円である。売却代金は4,000,000円であり，代金は月末に受け取ることになっている。なお，当社は勘定科目として，車両減価償却累計額を使用している。

	借方科目	金　額	貸方科目	金　額
1				

→アプローチ→

これまでの記録

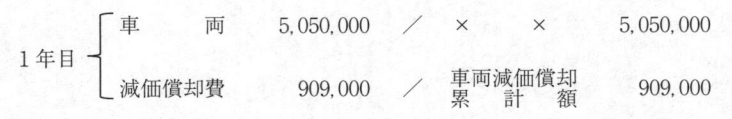

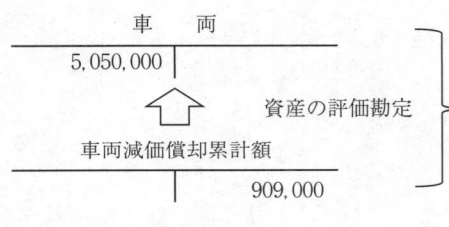

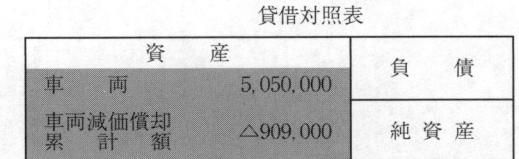

1年目
- 車両　　　　　5,050,000 ／ ××　　　　　5,050,000
- 減価償却費　　909,000 ／ 車両減価償却累計額　909,000

車両
5,050,000 |

⇧ 資産の評価勘定

車両減価償却累計額
　　　　　| 909,000

貸借対照表

資　産		負　債	
車　両	5,050,000		
車両減価償却累計額	△909,000	純資産	

差額で，**間接的に車両が4,141,000円とわかる**

減価償却費
909,000 |

損益計算書へ

2年目　減価償却費　909,000 ／ 車両減価償却累計額　909,000

勘定はこのように記録されている

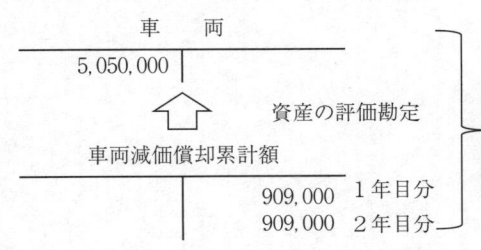

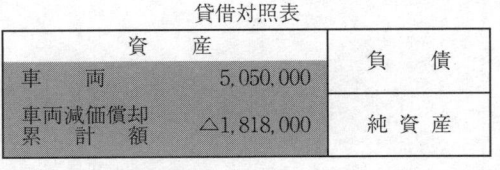

車両
5,050,000 |

⇧ 資産の評価勘定

車両減価償却累計額
　　　　　| 909,000　1年目分
　　　　　| 909,000　2年目分

貸借対照表

資　産		負　債	
車　両	5,050,000		
車両減価償却累計額	△1,818,000	純資産	

差額で，**間接的に車両が3,232,000円とわかる**

3年目‥当期　この車両を4,000,000円で売却したので，差額で768,000円の益が出た。

未収入金　4,000,000 ／ 車両　　　　　　3,232,000　←この金額が**帳簿には間接的に計上されているため，このように単純には減少できません**
　　　　　　　　　　　／ 固定資産売却益　768,000

車両
5,050,000 | 5,050,000　±0にする

⇧ 資産の評価勘定

車両減価償却累計額
1,818,000 | 909,000　±0にする
　　　　　| 909,000

車両勘定の貸し方に5,050,000円，車両減価償却累計額勘定の借り方に1,818,000円と記入するための仕訳に上記のグレー部分を修正する必要があります。

	車両減価償却累計額	1,818,000		車　　　両	5,050,000	→車両3,232,000円を間接的に消す
	未 収 入 金	4,000,000		固定資産売却益	768,000	

👉解答＆解説

問1 基本問題39の 解答＆解説 を参照のこと。

1	車両減価償却累計額 未　収　入　金	4,000,000 1,818,000	車　　　　　両 固 定 資 産 売 却 益	5,050,000 768,000

116

第4章　決算整理をマスターする

<学習ポイント>

第4章では，決算整理について学習していきます。

既に説明したように，貸借対照表や損益計算書は原則として1年に1回作成します。しかし，現実の企業の経済活動は期間の区切りなく継続して行われているため，人為的に期間を区切って財務諸表を作成する必要があります。これを**期間損益計算**といいます。この区切られた期間内の最後である期末に「**決算整理**」と呼ばれる手続きを行います。

決算整理とは，**1年の最後に，ミスや記録漏れ，その他の理由で数字を修正する作業**をいいます。期中の記録を決算整理によって修正することで，適正な財務諸表の基礎となるデータが完成します。このデータが完成した後は，具体的な財務諸表の作成作業に移って行きます。検定上も重要な論点ですから，しっかりとマスターしておきましょう。

1-1　決算整理とは

次の図は，第2章で示したものにこれまでの学習との関係を加えて，簿記の一連の流れの全体を表すように作成したものです。

【一連の流れの整理】

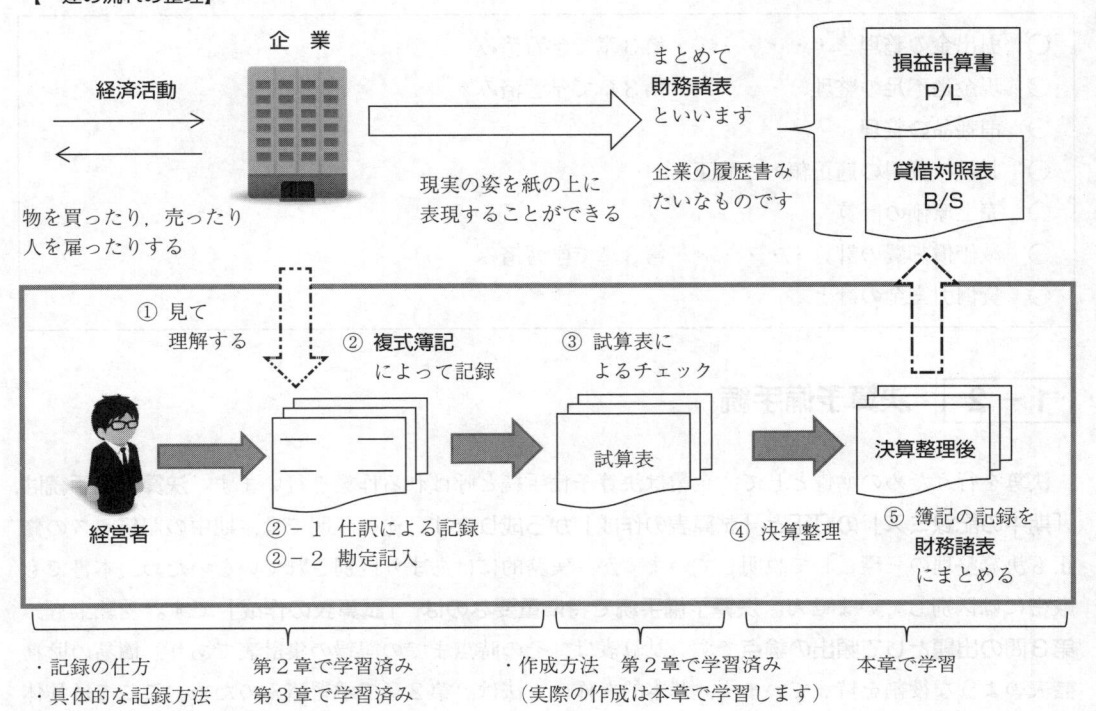

- 記録の仕方　　　　第2章で学習済み
- 具体的な記録方法　第3章で学習済み
- 作成方法　第2章で学習済み（実際の作成は本章で学習します）
- 本章で学習

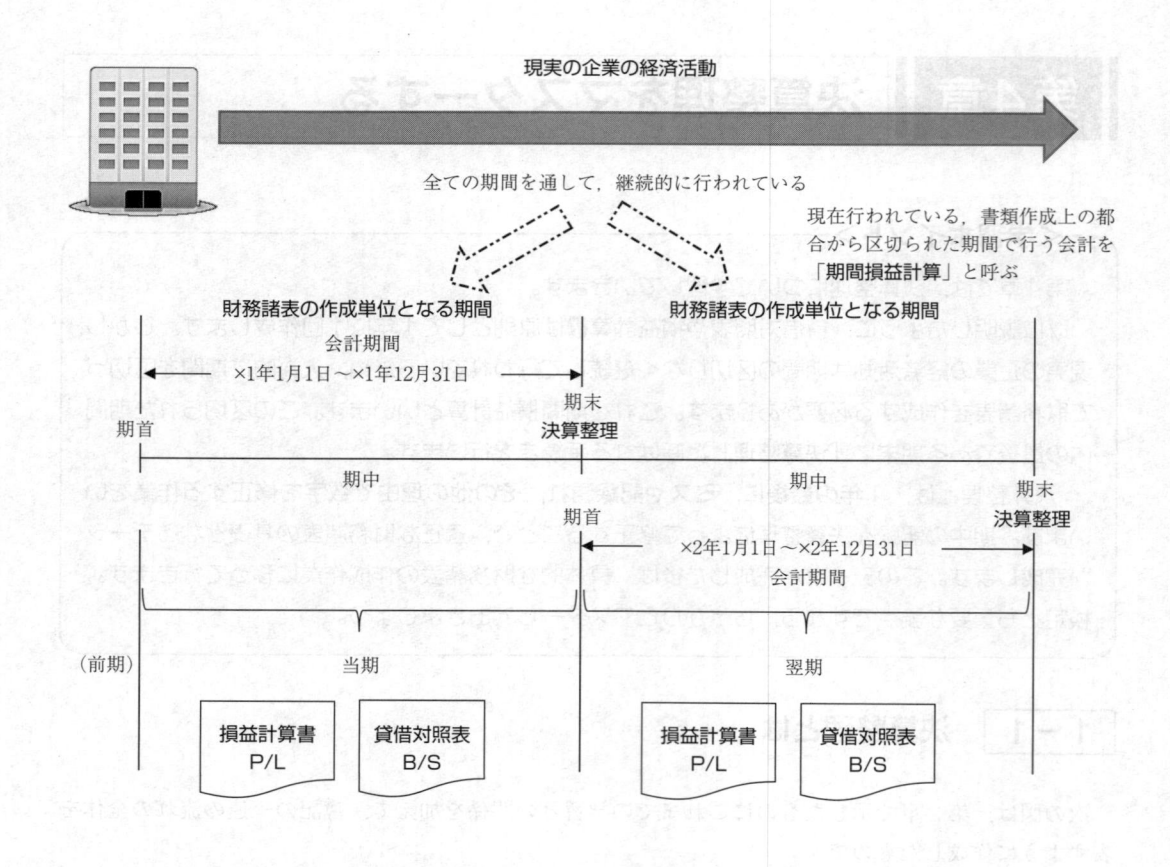

```
                          現実の企業の経済活動
    ┌──┐  ────────────────────────────────────────▶
    │  │
    │  │         全ての期間を通して，継続的に行われている
    │  │                                              現在行われている，書類作成上の都
    └──┘                                              合から区切られた期間で行う会計を
                                                      「期間損益計算」と呼ぶ
              財務諸表の作成単位となる期間    財務諸表の作成単位となる期間
                      会計期間
              ×1年1月1日～×1年12月31日
                                        期末
      期首                              決算整理
              期中                          期中                    期末
                                                                  決算整理
                              期首   ×2年1月1日～×2年12月31日
                                            会計期間
      (前期)       当期                    翌期
                ┌────┐ ┌────┐      ┌────┐ ┌────┐
                │損益 │ │貸借 │      │損益 │ │貸借 │
                │計算書│ │対照表│     │計算書│ │対照表│
                │ P/L │ │ B/S │      │ P/L │ │ B/S │
                └────┘ └────┘      └────┘ └────┘
```

なお，日商簿記3級で学習する主要な決算整理の論点は，次のとおりです。

- ○ 引出金の整理・・・・・・・第3章で学習済み
- ○ 現金過不足の整理・・・・・第3章で学習済み
- ○ 消耗品の整理
- ○ 収益・費用の適正額への修正
- ○ 売上原価の計算
- ○ 減価償却費の計算・・・・・第3章で学習済み
- ○ 貸倒引当金の計上

1-2 決算予備手続

　決算を行うための準備として，企業は決算予備手続と呼ばれる作業を行います。**決算予備手続は，「期中の記録ミス」の訂正と「試算表の作成」から成ります**。先の説明では，期中の記録ミスの修正も決算整理の一環として説明していますが，実務的にはあまり区別されていないため，本書でも厳密には区別していません。**決算予備手続で特に重要なのは，「試算表の作成」です**。受験上も，**第3問の出題として頻出の論点**です。試算表は，その時点までの記録の集計表であり，簡易の財務諸表のような役割を持っています。基本的な作成方法は，第2章で学習済みのため，ここでは具体的な作成について取り扱っていきます。

基本問題41 ☆☆

次の問題文を読み，仕訳を行いなさい。

1　当社は，期末に期中の記録を確認したところ，売掛金の回収として受け取った現金5,000円について，誤って受取手形を減額させる記録を行ってしまっていた。

	借方科目	金　額	貸方科目	金　額
1				

➡アプローチ➡

【本来】　現金を受け取り，売掛金を減額するべき

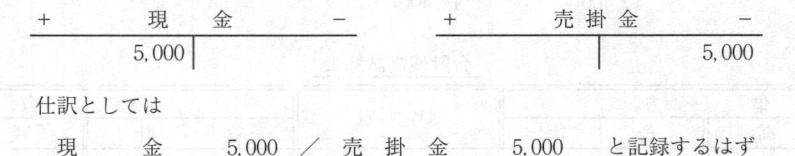

```
     +   現　金   -           +   売 掛 金   -
       5,000                              5,000
```

仕訳としては
　　現　金　5,000　／　売掛金　5,000　と記録するはず

【期中の実際の記録】

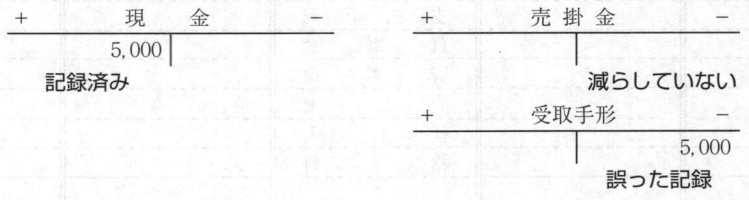

```
     +   現　金   -           +   売 掛 金   -
       5,000
       記録済み                  減らしていない
                              +   受取手形   -
                                         5,000
                                      誤った記録
```

仕訳としては
　　現　金　5,000　／　受取手形　5,000　と記録していた

【必要な訂正仕訳】　期中でも行えるが，今回は決算に訂正を行った

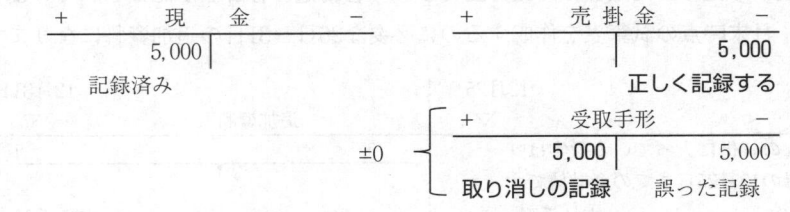

```
     +   現　金   -           +   売 掛 金   -
       5,000                              5,000
       記録済み                   正しく記録する
                              +   受取手形   -
                   ±0            5,000    5,000
                              取り消しの記録　誤った記録
```

仕訳としては
　　受取手形　5,000　／　売掛金　5,000　と訂正仕訳を行う

1	受　取　手　形	5,000	売　掛　金	5,000

基本問題42 ☆☆☆☆☆

次の合計試算表（A）と諸取引（B）にもとづいて，当月末の合計残高試算表を作成しなさい。なお，仕入および売上は全て掛取引によっているものとする。

(A) 平成××年12月25日

	借　方	貸　方
現　　金	3,000 円	1,000 円
受 取 手 形	1,000	300
売 掛 金	3,000	2,000
支 払 手 形	1,000	1,300
買 掛 金	1,000	1,300
資 本 金		2,500
売　　上		4,000
仕　　入	1,900	
給　　料	1,500	
	12,400	12,400

(B) 平成××年12月26日～31日の取引

26日　売　上　100
27日　仕　入　500
　　　売　上　200
28日　給　料　100
　　　現金にて支払い
29日　売掛金の回収　1,000
　　　先方振出の約束手形にて回収
30日　買掛金の支払い　200
　　　現金にて支払い
31日　本日休業

合計残高試算表

借　方		勘定科目	貸　方	
残　高	合　計		合　計	残　高
		現　　金		
		受 取 手 形		
		売 掛 金		
		支 払 手 形		
		買 掛 金		
		資 本 金		
		売　　上		
		仕　　入		
		給　　料		

━━アプローチ ━━▶

（A）の試算表に与えられた金額は，12月25日までの各勘定の合計値が記録されています。そして，（B）の資料は，月末時点の試算表を作成するのに必要な26日～31日の追加資料になります。

　　　　　　　　　　　　　　　　12月25日　　　　　　　　　　　　　　　　12月31日
　　　　　　　　　　　　　　　　　▽　　　　　追加資料　　　　　　　　　　▽
　　※　それぞれの貸借に入っている数字は，　　　　　　　　　　　　　　　　　　　決算整理
　　　　複数の記録の12月25日までの合計値です。

＋　現　金　－	－　支払手形　＋	＋　現　金　－	－　支払手形　＋
3,000　1,000	1,000　1,300	3,000　1,000	1,000　1,300
		100	
		200	
2,000	300	1,700	300

＋　受取手形　－	－　買掛金　＋	＋　受取手形　－	－　買掛金　＋
1,000　300	1,000　1,300	1,000　300	1,000　1,300
		1,000	200
700	300	1,700	500
			600

＋　売掛金　－	－　資本金　＋	＋　売掛金　－	－　資本金　＋
3,000　2,000	2,500	3,000　2,000	2,500
		100　1,000	
		200	
1,000	2,500	300	2,500

```
 + 仕  入 -      - 売  上 +    + 仕  入 -      - 売  上 +
   1,900           4,000       1,900           4,000
                                 500             100
                                                 200
   1,900           4,000       2,400           4,300
 + 給  料 -                    + 給  料 -
   1,500                        1,500
                                  100
   1,500                        1,600
```

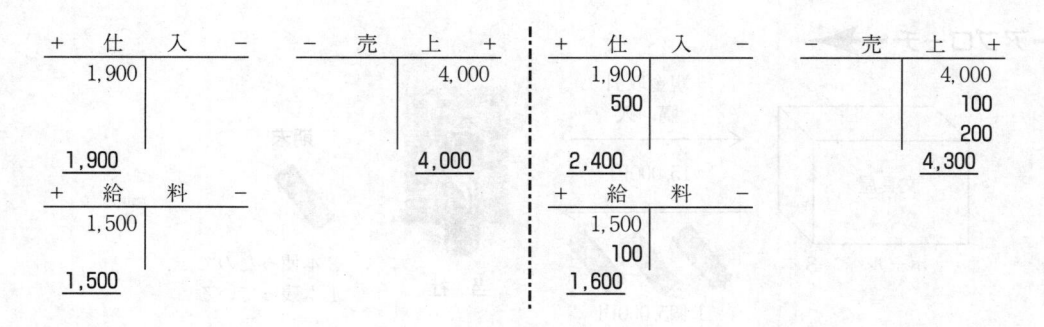

解答

合計残高試算表

借方 残高	借方 合計	勘定科目	貸方 合計	貸方 残高
1,700	3,000	現　　金	1,300	
1,700	2,000	受取手形	300	
300	3,300	売掛金	3,000	
	1,000	支払手形	1,300	300
	1,200	買掛金	1,800	600
		資本金	2,500	2,500
		売　　上	4,300	4,300
2,400	2,400	仕　　入		
1,600	1,600	給　　料		
7,700	14,500		14,500	7,700

1-3　消耗品に関する会計処理

消　耗　品‥会社で使用するもののうち，長い期間使用できないものをいい，具体的にはボールペンや鉛筆などの筆記用具，コピー用紙などをいいます。

消 耗 品 費‥当期の成果を得るために，当期に実際に使用された消耗品の金額をいいます。

基本問題43　☆☆☆

次の取引について，仕訳を示しなさい。ただし，消耗品については購入時に費用として処理する方法によっている。

1　期中に消耗品（ボールペン@5,000円×3本）を15,000円分購入し，代金は現金で支払った。
2　決算日において，消耗品の未使用分を確認したところ，1本（5,000円分）が未使用であった。

	借方科目	金　額	貸方科目	金　額
1				
2				

→アプローチ→

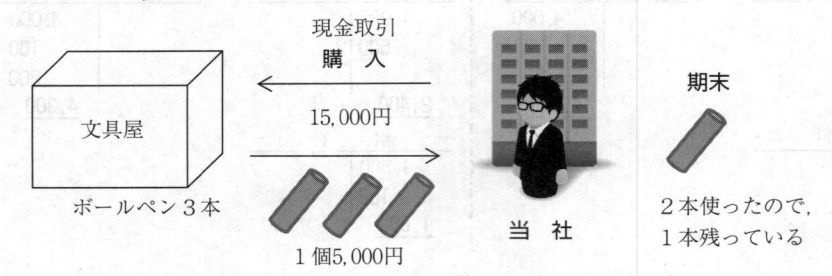

```
                現金取引
                 購 入
   ┌─────┐  ←──────────
   │     │    15,000円              期末
   │文具屋│                          ▮
   │     │  ──────────→           2本使ったので，
   └─────┘   ▮ ▮ ▮     当 社     1本残っている
  ボールペン3本
              1個5,000円
```

　これらの状況から考えると，結論として，どのような貸借対照表および損益計算書を作成すればよいかはすぐにわかります。なお，現金の20,000円は説明の都合上の数値です。

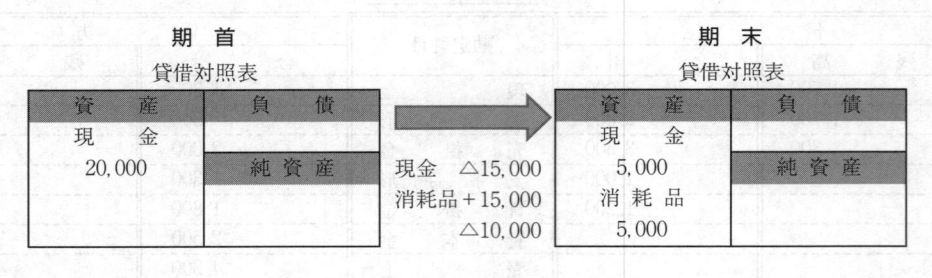

　　　　　　期　首　　　　　　　　　　　　　　　　　　　期　末
　　　　　　貸借対照表　　　　　　　　　　　　　　　　　貸借対照表

資　産	負　債
現　金	
20,000	純資産

現金 △15,000　　　　
消耗品 +15,000　　　　
　　　△10,000　　　　

資　産	負　債
現　金	
5,000	純資産
消耗品	
5,000	

損益計算書

【努力】これだけの価値　　　　　　　　　　　　　　　　【成果】これだけの価値
　　　を使い　　　　　　　　　　　　　　　　　　　　　　　　を生み出した

費　用	収　益
消耗品費	
10,000	売　上
	×××
利　益 ×××	

使った分しか費用にはなりませんので，注意が必要です

　ここで問題なのは，この結論にどのようにして仕訳や勘定記入を通じてたどり着くかということです。

【今回指示された記録方法】
　買ったときに，（まだ使ってないにもかかわらず）とりあえず費用として処理しておいて，決算整理において使った分の金額に費用額を調整する方法。

　① 消耗品を買ったとき

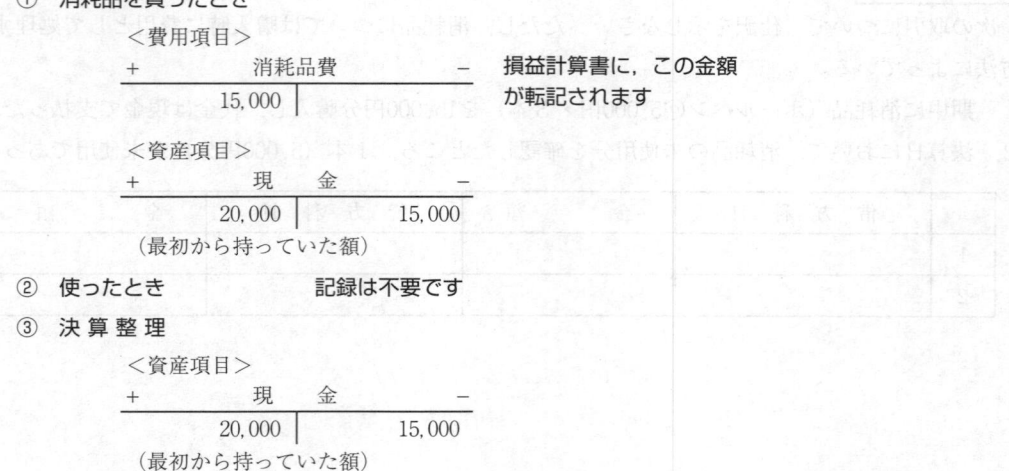

　　　＜費用項目＞
　　　＋　　消耗品費　　－　　　損益計算書に，この金額
　　　　　15,000　　　　　　　　が転記されます

　　　＜資産項目＞
　　　＋　　現　金　　　－
　　　　　20,000　│　15,000
　　　（最初から持っていた額）

　② 使ったとき　　　記録は不要です
　③ 決算整理

　　　＜資産項目＞
　　　＋　　現　金　　　－
　　　　　20,000　│　15,000
　　　（最初から持っていた額）

```
＋    消 耗 品    －          ＋    消耗品費    －
     5,000                     15,000 | 5,000
                               差額10,000円が損益計算書に計上すべき額
```

解答

	借方科目	金額	貸方科目	金額
1	消 耗 品 費	15,000	現 金	15,000
2	消 耗 品	5,000	消 耗 品 費	5,000

基本問題44 ☆☆☆

次の取引について、仕訳を示しなさい。ただし、消耗品については購入時に資産として処理する方法によっている。

1　期中に消耗品（ボールペン@5,000円×3本）を15,000円分購入し、代金は現金で支払った。
2　決算日において、消耗品の未使用分を確認したところ、1本（5,000円分）が未使用であった。

	借方科目	金額	貸方科目	金額
1				
2				

→ アプローチ →

【今回指示された記録方法】

買ったときに、（まだ使っていないので）**資産として処理**しておいて、使ったときに使った分の金額を費用額にする方法。

① 消耗品を買ったとき

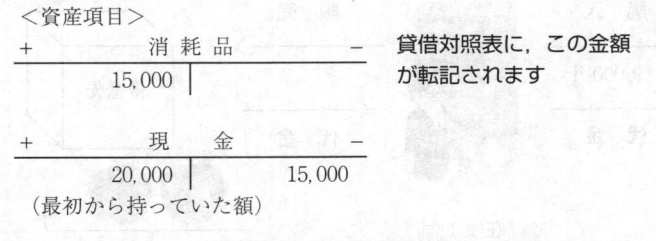

```
＜資産項目＞
＋    消 耗 品    －
     15,000              貸借対照表に、この金額
                         が転記されます
＋    現   金    －
     20,000 | 15,000
（最初から持っていた額）
```

② 使ったとき　　　理論上はこの時点で費用計上するべき

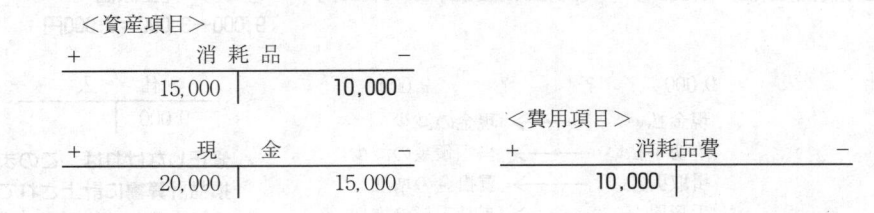

```
＜資産項目＞
＋    消 耗 品    －
     15,000 | 10,000

                         ＜費用項目＞
＋    現   金    －       ＋    消耗品費    －
     20,000 | 15,000            10,000
```

③ 決 算 整 理

実際には、期中にいちいち消耗品の管理を行うのは大変なので、決算時にまとめて費用化すべき額を計算して処理します。そのため、②の記録を③の時点で行うことになります。

※　なお、**基本問題43**と同じ結論の財務諸表が完成します。

解答

1	消　耗　品	15,000	現　　　金	15,000
2	消　耗　品　費	10,000	消　耗　品	10,000

1－4　商品に関する会計処理（売上原価の算定）

　これまでは，商品売買の記録方法の1つである「三分法」の基本的な考え方と期中記録について学習してきました。ここでは，三分法の場合の決算整理について学びます。

基本問題45　☆☆

　次の資料にもとづいて，三分法による決算整理仕訳を示しなさい。なお，売上原価の算定は仕入勘定によって行うものとする。

【資　料】
当期商品仕入高　　9,000円　　　期末商品棚卸高　　3,000円

借　方　科　目	金　　　額	貸　方　科　目	金　　　額

━アプローチ━▶

　商品取引の記録に三分法を用いている場合は，決算整理において売上原価の算定が必要となります。つまり，**三分法を簡単に説明すると「売上原価を期末にまとめて計算する方法」**といえます。

　仮に，@3,000円の商品を3個仕入れたと仮定します。

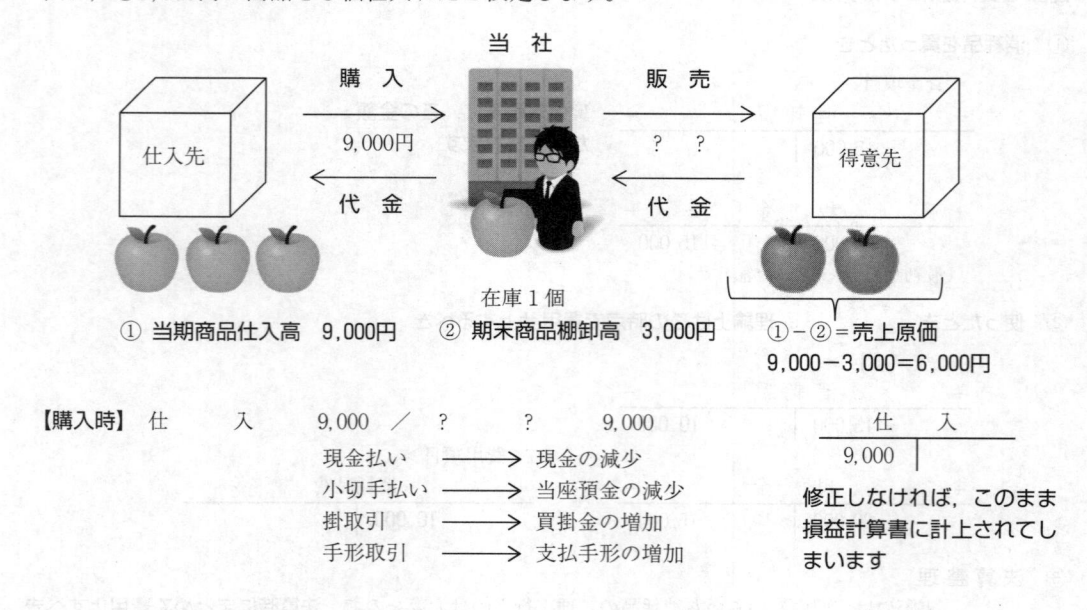

　　　　　　　　　　　　　　当社
　仕入先　─購入─▶　　　　　　　　　─販売─▶　得意先
　　　　　　9,000円　　　　　　　　　　　？　？
　　　　　◀─代金─　　　　　　　　　◀─代金─
　　　　　　　　　　　　　在庫1個

① 当期商品仕入高　9,000円　　② 期末商品棚卸高　3,000円　　①－②＝売上原価
　　　　　　　　　　　　　　　　　　　　　　　　　　　　　　　9,000－3,000＝6,000円

【購入時】　仕　入　9,000　／　？　？　9,000

　　　　　　　現金払い　────▶　現金の減少
　　　　　　　小切手払い　──▶　当座預金の減少
　　　　　　　掛取引　────▶　買掛金の増加
　　　　　　　手形取引　───▶　支払手形の増加

　　　　　　　　　仕　入
　　　　　　9,000　｜

修正しなければ，このまま損益計算書に計上されてしまいます

【販売時】　？　　？　　××　／　売　上　××

売　上
	××

- 現金受取 ──→ 現金の増加
- 小切手受取 ──→ 現金の増加
- 掛取引 ──→ 売掛金の増加
- 手形取引 ──→ 受取手形の増加

損益計算書

費用	収益
仕入 9,000	売上 ××
利益 ××	

費用は「当期に収益を得るのに使った価値」の金額でないとダメなのに，払った金額がそのまま計上されてしまっている

↓

決算整理での修正が必要

【三分法で用いる勘定科目】

<収　益>

売　上：当期に当社が誰かに提供したモノやサービスの「価値」＝当社が当期に何ができたかを示す勘定科目

<費　用>

仕　入：当期に当社が購入した商品の「価値」を表す勘定科目‥この時点では純粋な費用ではない　今回だと，「仕入9,000」として購入時に記録されているはず。

決算整理において，「購入した価値の額」から「当期に使った価値の額」へ修正する

↓

売上原価：当期に売上を得るために，販売してなくなった商品の金額（買った値段）＝当社が当期に使った「価値」を示す勘定科目　今回だと，「売上原価6,000」として記録する。

<資　産>

繰越商品：その時点において残っている在庫の額を表す勘定科目　今回だと，「繰越商品3,000」として記録する。

　なお，繰越商品には「前期最後＝当期首の在庫」と「当期末の在庫」の２つのタイミングがあります。

<決算整理前>

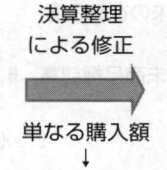

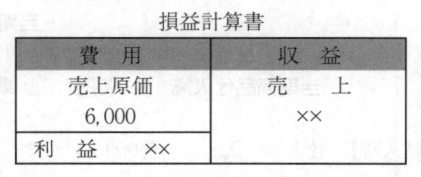

損益計算書

費用	収益
仕入 9,000	売上 ××
利益 ××	

貸借対照表

資産	負債
繰越商品 0	純資産

仕　入
9,000	

売　上
	××

繰越商品

決算整理による修正 →

単なる購入額
↓
当期に売れた分の額

<決算整理後>

損益計算書

費用	収益
売上原価 6,000	売上 ××
利益 ××	

貸借対照表

資産	負債
繰越商品 3,000	純資産

仕　入
9,000	3,000

売　上
	××

繰越商品
3,000	

差額で6,000
売上原価と名称変更して，損益計算書へ計上します

解答

	繰 越 商 品	3,000	仕 入	3,000

基本問題46 ☆☆☆☆☆

次の資料にもとづいて，三分法による決算整理仕訳を示しなさい。なお，売上原価の算定は，仕入勘定によって行うものとする。

【資 料】

期首商品棚卸高　3,000円　　当期商品仕入高　9,000円　　期末商品棚卸高　6,000円

借 方 科 目	金　　額	貸 方 科 目	金　　額

━アプローチ ━▶

仮に，@3,000円の商品を3個仕入れたと仮定します。

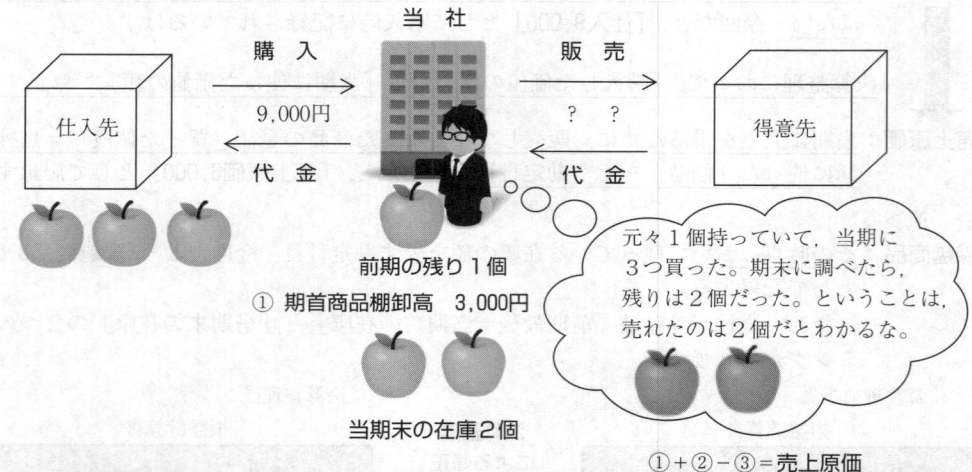

① 期首商品棚卸高　3,000円

元々1個持っていて，当期に3つ買った。期末に調べたら，残りは2個だった。ということは，売れたのは2個だとわかるな。

当期末の在庫2個

② 当期商品仕入高　9,000円　③ 期末商品棚卸高　6,000円

①＋②－③＝売上原価
3,000＋9,000－6,000＝6,000円

【購入時】仕　入　9,000 ／ ？　？　9,000

仕　入
9,000 |

【販売時】？　？　×× ／ 売　上　××

売　上
| ××

損益計算書

費　用	収　益
仕　入 9,000	売　上 ××
利　益 ××	

費用は「当期に収益を得るのに使った価値」の金額でないとダメなのに，払った金額がそのまま計上されてしまっている
↓
決算整理での修正が必要

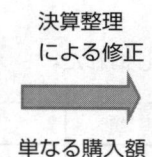

<決算整理前>　　　　　　　　　決算整理　　　　　　<決算整理後>
　　損益計算書　　　　　　　による修正　　　　　　　損益計算書

費　用	収　益
仕　入 9,000	売　上 0
利　益　0	

→

費　用	収　益
売上原価 6,000	売　上 0
利　益　0	

単なる購入額
↓
当期に売れた分の額
＝
② 当期の仕入額に
① 前期からの残りを足して
③ 当期の在庫を引けば
当期に売れた額，つまり売上原価が計算できる

貸借対照表

資　産	負　債
繰越商品 3,000	
	純資産

前期の在庫

貸借対照表

資　産	負　債
繰越商品 6,000	
	純資産

当期の在庫

仕　入
9,000 |

売　上
| ××

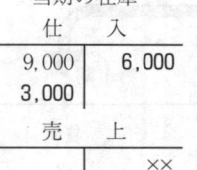

繰越商品
3,000 |

仕　入
9,000 | 6,000
3,000 |

差額で6,000
売上原価と名称変更して，損益計算書へ計上します

売　上
| ××

繰越商品
3,000 | 3,000
6,000 |

差額で6,000
当期末の在庫として貸借対照表へ計上します

解答

| 仕　　　　　入 | 3,000 | 繰　越　商　品 | 3,000 |
| 繰　越　商　品 | 6,000 | 仕　　　　　入 | 6,000 |

1－5　貸倒引当金に関する会計処理

　現在の商品の購入や販売といった取引は，ほとんどが**掛取引**などの**信用取引**（代金を後払いなどで取引することをいいます）を通じて行われており，現金での取引はあまり行われません。何故なら，信用取引なら手元にお金がなくても商品を仕入れたりすることができますので，**「仕入→販売→販売代金の回収→仕入代金の支払い」といったように，手持ち資金が少なくても商売をすることができるというメリットがある**からです。しかし，信用取引という方法を選べば，ある程度は代金がもらえない（これを**「貸倒れ」**といいます）ことによる損害（これを**「貸倒損失」**といいます）を覚悟しなければなりません。そのため**会計上は，この貸倒損失を「売上を得るために覚悟すべき必要経費」**だと考えて，処理を行います。

基本問題47 ☆☆☆

次の取引について、仕訳を示しなさい。

1　当期の売上から生じた売掛金400円が貸し倒れた。

	借方科目	金額	貸方科目	金額
1				

━━アプローチ━━▶

【ケース1】　当期の信用取引に関する貸倒れが当期中に生じた場合

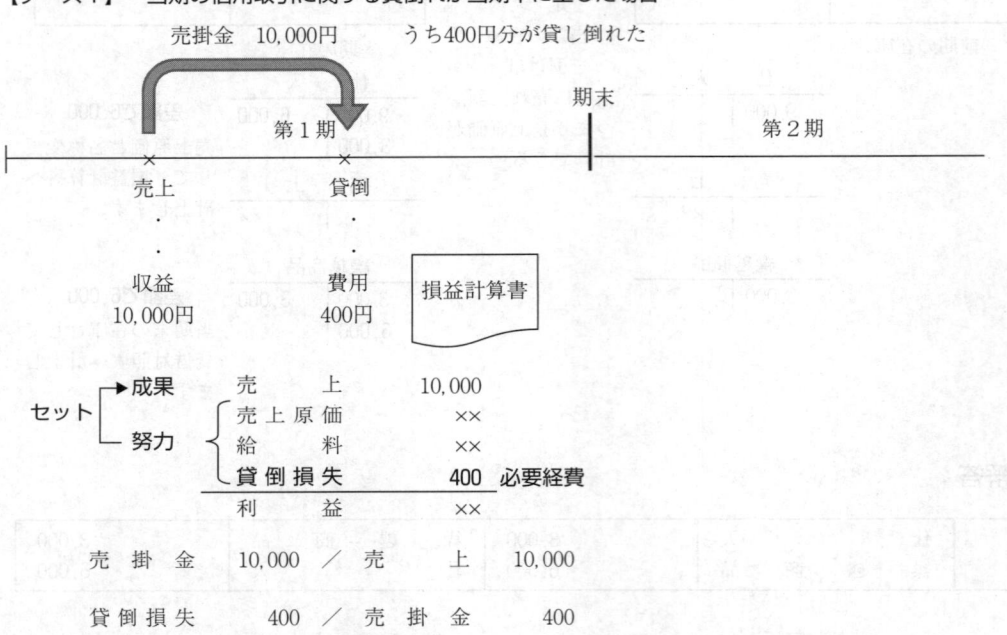

売掛金　10,000円　　うち400円分が貸し倒れた

第1期　　　　　　　　　期末　　　　第2期

売上　　　　　貸倒

収益　　　　　費用
10,000円　　　400円　　　損益計算書

セット　→成果　　売　　上　　　10,000
　　　　→努力　　売上原価　　　××
　　　　　　　　　給　　料　　　××
　　　　　　　　　貸倒損失　　　400　必要経費
　　　　　　　　　利　　益　　　××

売　掛　金　10,000　／　売　　上　　10,000

貸倒損失　　　400　／　売　掛　金　　400

貸倒れ＝回収不能になったことで、売掛金が減少する

解答

1	貸倒損失	400	売掛金	400

基本問題48 ☆☆☆

次の取引について、仕訳を示しなさい。

1　決算日（×6年12月31日）において、売掛金の期末残高が200,000円であった。この200,000円に対して4％の貸倒引当金を設定する。なお、当期は開業初年度である。

	借方科目	金額	貸方科目	金額
1				

決算整理をマスターする

━ アプローチ ━▶

【ケース2】　当期の信用取引に関する貸倒れが将来に生じる可能性が高い場合

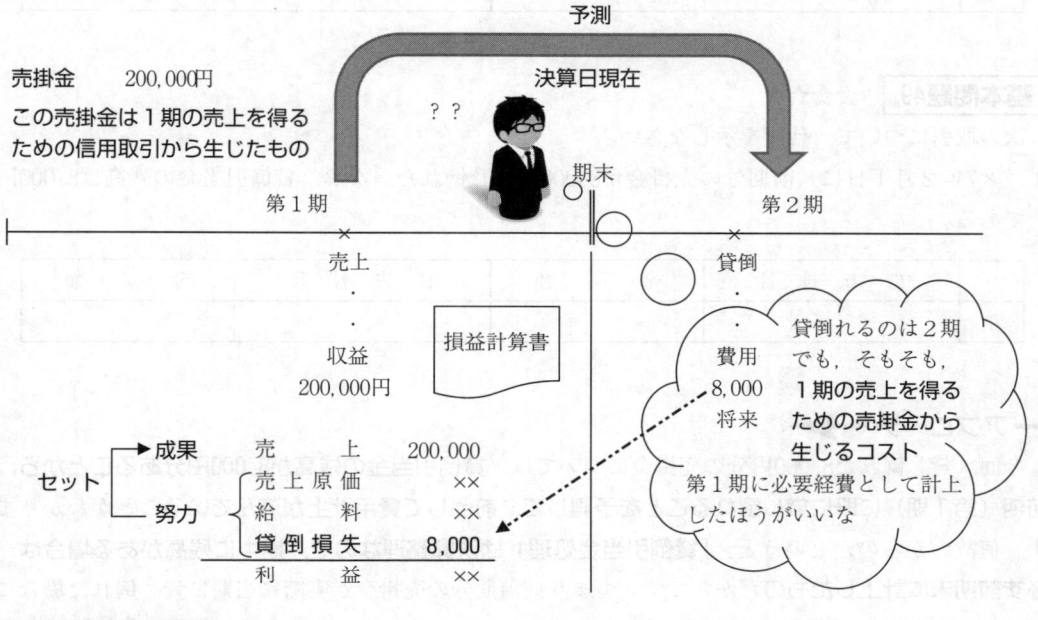

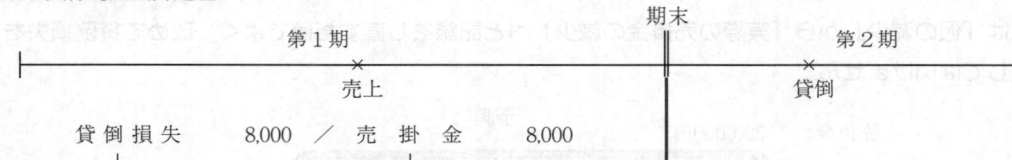

売掛金　200,000円
この売掛金は1期の売上を得る
ための信用取引から生じたもの

決算日現在　　予測

　　　　　第1期　　　期末　　　第2期
──────────×───────┼───────×──────
　　　　売上　　　　　　　　　　　貸倒

　　　　・
　　　　・　　　損益計算書
　　　収益　　　　　　　　　　　・
　　　200,000円　　　　　　　　費用
　　　　　　　　　　　　　　　　8,000
　　　　　　　　　　　　　　　　将来

　　　┌→成果　　売　　上　　200,000
セット│　　　　┌売上原価　　　××
　　　└→努力　│給　　料　　　××
　　　　　　　│貸倒損失　　　8,000
　　　　　　　　利　　益　　　××

貸倒れるのは2期でも，そもそも，1期の売上を得るための売掛金から生じるコスト
第1期に必要経費として計上したほうがいいな

＜具体的な会計処理＞

　　　　　　　　　　　　　　　　期末
　　　　　第1期　　　　　　　　　　　第2期
──────────×───────┼───────×──────
　　　　　売上　　　　　　　　　　　貸倒

　　貸倒損失　8,000　／　売掛金　8,000
　　　実際には貸し倒れていない　まだ実際にはなくなっていない
　　　　　×　　　　　　　　　×
まだ可能性が高いだけなので，このような記録は使えないため注意。
このような場合には「引当金処理」を使います。

【引当金処理】　決算整理のひとつ
将来の費用を当期に前倒しで費用計上する処理

　　貸倒引当金繰入　8,000　／　貸倒引当金　8,000
　　　将来の費用　　　　　　　資産の仮の減少

＜損益計算書＞
　　　┌→成果　　売　　上　　200,000
セット│　　　　┌売上原価　　　××
　　　└→努力　│給　　料　　　××
　　　　　　　│貸倒引当金繰入　8,000
　　　　　　　　利　　益　　　××

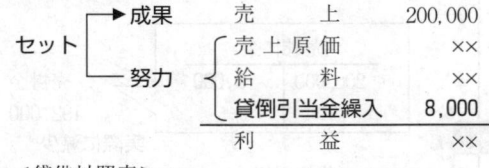

＜貸借対照表＞

現　金	××	負　債
・		
売掛金　　200,000		純資産
貸倒引当金　△8,000		

実質 192,000

売掛金が減る可能性が高いことを表している

129

解答

1	貸倒引当金繰入	8,000	貸倒引当金	8,000

基本問題49 ☆☆☆☆

次の取引について，仕訳を示しなさい。

1　×7年2月1日に，前期分の売掛金が8,000円貸し倒れた。なお，貸倒引当金の残高は8,000円である。

	借方科目	金額	貸方科目	金額
1				

―アプローチ―

今回，貸し倒れた8,000円分の売掛金については，貸倒引当金の残高が8,000円分あることから，前期（第1期）に既に貸し倒れることを予測して，前倒しで費用計上が済んでいることがわかります。何故わかるのかというと，「貸倒引当金処理」は決算整理なので，期中に残高がある場合は，必ず前期末に計上したものだからです。つまり，前期分の売掛金が実際に当期に貸し倒れた場合には，8,000円分までは既に前期で費用計上が済んでいると読み取れますので，実際に貸し倒れた当期には「仮の減少」から「実際の売掛金の減少」へと記録をし直すだけでよく，改めて貸倒損失を計上してはいけません。

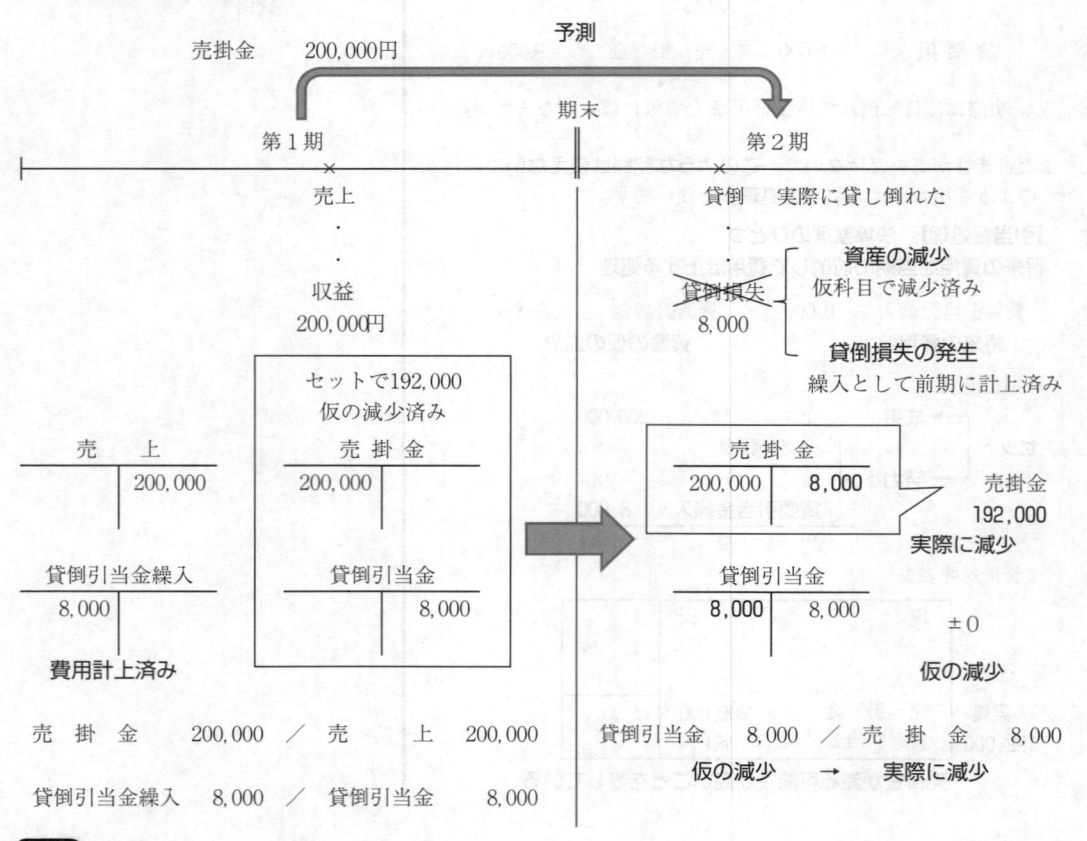

売掛金　200,000円　　　予測
第1期　　　　期末　　　第2期
売上　　　　　　　　　貸倒　実際に貸し倒れた
　　　　　　　　　　　　　　資産の減少
収益　　　　　　　　　貸倒損失　仮科目で減少済み
200,000円　　　　　　　8,000
　　　　　　　　　　　　　　貸倒損失の発生
セットで192,000　　　　　　繰入として前期に計上済み
仮の減少済み

売上		売掛金	
	200,000	200,000	

貸倒引当金繰入		貸倒引当金	
8,000			8,000

費用計上済み

売掛金	
200,000	8,000

売掛金 192,000 実際に減少

貸倒引当金	
8,000	8,000

±0　仮の減少

売　掛　金　200,000　／　売　上　200,000

貸倒引当金繰入　8,000　／　貸倒引当金　8,000

貸倒引当金　8,000　／　売　掛　金　8,000
仮の減少　→　実際に減少

なお，前期の貸倒引当金は，「前期分の売掛金」の減少に備えたものです。当期に発生した売掛金が貸し倒れた場合には，用途が違い，使用することはできないので，注意が必要です。**当期に発生した売掛金が貸し倒れた場合には，貸倒引当金の残高とは関係なく「貸倒損失」の計上が必要に**なります。

解答

| 1 | 貸 倒 引 当 金 | 8,000 | 売 掛 金 | 8,000 |

基本問題50　☆☆☆☆☆

次の一連の取引について，仕訳を示しなさい。

1　×7年2月1日に，前期分の売掛金が6,000円貸し倒れた。なお，貸倒引当金の残高は8,000円である。

2　決算日（×7年12月31日）において，売掛金の期末残高が150,000円であった。この150,000円に対して4％の貸倒引当金を，差額補充法により設定する。

	借方科目	金　額	貸方科目	金　額
1				
2				

──アプローチ──▶

```
           予測          実際         予測
    売掛金 200,000円          売掛金 150,000円
       ┌─────┐        ┌─────┐
       │     ▼        │     ▼
   第1期     第2期              期末   第3期
─────────┼─────────────────┼────────
         ×                         ×
```

```
              貸倒
 貸倒引当金繰入   8,000円分まで費用
   8,000       計上が済んでいる
  費用計上
   貸倒引当金            売 掛 金
        8,000    200,000 │  6,000
                      予定より貸し倒れなかった

                      貸倒引当金
                        6,000 │  8,000
         差額補充法          残高2,000
                           （前期の余り）
 <当期決算整理>
 売掛金150,000円の4％になるように，
 **差額分だけ引当金を追加計上**する

 貸倒引当金繰入　4,000 ／ 貸倒引当金　4,000

              貸倒引当金
     当期使用  6,000 │ 8,000  前期残
                     │ 4,000  追加計上
```

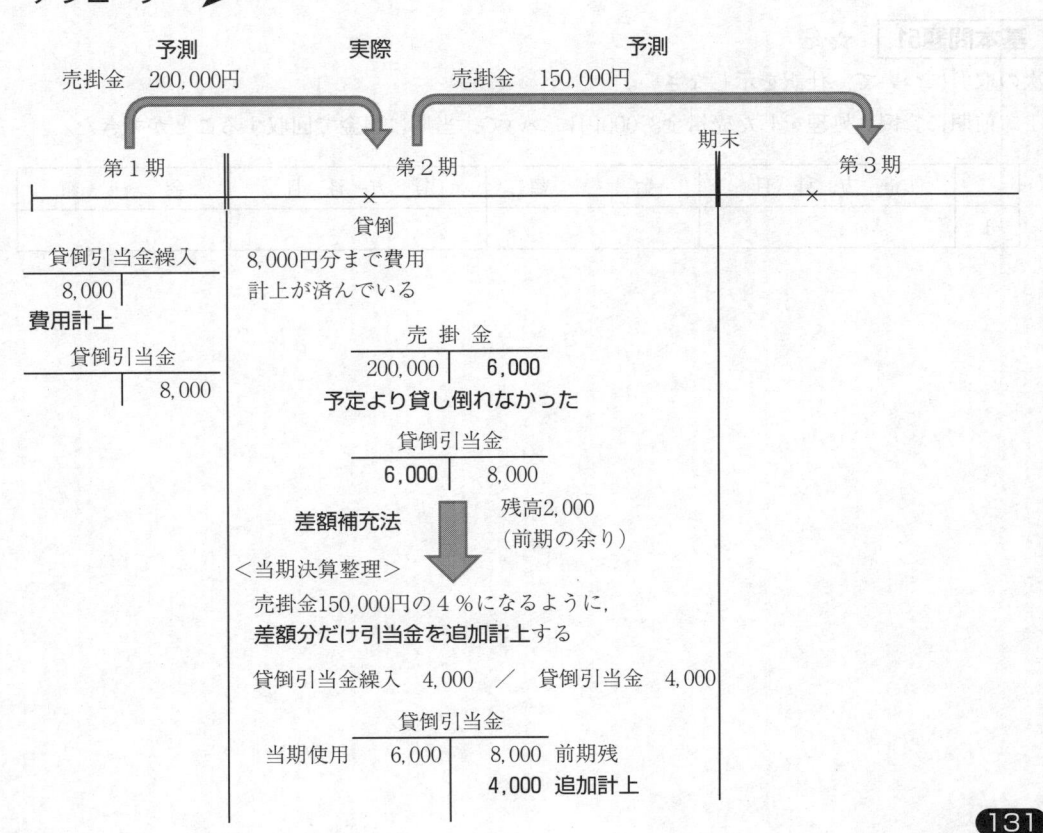

今回，貸し倒れた6,000円分の売掛金については，**貸倒引当金の残高が8,000円分あることから，**前期（第1期）に既に貸し倒れることを予測して，前倒しで費用計上が済んでいることがわかります。そのため，実際に貸し倒れた当期には「仮の減少」から「実際の売掛金の減少」へと記録をし直すだけでよく，改めて貸倒損失を計上してはいけません。

また，当期の期末においては，次期の貸倒れに備えて貸倒引当金を設定することになります。今回は，売掛金の期末残高が150,000円であり，そのうち4％が貸し倒れそうだと考えていますので，6,000円分の貸倒引当金の設定が必要となります。ただし，**前期の貸倒引当金が2,000円分余っていますので，当期の期末では足りない4,000円分だけを追加で計上する**こととなります。このように，差額のみを計上する方法を「**差額補充法**」といいます。

＜貸倒引当金の会計処理の流れ＞

| 決算整理：引当金設定→次期に実際に貸し倒れ→決算整理：不足分の引当金設定→次期・・・ |

このような流れで貸倒引当金は増減していますので，実際の検定問題では，どの時点のことを問われているのかを注意深く読み取るようにして下さい。「**貸倒引当金の設定は期末の決算整理**」ということだけは，絶対に忘れないように注意しましょう。

解答

| 1 | 貸 倒 引 当 金 | 6,000 | 売　　掛　　金 | 6,000 |
| 2 | 貸 倒 引 当 金 繰 入 | 4,000 | 貸 倒 引 当 金 | 4,000 |

基本問題51　☆☆

次の取引について，仕訳を示しなさい。

1　前期に貸倒れ処理をした売掛金8,000円について，当期に現金で回収することができた。

	借方科目	金　　額	貸方科目	金　　額
1				

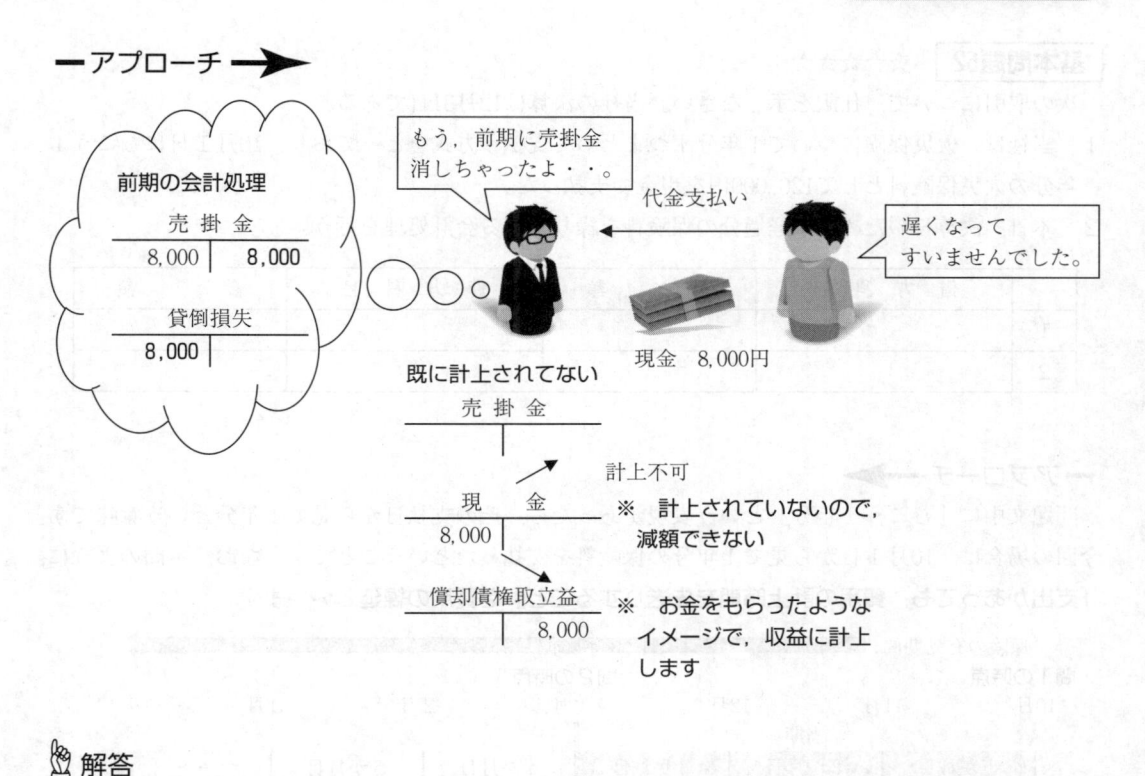

→アプローチ→

【前期の会計処理】

売　掛　金
| 8,000 | 8,000 |

貸倒損失
| 8,000 | |

もう，前期に売掛金消しちゃったよ・・。

代金支払い

遅くなってすいませんでした。

現金　8,000円

既に計上されてない

売　掛　金

計上不可　※　計上されていないので，減額できない

現　　金
| 8,000 | |

償却債権取立益
| | 8,000 |

※　お金をもらったようなイメージで，収益に計上します

☞解答

| 1 | 現　　　　　金 | 8,000 | 償却債権取立益 | 8,000 |

1-6　収益・費用の繰延・見越しに関する会計処理

　今までの学習からわかるとおり，収益・費用を損益計算書に計上するタイミングと，収入・支出という現金の動きのタイミングは異なります。たとえば，商品を仕入れても売れなければ売上原価として損益計算書に計上しませんし，営業に使用する車を購入しても，使った分しか減価償却費として計上しませんでした。ここでは，保険料や家賃，利息などについて，お金の支払い時期と費用計上の時期の違いおよびお金の入金時期と収益計上の時期の違いについて学習します。

お金を払っても費用にならないケース

仕　入　××　／　現　金　××
建　物　××　／　現　金　××

売れてなくなった分
使ってなくなった分

損益計算書
費　用	収　益
使った価値の額	生み出した価値の額
利　益	

お金を払ってなくても費用になるケース

仕　入　××　／　買掛金　××
建　物　××　／　未払金　××

使った分はそれぞれ
売上原価
減価償却費として費用計上

未使用分─繰越商品／車両

貸借対照表
資　産	負　債
モ　ノ	支払い義務
権　利	純資産

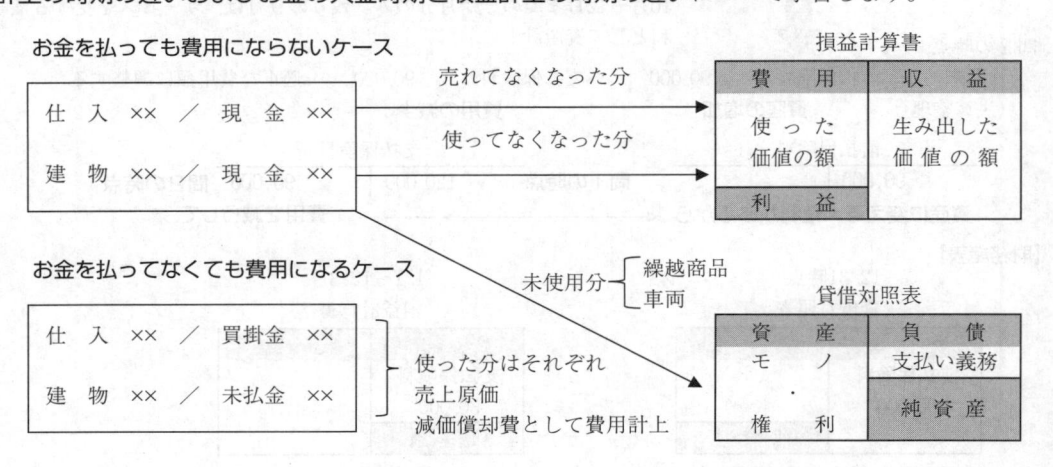

133

基本問題52 ☆☆☆☆☆

次の取引について，仕訳を示しなさい。当社の決算は12月31日である。
1. 当社は，火災保険について1年分ずつまとめて支払う方式をとっており，10月1日にむこう1年分の火災保険料として120,000円を現金で支払った。
2. 本日，決算日のため，未経過分の保険料を繰り延べる会計処理を行う。

	借方科目	金額	貸方科目	金額
1				
2				

ーアプローチー

問題文中に「むこう1年分」という表現があったら，その支払日から見て1年分という意味です。今回の場合は，10月1日から見て1年分の保険料を支払ったということです。なお，本問のように，「**支出があっても，費用の計上時期を先送りすること**」を費用の繰延といいます。

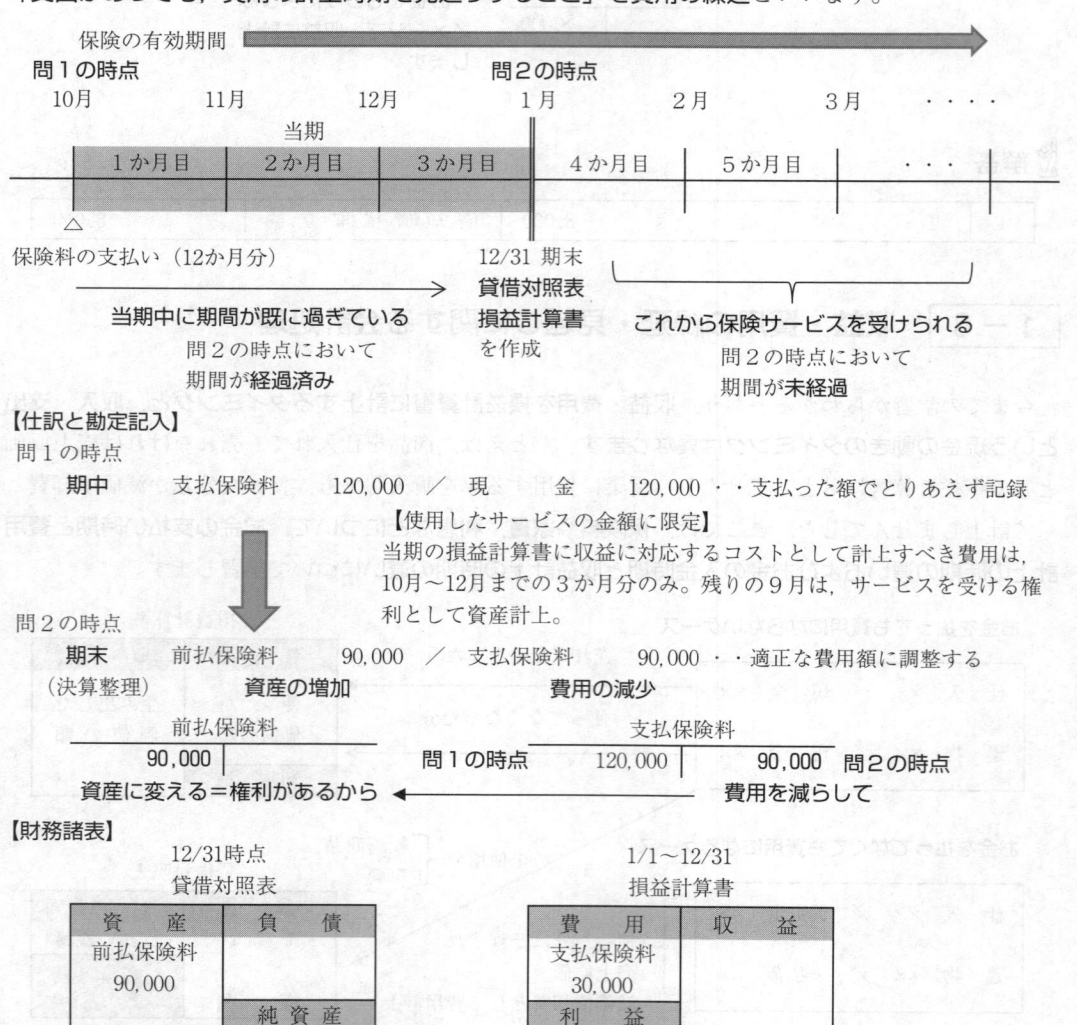

保険の有効期間
問1の時点　　　　　　　　　　　問2の時点
10月　11月　12月　1月　2月　3月　・・・
　　　当期
1か月目　2か月目　3か月目　4か月目　5か月目　・・・
△
保険料の支払い（12か月分）　　　　12/31 期末
　　　　　　　　　　　　　　　　貸借対照表
当期中に期間が既に過ぎている　　損益計算書
　問2の時点において　　　　　　を作成
　期間が経過済み

これから保険サービスを受けられる
　問2の時点において
　期間が未経過

【仕訳と勘定記入】

問1の時点
期中　　支払保険料　120,000　／　現　金　120,000　・・支払った額でとりあえず記録

【使用したサービスの金額に限定】
当期の損益計算書に収益に対応するコストとして計上すべき費用は，10月〜12月までの3か月分のみ。残りの9月は，サービスを受ける権利として資産計上。

問2の時点
期末　　前払保険料　90,000　／　支払保険料　90,000　・・適正な費用額に調整する
（決算整理）　**資産の増加**　　　　　　　　**費用の減少**

前払保険料　　　　　　　　　　支払保険料
90,000　|　　　　　問1の時点　120,000　|　90,000　問2の時点
資産に変える＝権利があるから ←　　　　　　　　　**費用を減らして**

【財務諸表】

12/31時点　　　　　　　　　　1/1〜12/31
貸借対照表　　　　　　　　　　損益計算書

資　産	負　債
前払保険料 90,000	
	純資産

費　用	収　益
支払保険料 30,000	
利　益	

1月以降の保険を受ける権利　　　当期分の保険料のみ

解答

1	支 払 保 険 料	120,000	現　　　　　金	120,000
2	前 払 保 険 料	90,000	支 払 保 険 料	90,000

基本問題53 ☆☆☆☆☆

次の取引について、仕訳を示しなさい。当社の決算は12月31日である。

1. 当社は、空いている倉庫を他社に賃貸しており、家賃を1年分ずつまとめて受け取る方式をとっている。10月1日にむこう1年分の家賃として120,000円を現金で受け取った。
2. 本日、決算日のため、未経過分の家賃を繰り延べる会計処理を行う。

	借方科目	金　額	貸方科目	金　額
1				
2				

━ アプローチ ➡

本問のように、「収入が当期にあっても、収益の計上時期を先送りすること」を収益の繰延といいます。

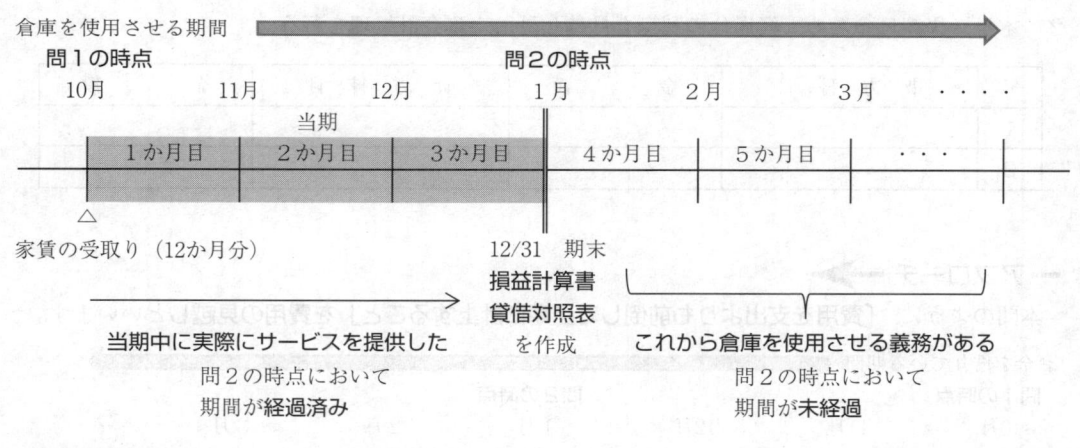

倉庫を使用させる期間
　問1の時点　　　　　　　　　　問2の時点
　10月　　11月　　12月　｜　1月　　2月　　3月　・・・
　　　　　当期
　1か月目　2か月目　3か月目　｜　4か月目　5か月目　・・・

家賃の受取り（12か月分）　　　12/31 期末
　　　　　　　　　　　　　　損益計算書
　　　　　　　　　　　　　　貸借対照表
　　　　　　　　　　　　　　を作成

当期中に実際にサービスを提供した　　　　これから倉庫を使用させる義務がある
　　　問2の時点において　　　　　　　　　　　問2の時点において
　　　　期間が**経過済み**　　　　　　　　　　　　期間が**未経過**

【仕訳と勘定記入】

問1の時点

　期中　現　　金　120,000 ／ 受 取 家 賃　120,000　・・受け取った額でとりあえず記録

【実際に提供したサービスの金額に限定】
当期の損益計算書に収益として計上すべき金額は、実際にサービスを提供した10月〜12月までの3か月分のみ。残りの9月は、サービスを提供する義務として負債計上。

問2の時点

　期末　受 取 家 賃　90,000 ／ 前 受 家 賃　90,000　・・適正な収益額に調整する
（決算整理）　　収益の減少　　　　　　　負債の増加

　　　　前受家賃　　　　　　　　　　受取家賃
　　　　｜ 90,000　　問2の時点　　90,000 ｜ 120,000　問1の時点
負債に変える＝義務があるから　←　収益を減らして

【財務諸表】

12/31時点
貸借対照表

資　産	負　債
	前受家賃 90,000
	純資産

1月以降のサービスを提供する義務

1/1～12/31
損益計算書

費　用	収　益
	受取家賃 30,000
利　益	

当期分の家賃のみ

解答

1	現　　　　金	120,000	受　取　家　賃	120,000
2	受　取　家　賃	90,000	前　受　家　賃	90,000

基本問題54　☆☆☆☆☆

次の取引について，仕訳を示しなさい。当社の決算は12月31日である。

1　当社は10月1日に三室銀行より現金1,000,000円を借り入れ，当座預金に入金を受けた。なお，この当社は借入期間1年，年間の利率12％で利息は元本返済時に元本と合わせて返済する約束で借入を行った。

2　本日，決算日のため，経過分の利息を見越し計上する会計処理を行う。

	借　方　科　目	金　　　額	貸　方　科　目	金　　　額
1				
2				

──アプローチ──▶

本問のように，「費用を支出よりも前倒しで当期に計上すること」を費用の見越しといいます。

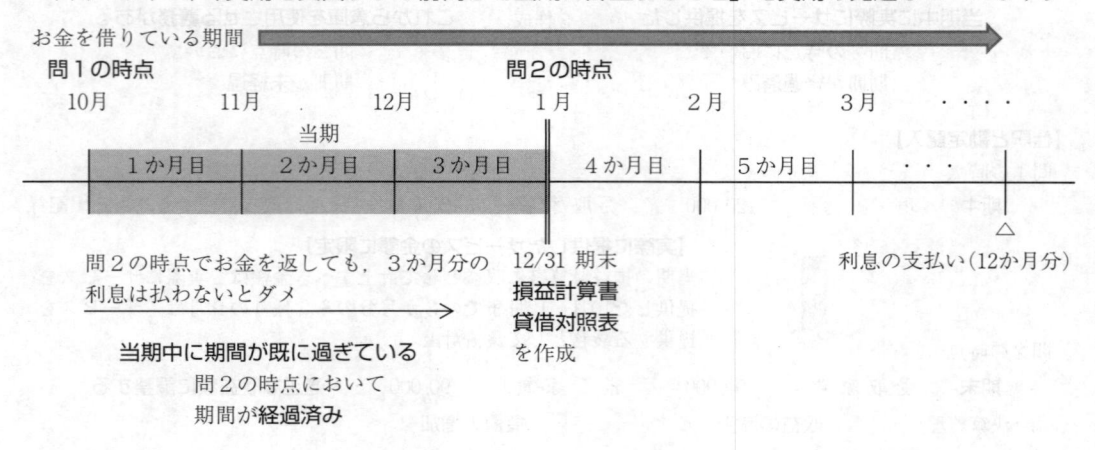

お金を借りている期間

問1の時点　　　　　　　　　　　　問2の時点
10月　　11月　　12月　　1月　　2月　　3月　・・・

当期

| 1か月目 | 2か月目 | 3か月目 | 4か月目 | 5か月目 | ・・・ |

問2の時点でお金を返しても，3か月分の利息は払わないとダメ

12/31 期末
損益計算書
貸借対照表
を作成

利息の支払い（12か月分）

当期中に期間が既に過ぎている
問2の時点において
期間が経過済み

【仕訳と勘定記入】
問1の時点
　　期中　　　当座預金　1,000,000　／　借入金　1,000,000
　　　　　　借入に伴う利息の記録は期中には何も生じない　・・支払いがないため

【使用したサービスの金額に調整】
当期の損益計算書に収益に対応するコストとして計上すべき費用は，10月〜12月までの3か月分です。支払っているか，いないかは関係ない。（計上すべき額：1,000,000円×12%÷12×3か月＝30,000円）

問2の時点
　　期末　　　支払利息　30,000　／　未払利息　30,000　・・適正な費用額に調整する
　（決算整理）　費用の増加　　　　　　　　負債の増加

未払利息	
	30,000

支払利息	
問1の時点　記録なし	
問2の時点　30,000	

負債も増やす＝義務があるから　←　費用を増やして

【財務諸表】

12/31時点
貸借対照表

資　産	負　債
	未払利息 30,000
	純資産

経過分の利息を払う義務

1/1〜12/31
損益計算書

費　用	収　益
支払利息 30,000	
利　益	

当期分の利息を計上

解答

| 1 | 当　座　預　金 | 1,000,000 | 借　入　金 | 1,000,000 |
| 2 | 支　払　利　息 | 30,000 | 未　払　利　息 | 30,000 |

基本問題55　☆☆☆☆☆

次の取引について，仕訳を示しなさい。当社の決算は12月31日である。

1　当社は，10月1日に浦和商店に現金1,000,000円を貸し付けた。なお，貸付期間1年，年間の利率12%で，利息は元本返済時に元本と合わせて受け取る約束で貸付を行った。

2　本日，決算日のため，経過分の利息を見越し計上する会計処理を行う。

	借　方　科　目	金　　　額	貸　方　科　目	金　　　額
1				
2				

━アプローチ ━▶

本問のように,「収益を収入よりも前倒しで当期に計上すること」を収益の見越しといいます。

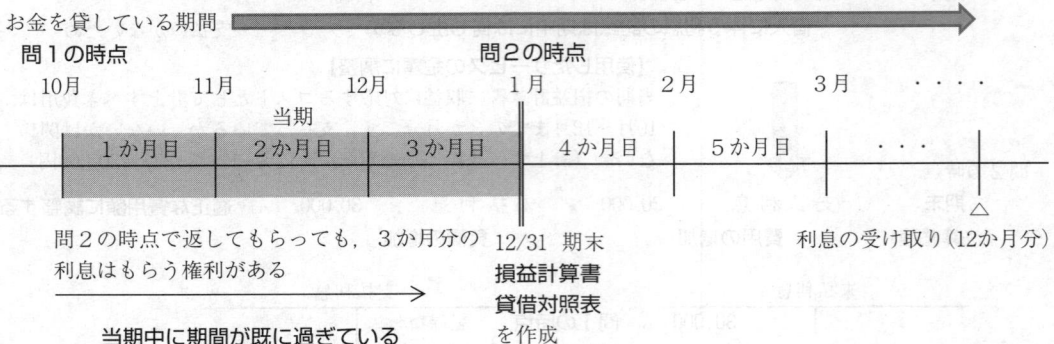

お金を貸している期間 ────────────────────▶

問1の時点			問2の時点			
10月	11月	12月	1月	2月	3月	・・・
	当期					
1か月目	2か月目	3か月目	4か月目	5か月目	・・・	

問2の時点で返してもらっても,3か月分の利息はもらう権利がある

当期中に期間が既に過ぎている
問2の時点において期間が経過済み

12/31 期末
損益計算書
貸借対照表
を作成

利息の受け取り(12か月分)

【仕訳と勘定記入】

問1の時点

期中　　貸　付　金　1,000,000　／　現　　　金　1,000,000

　　　　貸付に伴う利息の記録は期中には何も生じない　・・収入がないため

【実際に提供したサービスの金額に限定】
当期の損益計算書に収益として計上すべき金額は,実際にサービスを提供した10月～12月までの3か月分のみ。実際に入金があったかどうかは関係ない。
（計上すべき額：1,000,000円×12%÷12×3か月＝30,000円）

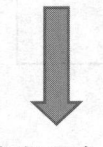

問2の時点

期末　　未　収　利　息　30,000　／　受　取　利　息　30,000　・・適正な収益額に調整する
（決算整理）　　資産の増加　　　　　　　　　収益の増加

未収利息		受取利息	
30,000			記録なし　問1の時点
			30,000　問2の時点

資産も増やす＝権利があるから　　　　　　　　収益を増やして

【財務諸表】

12/31時点
貸借対照表

資　産	負　債
未収利息	
30,000	
	純資産

1/1～12/31
損益計算書

費　用	収　益
	受取利息
	30,000
利　益	

当期分の利息を計上

☞ **解答**

1	貸　付　金	1,000,000	現　　　金	1,000,000
2	未　収　利　息	30,000	受　取　利　息	30,000

基本問題56 ☆☆☆☆☆

次の取引について仕訳を示しなさい。なお，それぞれが独立しており，問題相互間に関連はない。

1　1月1日，期首となったため，再振替仕訳を行う。なお，当社は前期末に保険料のうち前払分90,000円を繰り延べている。

2　1月1日，期首となったため，再振替仕訳を行う。なお，当社は前期末に家賃の受取り分のうち，前受に該当する分90,000円を繰り延べている。

3　1月1日，期首となったため，再振替仕訳を行う。なお，当社は前期末に未払利息として30,000円を見越し計上している。

4　1月1日，期首となったため，再振替仕訳を行う。なお，当社は前期末に未収利息として30,000円を見越し計上している。

	借方科目	金　額	貸方科目	金　額
1				
2				
3				
4				

━アプローチ━

前期の決算において見越し・繰延処理した収益・費用は，次期の期首において「前期の仕訳と貸借を逆にした仕訳」を行います。これを「再振替仕訳」といいます。これは「前期に収益・費用から除外したものは，当期の収益・費用に加え，前期に前倒しで収益・費用に加えたものは，当期の収益・費用から除外する」ために行う会計処理です。問題を通じて考え方を理解していきましょう。

問1

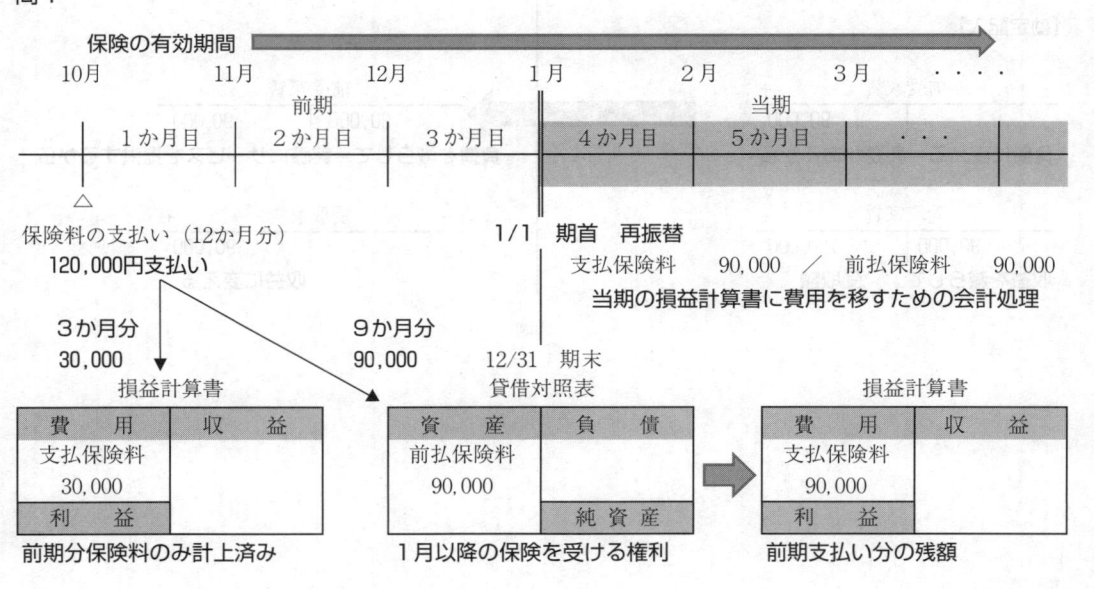

【勘定記入】

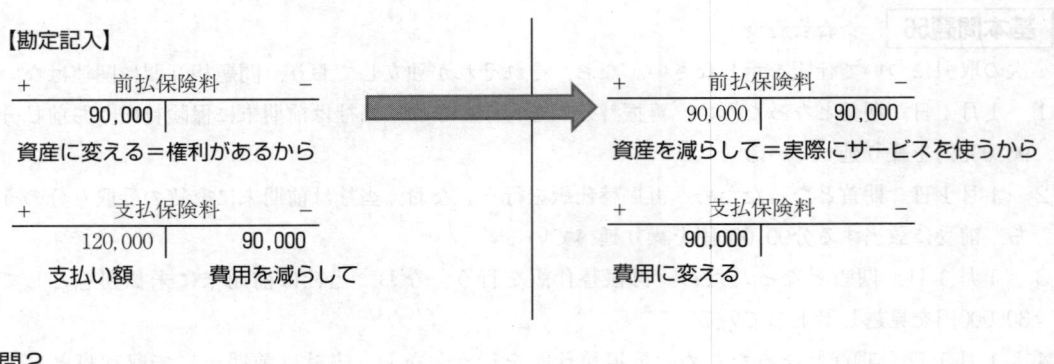

+ 前払保険料 −
90,000

資産に変える＝権利があるから

+ 前払保険料 −
90,000	90,000

資産を減らして＝実際にサービスを使うから

+ 支払保険料 −
120,000	90,000

支払い額　費用を減らして

+ 支払保険料 −
90,000	

費用に変える

問2

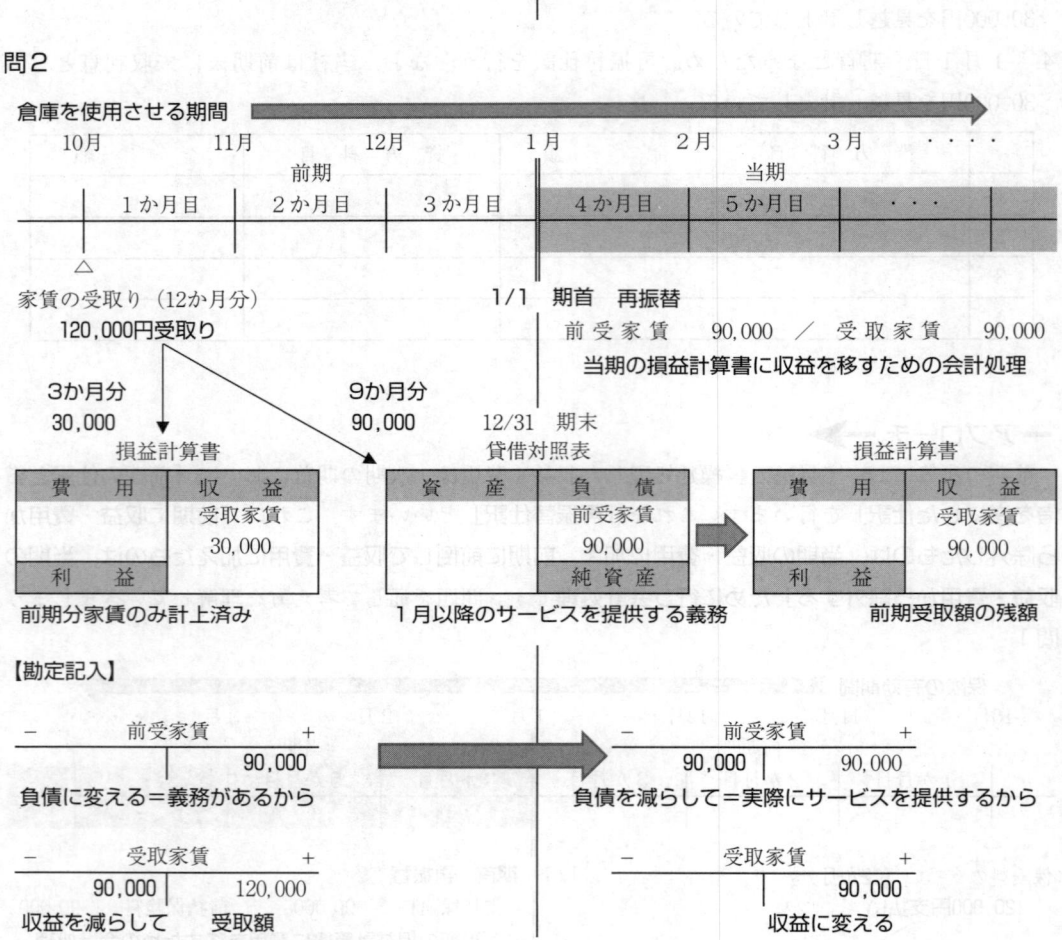

倉庫を使用させる期間
10月　11月　12月　1月　2月　3月　・・・

前期｜当期
1か月目｜2か月目｜3か月目｜4か月目｜5か月目｜・・・

家賃の受取り（12か月分）
120,000円受取り

1/1　期首　再振替
　　前受家賃　90,000　／　受取家賃　90,000
　　当期の損益計算書に収益を移すための会計処理

3か月分　　　9か月分
30,000　　　90,000

12/31　期末

損益計算書

費用	収益
	受取家賃
	30,000
利益	

前期分家賃のみ計上済み

貸借対照表

資産	負債
	前受家賃
	90,000
	純資産

1月以降のサービスを提供する義務

損益計算書

費用	収益
	受取家賃
	90,000
利益	

前期受取額の残額

【勘定記入】

− 前受家賃 +
90,000

負債に変える＝義務があるから

− 前受家賃 +
90,000	90,000

負債を減らして＝実際にサービスを提供するから

− 受取家賃 +
90,000	120,000

収益を減らして　受取額

− 受取家賃 +
	90,000

収益に変える

決算整理をマスターする

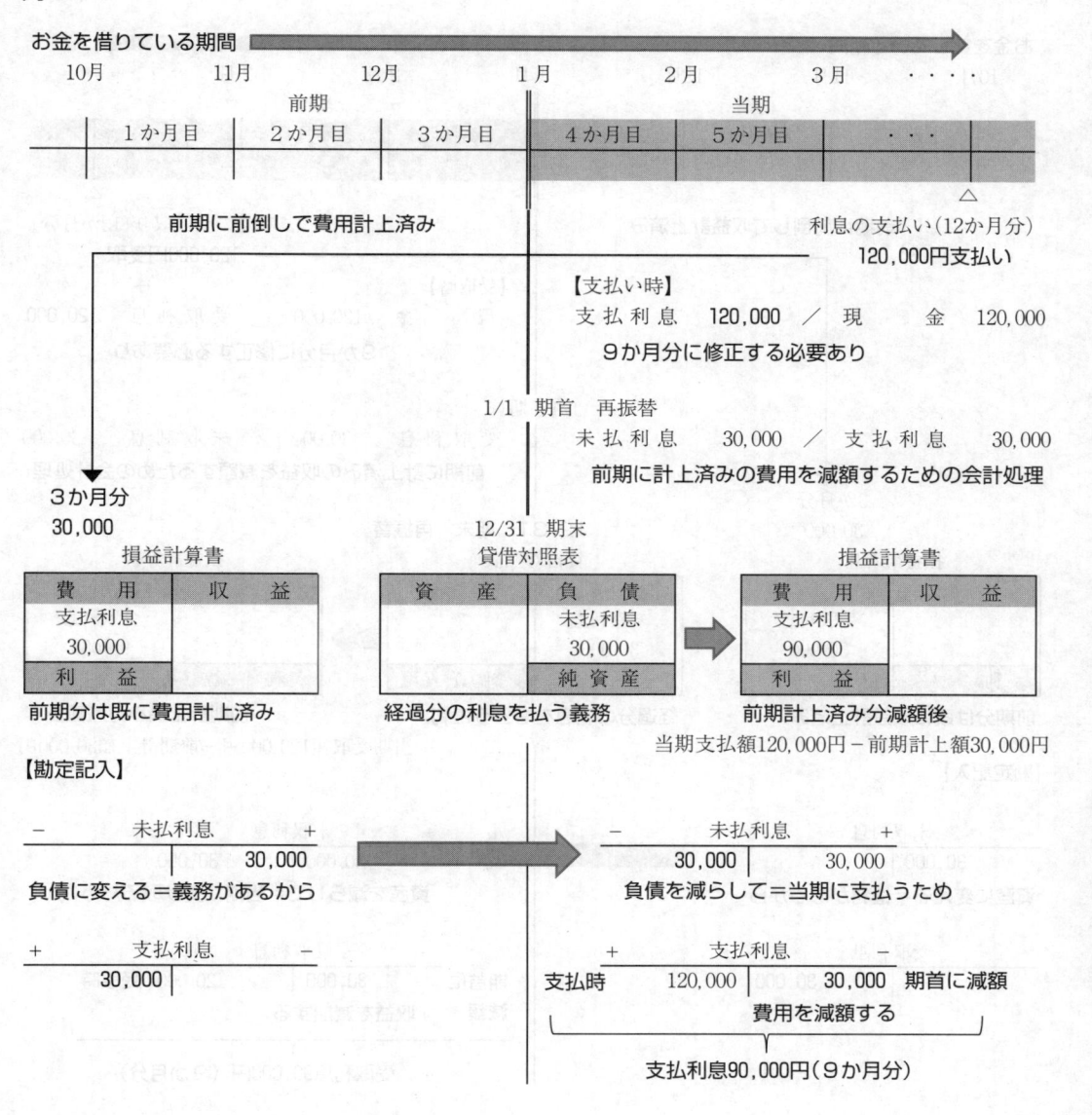

問3

お金を借りている期間

	10月	11月	12月	1月	2月	3月	・・・
	前期			当期			
	1か月目	2か月目	3か月目	4か月目	5か月目	・・・	

前期に前倒しで費用計上済み　　　　　　　　　　　　利息の支払い（12か月分）
　　　　　　　　　　　　　　　　　　　　　　　　　120,000円支払い

【支払い時】
支払利息　120,000　／　現　金　120,000
9か月分に修正する必要あり

1/1　期首　再振替
未払利息　30,000　／　支払利息　30,000
前期に計上済みの費用を減額するための会計処理

3か月分
30,000

損益計算書　　　　　　　　　　12/31　期末　貸借対照表　　　　　　　　　　損益計算書

費　用	収　益
支払利息 30,000	
利　益	

資　産	負　債
	未払利息 30,000
	純資産

費　用	収　益
支払利息 90,000	
利　益	

前期分は既に費用計上済み　　経過分の利息を払う義務　　前期計上済み分減額後
　　　　　　　　　　　　　　　　　　　　　　　　　当期支払額120,000円 − 前期計上額30,000円

【勘定記入】

```
　−　　　未払利息　　　＋              　−　　　未払利息　　　＋
　　　　　　　　　　　30,000                    30,000 │ 30,000
```
負債に変える＝義務があるから　　　　　　　　　負債を減らして＝当期に支払うため

```
　＋　　　支払利息　　　−              　＋　　　支払利息　　　−
　　　　30,000 │                     支払時 120,000 │ 30,000   期首に減額
```
　　　　　　　　　　　　　　　　　　　　　　　　　　　費用を減額する

支払利息90,000円（9か月分）

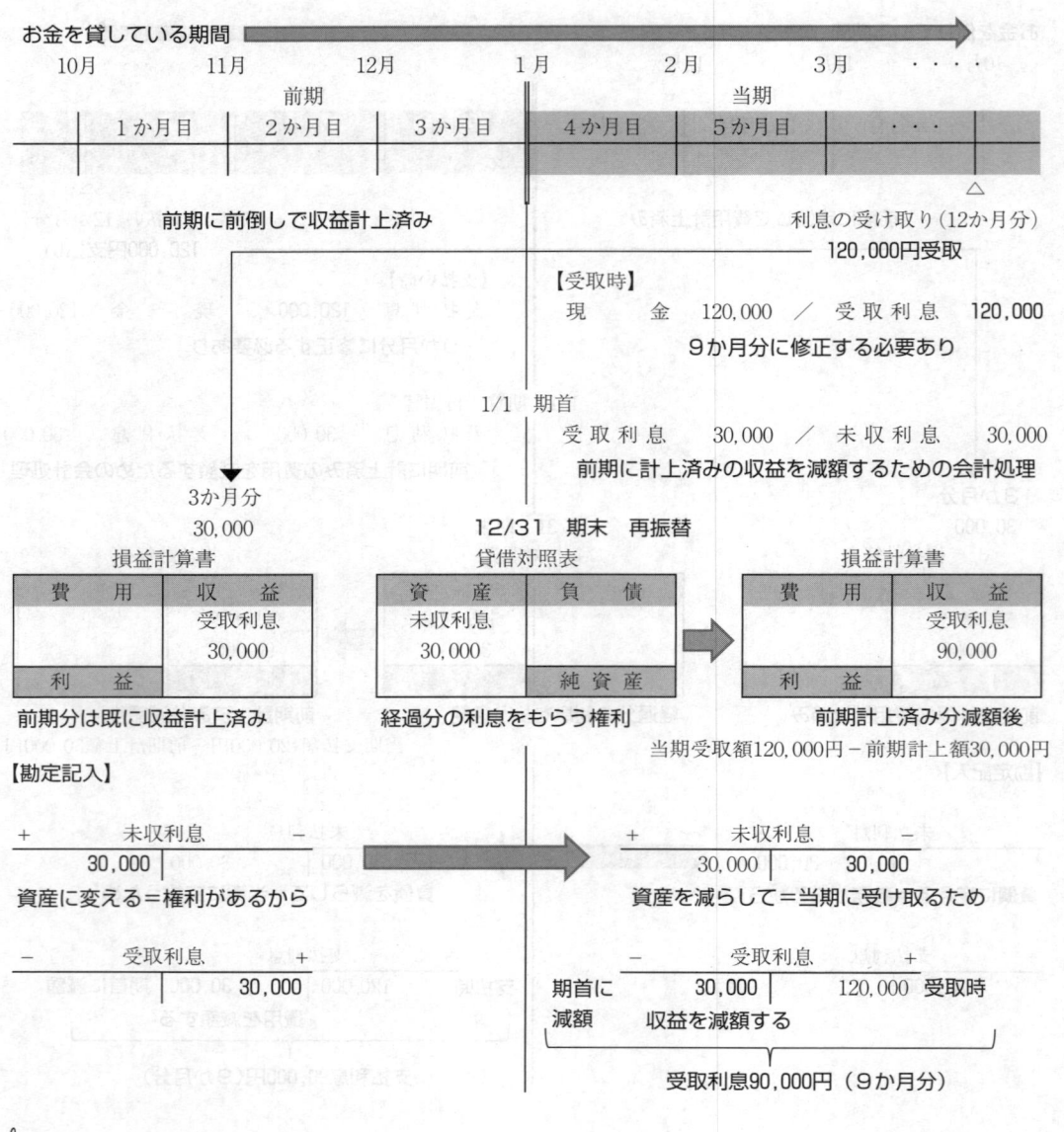

問4

お金を貸している期間 →

	10月	11月	12月	1月	2月	3月	・・・
	前期			当期			
	1か月目	2か月目	3か月目	4か月目	5か月目	・・・	

前期に前倒しで収益計上済み　　　　　　　　　　　利息の受け取り（12か月分）
120,000円受取

【受取時】
現　金　120,000　／　受取利息　120,000
9か月分に修正する必要あり

1/1　期首
受取利息　30,000　／　未収利息　30,000
前期に計上済みの収益を減額するための会計処理

3か月分
30,000

損益計算書
費　用	収　益
	受取利息 30,000
利　益	

前期分は既に収益計上済み

12/31　期末　再振替

貸借対照表
資　産	負　債
未収利息 30,000	
	純資産

経過分の利息をもらう権利

損益計算書
費　用	収　益
	受取利息 90,000
利　益	

前期計上済み分減額後
当期受取額120,000円－前期計上額30,000円

【勘定記入】

```
＋    未収利息    －
    30,000
```
資産に変える＝権利があるから

```
＋    未収利息    －
    30,000  |  30,000
```
資産を減らして＝当期に受け取るため

```
－    受取利息    ＋
              30,000
```

```
－    受取利息    ＋
期首に  30,000  |  120,000  受取時
減額   収益を減額する
```

受取利息90,000円（9か月分）

👉解答

1	支　払　保　険　料	90,000	前　払　保　険　料	90,000
2	前　受　家　賃	90,000	受　取　家　賃	90,000
3	未　払　利　息	30,000	支　払　利　息	30,000
4	受　取　利　息	30,000	未　収　利　息	30,000

1-7 決算振替と帳簿の締切り

ここまで、決算整理について学習してきました。期中の記録を決算整理で修正すると、貸借対照表や損益計算書を作成する基礎データが完全に揃った状態になります。そのため、決算整理が終わったら、帳簿の上（つまり勘定の状態）で仮の損益計算書のような形で当期の純利益を計算し、その後、これ以上は当期に追加記入がないことを表すため、勘定の締切りを行います。

【決済振替記入の全体的な流れ】
1 費用勘定と収益勘定の損益勘定への振替え

＜損益計算書項目＞

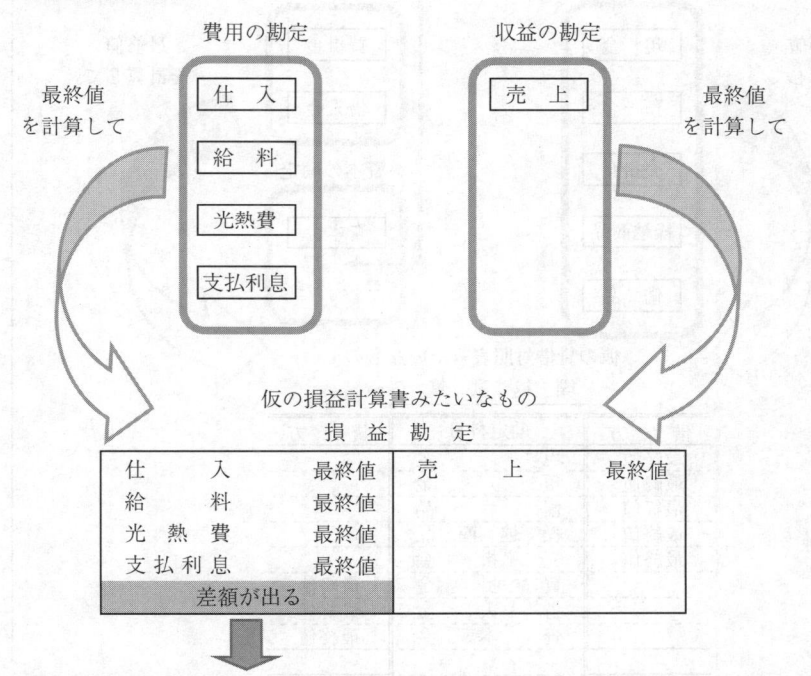

費用の勘定：仕入、給料、光熱費、支払利息
収益の勘定：売上

最終値を計算して

仮の損益計算書みたいなもの
損益勘定

仕 入	最終値	売 上	最終値
給 料	最終値		
光 熱 費	最終値		
支 払 利 息	最終値		
差額が出る			

この**差額は当期の純利益**を表しています。損益勘定は仮の損益計算書のようなものなので、まずこの差額を計算します。この差額が損益勘定の最終値です。

利益が出たということは、企業や店を運営する元手が増えた、つまり資本金が増えたと考えることができます。そのため、**純利益は資本金勘定に振り替えていきます**。

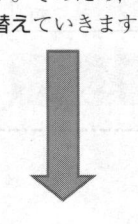

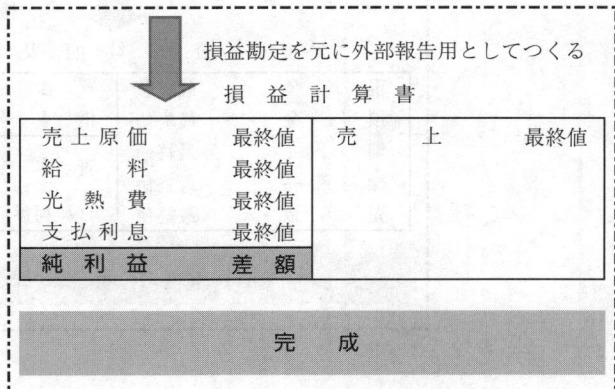

損益勘定を元に外部報告用としてつくる
損益計算書

売上原価	最終値	売 上	最終値
給 料	最終値		
光 熱 費	最終値		
支 払 利 息	最終値		
純 利 益	差 額		

完 成

2 純利益の算定と資本金勘定への振替え

損益勘定

仕　　　入	最終値	売　　　上	最終値
給　　　料	最終値		
光　熱　費	最終値		
支払利息	最終値		
資　本　金	差額		

今期の利益による
資本金の増加量を計算

損益勘定完成

3 繰越試算表の作成

＜貸借対照表項目＞

資産の勘定
- 現金
- 預金
- 売掛金
- 繰越商品
- 備品

負債の勘定
- 買掛金
- 借入金

資本の勘定
- 資本金

最終値を計算して

当期増加分をプラス

仮の貸借対照表みたいなもの

繰越試算表

借　方	勘定科目	貸　方
最終値	現　　　金	
最終値	預　　　金	
最終値	備　　　品	
最終値	繰越商品	
最終値	売　掛　金	
	買　掛　金	最終値
	借　入　金	最終値
	資　本　金	最終値

収益費用の勘定の締め切り→資産負債勘定の締め切りも合わせて行っていきます

繰越試算表を元に外部報告用としてつくる

貸借対照表

現　　　金	最終値	買　掛　金	最終値
預　　　金	最終値	借　入　金	最終値
備　　　品	最終値	資　本　金	最終値
繰越商品	最終値	（純利益）	差　額
売　掛　金	最終値		

貸借対照表完成

基本問題57 ☆☆☆☆☆

次の収益・費用勘定の残高を損益勘定に振り替え，各勘定を締め切りなさい。

+	仕　入	−
現　金	40,000	繰越商品　34,000
買掛金	25,000	

−	売　上	+
		現　金　24,000
		売掛金　21,000

+	給　料	−
現　金	3,000	

+	支払利息	−
現　金	4,000	

+	光熱費	−
預　金	1,000	

	損　益	
（費用項目）		（収益項目）

−	資本金	+
		現　金　100,000

※ ＋−の符号や費用・収益の表示は参考として付けているだけです。実際の試験には記載されていません。

━アプローチ➡

1　収益費用の各勘定の**最終的に損益計算書に記入すべき金額を計算**します。この金額は，各勘定の貸借の差額で計算できます。差額が計算できたら，**貸借の数字が一致するように，その差額を各勘定に記入し，相手は損益と記入**してください。

+	仕　入	−
現　金　40,000	繰越商品　34,000
買掛金　25,000	損　益　31,000
65,000	65,000

−	売　上	+
損　益　45,000	現　金　24,000
	売掛金　21,000
45,000	45,000

+	給　料	−
現　金　3,000	損　益　3,000
3,000	3,000

+	支払利息	−
現　金　4,000	損　益　4,000
4,000	4,000

+	光熱費	−
預　金　1,000	損　益　1,000
1,000	1,000

各勘定の貸借を一致させ，すべての残高を損益勘定に移動しています

【仕　訳】

（費用項目）

損　益　39,000	仕　入　31,000
	給　料　3,000
	光熱費　1,000
	支払利息　4,000

損益勘定へ ← 費用を減額し

（収益項目）

売　上　45,000	損　益　45,000

収益を減額し ⟶ 損益勘定へ

145

2 上記の収益費用勘定の最終値を，それぞれ損益勘定に記入してください。

	損	益	
仕　入	31,000	売　上	45,000
給　料	3,000		
光熱費	1,000		
支払利息	4,000		
（費用項目）		（収益項目）	

また，その際，最終値の差額に差があることが確認できます。この差額が，純利益です。

3 上記の差額に資本金と記入してください。

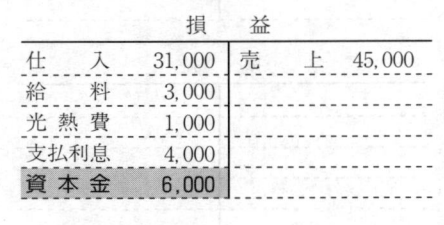

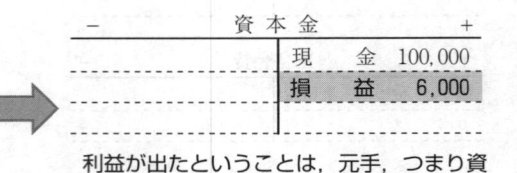

	損	益	
仕　入	31,000	売　上	45,000
給　料	3,000		
光熱費	1,000		
支払利息	4,000		
資本金	6,000		

−	資　本　金	+
	現　金	100,000
	損　益	6,000

利益が出たということは，元手，つまり資本金が増えたと考えることができます。

【仕　訳】
　　損　益　6,000 ／ 資　本　金　6,000
　　　損益勘定を減額し　　　資本金勘定へ

4 最後に勘定を締め切ります。

解答

+	仕	入	−
現　金	40,000	繰越商品	34,000
買掛金	25,000	損　益	31,000
	65,000		65,000

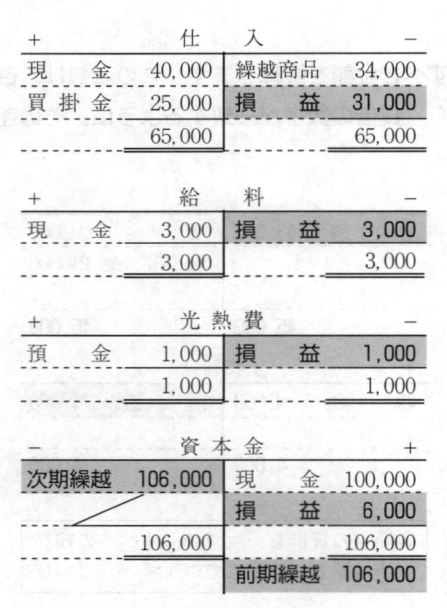

−	売	上	+
損　益	45,000	現　金	24,000
		売掛金	21,000
	45,000		45,000

+	給	料	−
現　金	3,000	損　益	3,000
	3,000		3,000

+	支払利息	−	
現　金	4,000	損　益	4,000
	4,000		4,000

+	光熱費	−	
預　金	1,000	損　益	1,000
	1,000		1,000

	損	益	
仕　入	31,000	売　上	45,000
給　料	3,000		
光熱費	1,000		
支払利息	4,000		
資本金	6,000		
	45,000		45,000

−	資　本　金	+	
次期繰越	106,000	現　金	100,000
		損　益	6,000
	106,000		106,000
		前期繰越	106,000

※　収益・費用勘定と資産・負債・純資産勘定の違い
　収益・費用勘定…………当期に生じた収益・費用の額を集計するための勘定。
　　　　　　　　　　当期終了時にリセットされ，次期に累積していきません。
　資産・負債・純資産勘定……書類作成時点までの合計額を集計するための勘定。
　　　　　　　　　　当期終了時の残高が翌期のスタートの値として累積していきます。そのため，勘定に「次期繰越」という項目が存在します。

決算整理をマスターする

<当期終了時>

−	資　本　金		+
次期繰越	106,000	現　　金	100,000
		損　　益	6,000
	106,000		106,000
		前期繰越	106,000

→ 引継ぎ

<次期開始時>

−	資　本　金		+
		前期繰越	106,000

※　参考　資産・負債勘定の締切り

+	現　　金		−
資　本　金	100,000	備　　品	20,000
借　入　金	50,000	預　　金	30,000
売　　上	24,000	仕　　入	40,000
売　掛　金	13,000	給　　料	3,000
		買　掛　金	10,000
		支払利息	4,000
		次期繰越	80,000
	187,000		187,000
前期繰越	80,000		

−	買　掛　金		+
現　　金	10,000	仕　　入	25,000
次期繰越	15,000		
	25,000		25,000
		前期繰越	15,000

−	借　入　金		+
次期繰越	50,000	現　　金	50,000
	50,000		50,000
		前期繰越	50,000

1−8　精算表の基本的な作成の仕方

　精算表は，貸借対照表と損益計算書を作成するための下書きのような存在です。具体的には，精算表は，期中記録の合計である試算表をスタートとして，それらの数値が決算整理でどのように変動し，結果として貸借対照表や損益計算書にいくらで記録するかといった一連の流れを示した一覧表です。

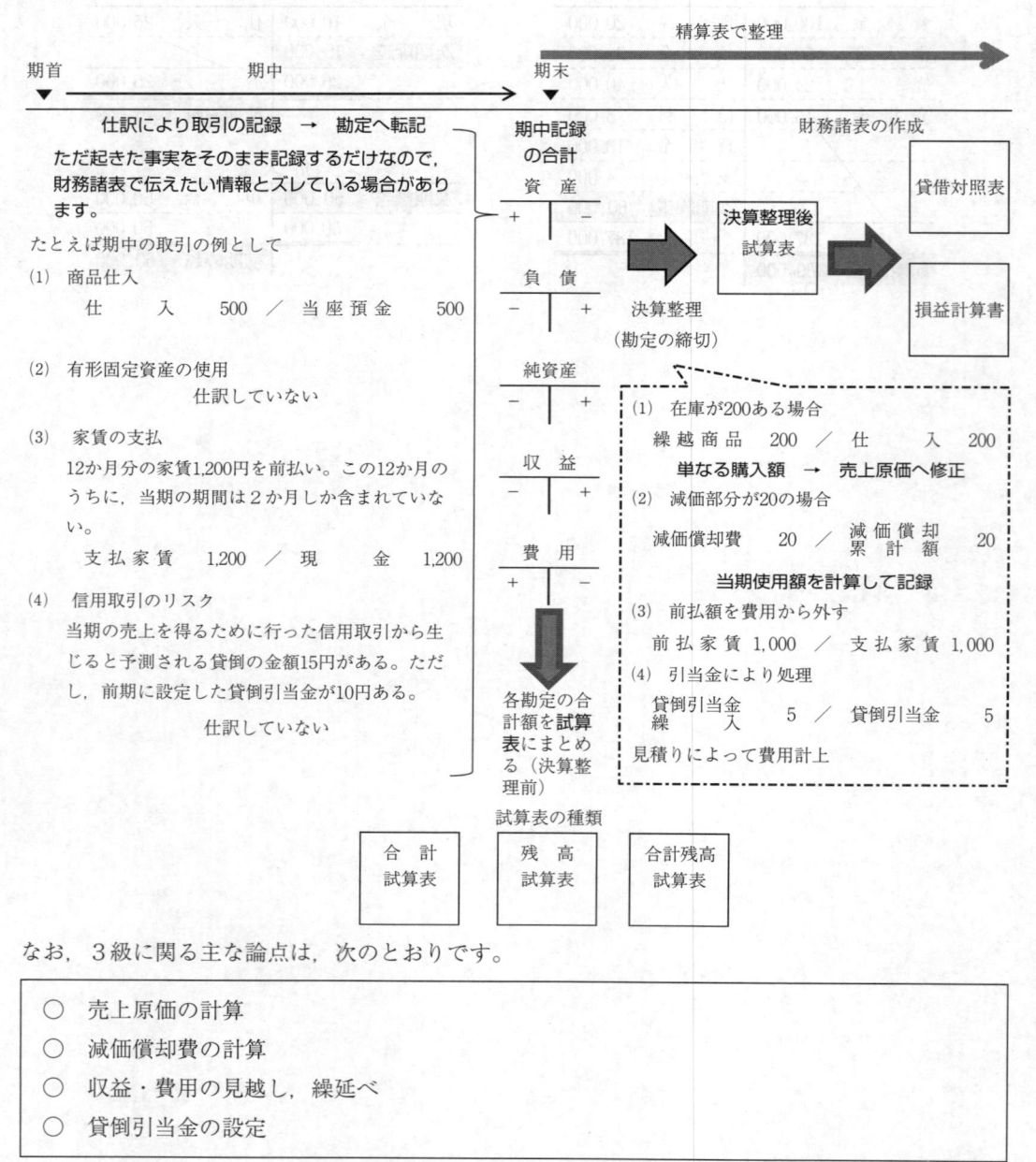

```
                                    精算表で整理
期首         期中            期末  ━━━━━━━━━━━━━━━━━━━▶
 ▼────────────────────────▶  ▼
        仕訳により取引の記録  →  勘定へ転記          期中記録              財務諸表の作成
   ただ起きた事実をそのまま記録するだけなので，      の合計
   財務諸表で伝えたい情報とズレている場合があり      資 産                                  貸借対照表
   ます。                                          ＋ │ －
たとえば期中の取引の例として                                      決算整理後
(1) 商品仕入                                                       試算表
      仕　　入　500 ／ 当座預金　500                負 債                                  損益計算書
                                                  － │ ＋
(2) 有形固定資産の使用                                   決算整理
          仕訳していない                               （勘定の締切）
                                                  純資産       ┌──────────────────────┐
(3) 家賃の支払                                     － │ ＋     │ (1) 在庫が200ある場合       │
   12か月分の家賃1,200円を前払い。この12か月の                  │     繰越商品 200 ／ 仕 入 200│
   うちに，当期の期間は2か月しか含まれていな                    │     単なる購入額 → 売上原価へ修正│
   い。                                            収 益       │ (2) 減価部分が20の場合       │
      支払家賃　1,200 ／ 現　　金　1,200           － │ ＋     │   減価償却費 20 ／ 減価償却  20│
                                                             │                       累計額  │
(4) 信用取引のリスク                                           │     当期使用額を計算して記録  │
   当期の売上を得るために行った信用取引から生     費 用         │ (3) 前払額を費用から外す      │
   じると予測される貸倒の金額15円がある。ただ      ＋ │ －     │     前払家賃 1,000 ／ 支払家賃 1,000│
   し，前期に設定した貸倒引当金が10円ある。                    │ (4) 引当金により処理         │
          仕訳していない                                       │     貸倒引当金                │
                                                  各勘定の合   │     繰　入  5 ／ 貸倒引当金 5 │
                                                  計額を試算   │     見積りによって費用計上    │
                                                  表にまとめ   └──────────────────────┘
                                                  る（決算整
                                                  理前）

                                                  試算表の種類
                                              ┌──────┐ ┌──────┐ ┌──────┐
                                              │合　計  │ │残　高 │ │合計残高│
                                              │試算表  │ │試算表 │ │試算表 │
                                              └──────┘ └──────┘ └──────┘
```

なお，3級に関する主な論点は，次のとおりです。

┌──────────────────────────────────┐
│ ○　売上原価の計算   │
│ ○　減価償却費の計算   │
│ ○　収益・費用の見越し，繰延べ   │
│ ○　貸倒引当金の設定   │
└──────────────────────────────────┘

　これらは既に学習したとおり，**全て決算整理項目**です。これらの決算整理項目を精算表の修正記入欄に書き入れ，精算表が完成します。

決算整理をマスターする

【精算表の書き方】

ここは決算整理前の状態 → 試算表
決算整理の状況を加減算 → 修正記入
財務諸表として伝えたい状態
- 収益・費用を集める（損益計算書）
- 資産・負債・純資産を集める（貸借対照表）

勘定科目	試算表 借方	試算表 貸方	修正記入 借方	修正記入 貸方	損益計算書 借方	損益計算書 貸方	貸借対照表 借方	貸借対照表 貸方
現　　　　金	400						400	
当 座 預 金	1,000						1,000	
売　掛　金	500						500	
繰 越 商 品	300		200	300			200	
車　　　両	200						200	
買　掛　金		950						950
貸 倒 引 当 金		10		5				15
減価償却累計額		40		20				60
資　本　金		2,000						2,000
売　　　上		1,500				1,500		
仕　　　入	500		300	200	600			
支 払 家 賃	1,200			1,000	200			
支 払 利 息	400				400			
	4,500	4,500						
貸倒引当金繰入			5		5			
減 価 償 却 費			20		20			
前 払 家 賃			1,000				1,000	
当 期 純 利 益					275			275
			1,525	1,525	1,500	1,500	3,300	3,300

それぞれの差額で計算します。なお，金額は必ず一致します。

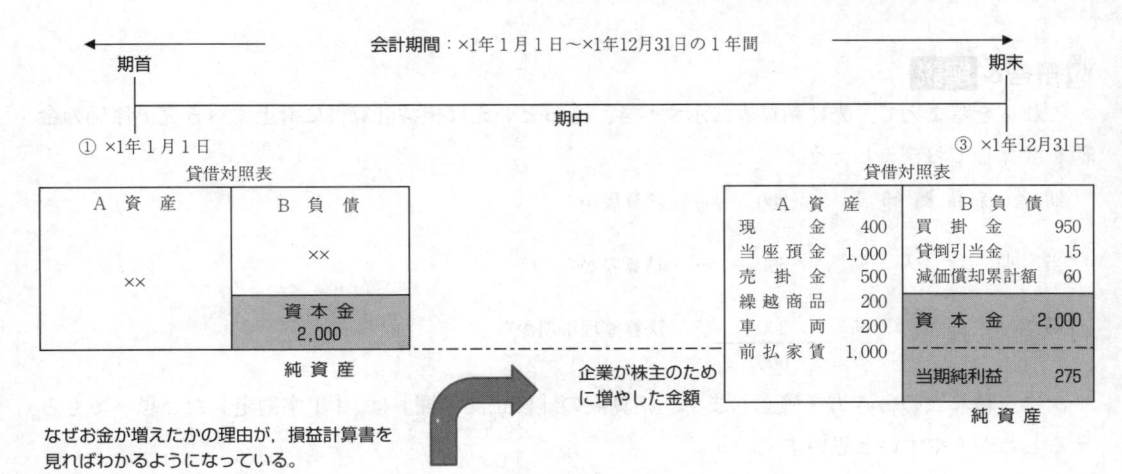

会計期間：×1年1月1日～×1年12月31日の1年間
期首 ← 期中 → 期末

① ×1年1月1日
貸借対照表

A 資産	B 負債
××	××
	資本金 2,000
	純資産

なぜお金が増えたかの理由が，損益計算書を見ればわかるようになっている。

企業が株主のために増やした金額

③ ×1年12月31日
貸借対照表

A 資産		B 負債	
現　金	400	買掛金	950
当座預金	1,000	貸倒引当金	15
売掛金	500	減価償却累計額	60
繰越商品	200	資　本　金	2,000
車　両	200		
前払家賃	1,000	当期純利益	275
		純資産	

② ×1年1月1日～×1年12月31日
損益計算書

費用		収益	
売上原価	600	売　上	1,500
支払家賃	200		
支払利息	400		
貸倒引当金繰入	5		
減価償却費	20		
当期純利益	275		

149

基本問題58　☆☆☆☆☆

期末商品棚卸高は200円である。なお，当社は売上原価の算定は「仕入」の行で行っている。次の精算表（一部）の必要な箇所に記入しなさい。

勘定科目	試算表 借方	試算表 貸方	修正記入 借方	修正記入 貸方	損益計算書 借方	損益計算書 貸方	貸借対照表 借方	貸借対照表 貸方
繰越商品	300							

勘定科目	試算表 借方	試算表 貸方	修正記入 借方	修正記入 貸方	損益計算書 借方	損益計算書 貸方	貸借対照表 借方	貸借対照表 貸方
仕入	500							

―アプローチ→

本問を解答するためには，まず「売上原価をどのように計算するか」を理解しており，その上で「精算表の書き方」をマスターしている必要があります。よって，ここでは先に売上原価を計算しておきます。売上原価は「①期首商品棚卸高＋②当期商品仕入高－③期末商品棚卸高」で計算されますので，それぞれの数値を資料から読み取っていきます。

①の期首商品棚卸高は精算表の「試算表」欄から読み取れます。何故なら，繰越商品は決算整理によって増減する科目（購入時には「仕入」です）であるため，試算表の段階，つまり当期の決算直前の段階では，前期末の数字が計上されていると考えられるからです。

②の当期商品仕入高は，精算表の「仕入」欄から読み取れます。何故なら，購入時に「仕入」として記録しているため，試算表の段階，つまり当期の決算直前の段階では，当期中の仕入高の合計が計上されていると考えられるからです。

③の期末商品棚卸高は，問題文から読み取れます。

解答＆解説

これらを踏まえて，先に精算表に示すべき，もっといえば損益計算書に計上すべき売上原価の金額を計算しておきましょう。

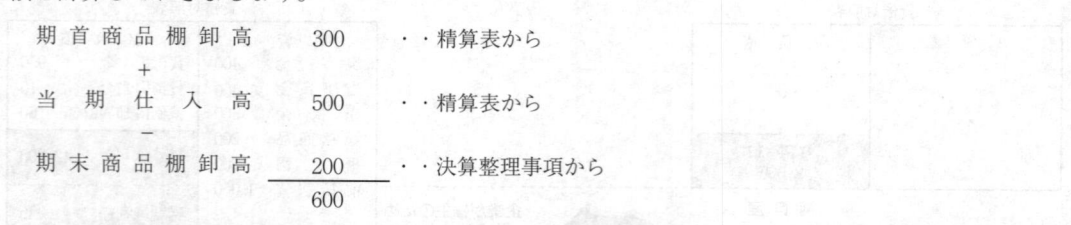

```
期首商品棚卸高      300      ・・精算表から
    ＋
当期仕入高          500      ・・精算表から
    －
期末商品棚卸高      200      ・・決算整理事項から
                    ───
                    600
```

次に，精算表の書き方を確認します。精算表の「修正記入欄」は，「T字勘定」だと思ってもらえるとわかりやすいと思います。

勘定科目	試算表 借方	試算表 貸方	修正記入 借方	修正記入 貸方	損益計算書 借方	損益計算書 貸方	貸借対照表 借方	貸借対照表 貸方
繰越商品	300		200	300			200	

（貸借対照表：資産）　　　　＋　　　－

※記入欄の考え方

```
      繰越商品
    300
─────────────
    200  │  300      修正記入欄
```

試算表 借方	試算表 貸方
300	

修正記入 借方	修正記入 貸方
200	300

セットで1つ

＋　－

勘定科目	試算表 借方	試算表 貸方	修正記入 借方	修正記入 貸方	損益計算書 借方	損益計算書 貸方	貸借対照表 借方	貸借対照表 貸方
仕入	500		300	200	600			

（損益計算書：費用）　　　　＋　　　－

※記入欄の考え方

```
       仕  入
    500
─────────────
    300  │  200      修正記入欄
```

試算表 借方	試算表 貸方
500	

修正記入 借方	修正記入 貸方
300	200

セットで1つ

＋　－

勘定科目	試算表 借方	試算表 貸方	修正記入 借方	修正記入 貸方	損益計算書 借方	損益計算書 貸方	貸借対照表 借方	貸借対照表 貸方
繰越商品	300		200	300			200	

勘定科目	試算表 借方	試算表 貸方	修正記入 借方	修正記入 貸方	損益計算書 借方	損益計算書 貸方	貸借対照表 借方	貸借対照表 貸方
仕入	500		300	200	600			

基本問題59　☆☆☆☆☆

車両について，減価償却費20円を計上する。なお，当社は間接控除法を採用している。次の精算表（一部）の必要な箇所に記入しなさい。

勘定科目	試算表 借方	試算表 貸方	修正記入 借方	修正記入 貸方	損益計算書 借方	損益計算書 貸方	貸借対照表 借方	貸借対照表 貸方
車両	300							

勘定科目	試算表 借方	試算表 貸方	修正記入 借方	修正記入 貸方	損益計算書 借方	損益計算書 貸方	貸借対照表 借方	貸借対照表 貸方
減価償却累計額		40						

勘定科目	試算表 借方	試算表 貸方	修正記入 借方	修正記入 貸方	損益計算書 借方	損益計算書 貸方	貸借対照表 借方	貸借対照表 貸方
減価償却費								

━アプローチ➡

減価償却の論点を解答するためには，まず「減価償却費の計算」ができ，その上で「精算表の書き方」をマスターしている必要があります。本問では，減価償却費は最初から計算されていましたが，実際に自分で計算することが必要になる問題もあります。なお，**本問の指示にある「間接控除**

法」とは，資産を直接減額せずに，減価償却累計額を使って間接的に減額する方法です。

解答＆解説

勘定科目	試算表 借方	試算表 貸方	修正記入 借方	修正記入 貸方	損益計算書 借方	損益計算書 貸方	貸借対照表 借方	貸借対照表 貸方
車　　　　両	300						300	

（貸借対照表：資産）　　　　　　　　　　＋　　　－

勘定科目	試算表 借方	試算表 貸方	修正記入 借方	修正記入 貸方	損益計算書 借方	損益計算書 貸方	貸借対照表 借方	貸借対照表 貸方
減価償却累計額		40		20				60

（貸借対照表：資産）　　　　　　　　　　－　　　＋

※　資産の控除項目＝記録上は負債と同様に取り扱います

※　記入欄の考え方

車　両
300 |

減価償却累計額
　　　　| 40
　　　　| 20

→

試算表
| 借方 | 貸方 |
| | 40 |

修正記入
| 借方 | 貸方 |
| | 20 |

－　　＋

｝セットで１つ

車　両
貸借対照表
| 借方 | 貸方 |
| 300 | |

減価償却累計額
貸借対照表
| 借方 | 貸方 |
| | 60 |

車両300－減価償却累計額60
＝車両の価値240

勘定科目	試算表 借方	試算表 貸方	修正記入 借方	修正記入 貸方	損益計算書 借方	損益計算書 貸方	貸借対照表 借方	貸借対照表 貸方
減価償却費			20		20			

（損益計算書：費用）　　　　　　　　　　＋　　　－

※記入欄の考え方

減価償却費
期中にはなし　　　0
決算整理のみ　　20

試算表
| 借方 | 貸方 |
| | |

修正記入
| 借方 | 貸方 |
| 20 | |

＋　　－

｝セットで１つ

勘定科目	試算表 借方	試算表 貸方	修正記入 借方	修正記入 貸方	損益計算書 借方	損益計算書 貸方	貸借対照表 借方	貸借対照表 貸方
車　　　　両	300						300	

勘定科目	試算表 借方	試算表 貸方	修正記入 借方	修正記入 貸方	損益計算書 借方	損益計算書 貸方	貸借対照表 借方	貸借対照表 貸方
減価償却累計額		40		20				60

勘定科目	試算表 借方	試算表 貸方	修正記入 借方	修正記入 貸方	損益計算書 借方	損益計算書 貸方	貸借対照表 借方	貸借対照表 貸方
減価償却費			20		20			

決算整理をマスターする

基本問題60　☆☆☆☆☆

当社が当期に支払った家賃のうちに，未経過分が1,000円分含まれていた。次の精算表（一部）の必要な箇所に記入しなさい。

勘定科目	試算表 借方	試算表 貸方	修正記入 借方	修正記入 貸方	損益計算書 借方	損益計算書 貸方	貸借対照表 借方	貸借対照表 貸方
支払家賃	1,200							

勘定科目	試算表 借方	試算表 貸方	修正記入 借方	修正記入 貸方	損益計算書 借方	損益計算書 貸方	貸借対照表 借方	貸借対照表 貸方
前払家賃								

➡アプローチ➡

経過勘定の論点です。**経過勘定には収益・費用の見越・繰延の4つの大きなパターンがあります。** 初学者の多くが苦手にする論点ですが，「**そもそも損益計算書に収益・費用をいくら計上すればよいのか**」を頭で先に考えて，それに合わせる形で修正記入を行うことが必要になります。本問のケースでは「未経過分」という文言がありましたが，損益計算書上の費用は「買ったものなどを使うことによって生じるもの」です。そのため，まだ使っていない（本問では「未経過」）段階では，費用計上することはできません。ですので，当期の適正な費用額は「1,200円 − 未経過分1,000円」の200円ということになります。

👉解答&解説

勘定科目	試算表 借方	試算表 貸方	修正記入 借方	修正記入 貸方	損益計算書 借方	損益計算書 貸方	貸借対照表 借方	貸借対照表 貸方
支払家賃	1,200			1,000	200			

（損益計算書：費用）

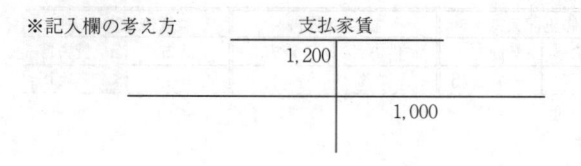

※記入欄の考え方

支払家賃
1,200
　　　1,000

試算表：借方 1,200／修正記入：貸方 1,000　セットで1つ

勘定科目	試算表 借方	試算表 貸方	修正記入 借方	修正記入 貸方	損益計算書 借方	損益計算書 貸方	貸借対照表 借方	貸借対照表 貸方
前払家賃			1,000				1,000	

（貸借対照表：資産）

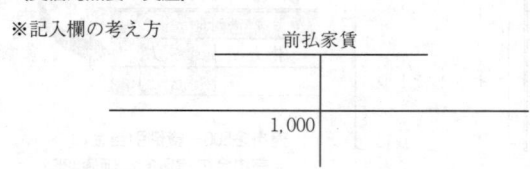

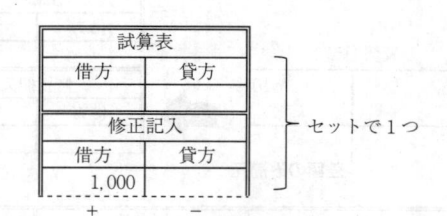

※記入欄の考え方

前払家賃
1,000

修正記入：借方 1,000　セットで1つ

勘定科目	試算表 借方	試算表 貸方	修正記入 借方	修正記入 貸方	損益計算書 借方	損益計算書 貸方	貸借対照表 借方	貸借対照表 貸方
支 払 家 賃	1,200			1,000	200			

勘定科目	試算表 借方	試算表 貸方	修正記入 借方	修正記入 貸方	損益計算書 借方	損益計算書 貸方	貸借対照表 借方	貸借対照表 貸方
前 払 家 賃			1,000				1,000	

基本問題61 ☆☆☆☆

当社は，売掛金の期末残高に対して3％の貸倒引当金を設定する。なお，当社は差額補充法を採用している。以下の解答欄にある精算表（一部）の必要な箇所に記入しなさい。

勘定科目	試算表 借方	試算表 貸方	修正記入 借方	修正記入 貸方	損益計算書 借方	損益計算書 貸方	貸借対照表 借方	貸借対照表 貸方
売 掛 金	500							

勘定科目	試算表 借方	試算表 貸方	修正記入 借方	修正記入 貸方	損益計算書 借方	損益計算書 貸方	貸借対照表 借方	貸借対照表 貸方
貸 倒 引 当 金		10						

+ −

勘定科目	試算表 借方	試算表 貸方	修正記入 借方	修正記入 貸方	損益計算書 借方	損益計算書 貸方	貸借対照表 借方	貸借対照表 貸方
貸倒引当金繰入								

解答＆解説

勘定科目	試算表 借方	試算表 貸方	修正記入 借方	修正記入 貸方	損益計算書 借方	損益計算書 貸方	貸借対照表 借方	貸借対照表 貸方
売 掛 金	500						500	

（貸借対照表：資産）　　　　　　　　　　　　＋　　　−

勘定科目	試算表 借方	試算表 貸方	修正記入 借方	修正記入 貸方	損益計算書 借方	損益計算書 貸方	貸借対照表 借方	貸借対照表 貸方
貸 倒 引 当 金		10		5				15

（貸借対照表：資産）　　　　　　　　　　　　−　　　＋

※　資産の控除項目＝記録上は負債と同様に取り扱います

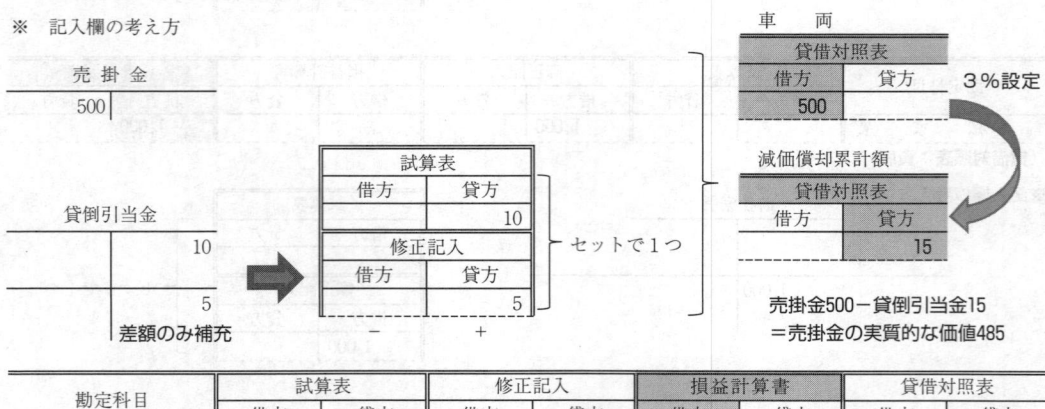

※　記入欄の考え方

売掛金500−貸倒引当金15
＝売掛金の実質的な価値485

勘定科目	試算表 借方	試算表 貸方	修正記入 借方	修正記入 貸方	損益計算書 借方	損益計算書 貸方	貸借対照表 借方	貸借対照表 貸方
仕 入			5		5			

（損益計算書：費用）　　　　　　　　　　　　＋　　　−

※ 記入欄の考え方

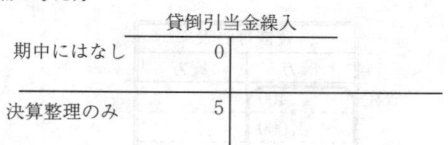

	貸倒引当金繰入
期中にはなし	0
決算整理のみ	5

試算表	
借方	貸方

修正記入	
借方	貸方
5	
+	−

セットで1つ

勘定科目	試算表		修正記入		損益計算書		貸借対照表	
	借方	貸方	借方	貸方	借方	貸方	借方	貸方
売　掛　金	500						500	

勘定科目	試算表		修正記入		損益計算書		貸借対照表	
	借方	貸方	借方	貸方	借方	貸方	借方	貸方
貸倒引当金		10		5				15

勘定科目	試算表		修正記入		損益計算書		貸借対照表	
	借方	貸方	借方	貸方	借方	貸方	借方	貸方
貸倒引当金繰入			5		5			

基本問題62　☆☆☆☆

当期純利益を計算し、次の精算表（一部）の必要な箇所に記入しなさい。

勘定科目	試算表		修正記入		損益計算書		貸借対照表	
	借方	貸方	借方	貸方	借方	貸方	借方	貸方
現　　　　金	400						400	
当　座　預　金	1,000						1,000	
売　掛　金	500						500	
繰　越　商　品	300		200	300			200	
車　　　　両	200						200	
買　掛　金		950						950
貸倒引当金		10		5				15
減価償却累計額		40		20				60
資　本　金		2,000						2,000
売　　　　上		1,500				1,500		
仕　　　　入	500		300	200	600			
支　払　家　賃	1,200			1,000	200			
支　払　利　息	400				400			
	4,500	4,500						
貸倒引当金繰入			5		5			
減価償却費			20		20			
前　払　家　賃			1,000				1,000	
当期純利益								
			1,525	1,525				

アプローチ

損益計算書	
借方	貸方
	1,500 収益
600	
200	
400	
5	
20	
費用	
利益	
1,500	1,500

貸借対照表	
借方	貸方
資産 400	
1,000	
500	
200	
200	
	950 負債
	15
	60
	2,000 純資産
1,000	
3,300	3,300

　このように，精算表に「イメージでボックス」を作ってみると，当期純利益の計算の仕方，記入位置がわかりやすくなります。当期純利益は，①「**損益計算書の収益と費用の差額**」と，②「**貸借対照表の貸借の数字のズレ**」から把握することができます。なお，どちらの方法で計算しても解答は同じになります。

解答

勘定科目	試算表 借方	試算表 貸方	修正記入 借方	修正記入 貸方	損益計算書 借方	損益計算書 貸方	貸借対照表 借方	貸借対照表 貸方
現　　　　　金	400						400	
当 座 預 金	1,000						1,000	
売 掛 金	500						500	
繰 越 商 品	300		200	300			200	
車　　　　　両	200						200	
買 掛 金		950						950
貸 倒 引 当 金		10		5				15
減価償却累計額		40		20				60
資 本 金		2,000						2,000
売　　　　　上		1,500				1,500		
仕　　　　　入	500		300	200	600			
支 払 家 賃	1,200			1,000	200			
支 払 利 息	400				400			
	4,500	4,500						
貸倒引当金繰入			5		5			
減 価 償 却 費			20		20			
前 払 家 賃			1,000				1,000	
当 期 純 利 益					275			275
			1,525	1,525	1,500	1,500	3,300	3,300

1-9 財務諸表の基本的な作成の仕方

本書において今までいろいろな論点を学習してきましたが，それらは全て財務諸表を適正に作成するための準備だったのです。なお，財務諸表にはいくつかの種類がありますが，3級では主要な財務諸表である貸借対照表や損益計算書の作成を学習します。

基本問題63 ☆☆☆☆

次の栗原商店の決算整理後残高試算表にもとづいて，損益計算書と貸借対照表を完成させなさい。なお，会計期間は×1年1月1日～×1年12月31日までの1年である。

決算整理後残高試算表
×1年12月31日

借方残高	勘定科目	貸方残高
400	現　　　　金	
1,000	当　座　預　金	
500	売　　掛　　金	
	貸　倒　引　当　金	15
200	繰　越　商　品	
1,000	前　払　家　賃	
200	車　　　　両	
	減価償却累計額	60
	買　　掛　　金	950
	資　　本　　金	2,000
	売　　　　上	1,500
600	仕　　　　入	
200	支　払　家　賃	
400	支　払　利　息	
5	貸倒引当金繰入	
20	減　価　償　却　費	
4,525		4,525

貸借対照表

栗原商店　　　　×1年12月31日　　　　（単位：円）

資　産	金　額	負債及び純資産	金　額

損益計算書

栗原商店　　×1年1月1日〜×1年12月31日　　（単位：円）

費　用	金　額	収　益	金　額

→アプローチ→

※　貸借対照表は，作成時点の状況を示します。通常，決算日の日付で作成します。

貸借対照表

企業名を記入→　栗原商店　　×1年12月31日　　（単位：円）　←単位を示す

資　産	金　額	負債及び純資産	金　額
現　　　　金		買　掛　金	
当　座　預　金		資　本　金	
売　掛　金		当　期　純　利　益	
貸　倒　引　当　金			
商　　　　品			
前　払　家　賃			
車　　　　両			
減　価　償　却　累　計　額			

売掛金のマイナス表示 ｛売掛金／貸倒引当金｝
繰越商品から「商品」へ科目変更 → 商品
車両のマイナス表示 ｛車両／減価償却累計額｝

※　損益計算書は，一定の期間の状況を示します。通常，期首から期末までの期間で作成します。

損益計算書

企業名を記入→　栗原商店　　×1年1月1日〜×1年12月31日　　（単位：円）　←単位を示す

費　用	金　額	収　益	金　額
売　上　原　価		売　上　高	
支　払　家　賃			
支　払　利　息			
貸　倒　引　当　金　繰　入			
減　価　償　却　費			
当　期　純　利　益			

仕入から「売上原価」へ科目変更
←売上から「売上高」へ科目変更

解答

貸借対照表

栗原商店　　×1年12月31日　　（単位：円）

資　産	金　額	負債及び純資産	金　額
現　　　　　金	400	買　　掛　　金	950
当　座　預　金	1,000	資　　本　　金	2,000
売　　掛　　金	500	当　期　純　利　益	275
貸　倒　引　当　金	15		
商　　　　　品	200		
前　払　家　賃	1,000		
車　　　　　両	200		
減　価　償　却　累　計　額	60		
	3,225		3,225

損益計算書

栗原商店　　×1年1月1日～×1年12月31日　　（単位：円）

費　用	金　額	収　益	金　額
売　上　原　価	600	売　　上　　高	1,500
支　払　家　賃	200		
支　払　利　息	400		
貸倒引当金繰入	5		
減　価　償　却　費	20		
当　期　純　利　益	275		
	1,500		1,500

第5章　その他の論点

<学習ポイント>

　第5章では，今まで学習してこなかった帳簿や伝票などについて学習していきます。章の最後に取り上げている仕訳集計表は，平成28年度からの試験範囲改訂で新たに日商3級の試験範囲となった論点ですから，丁寧に書き方を解説しています。

　ただ，本章の学習範囲では，日商3級の第2問・第4問で出題されることが多い論点を取り上げていますので，優先順位としては第4章までの内容のほうが重要度が高いといえます。第4章までの内容および第6章の発展問題演習を先に学習し，**余裕があれば学習する**という位置付けでもよいといえます。

1-1　仕訳帳と総勘定元帳

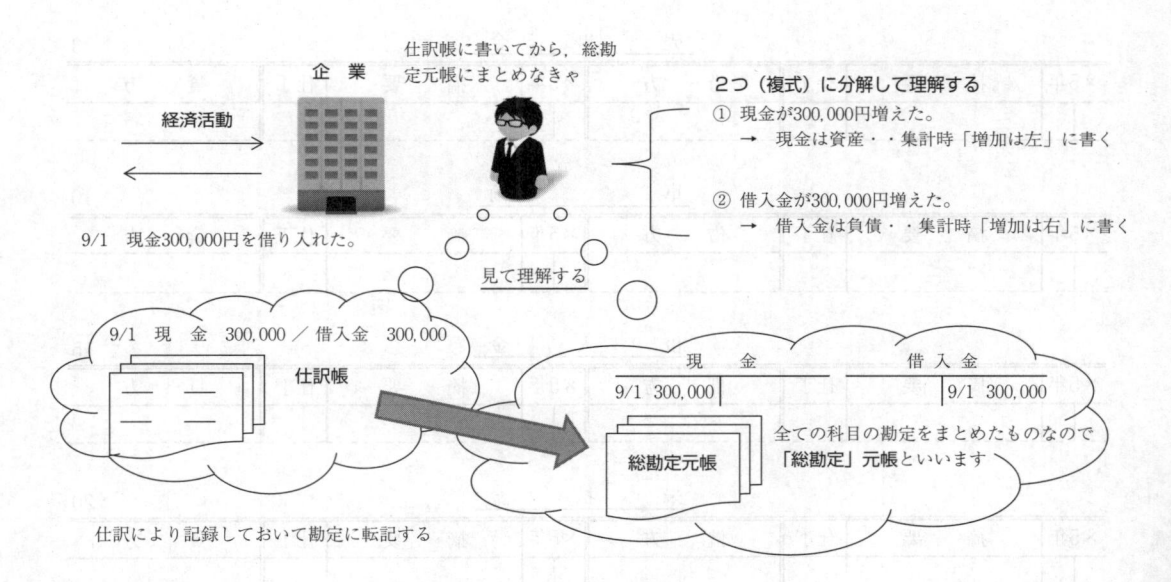

　仕訳帳に書いてから，総勘定元帳にまとめなきゃ

2つ（複式）に分解して理解する
① 現金が300,000円増えた。
　→ 現金は資産・・集計時「増加は左」に書く
② 借入金が300,000円増えた。
　→ 借入金は負債・・集計時「増加は右」に書く

経済活動
9/1　現金300,000円を借り入れた。

見て理解する

9/1　現　金　300,000 ／ 借入金　300,000
仕訳帳

現　金	借入金
9/1 300,000	9/1 300,000

総勘定元帳

全ての科目の勘定をまとめたものなので「総勘定」元帳といいます

仕訳により記録しておいて勘定に転記する

　仕訳帳と総勘定元帳は，仕訳帳に全ての取引が記録され，それが全て総勘定元帳にある個別の勘定に転記されていくため，**発生したすべての取引が漏れなく記録**されています。そのため，この2つを**主要簿**と呼びます。

基本問題64　☆☆

次の取引を仕訳帳に記入し，総勘定元帳へ転記しなさい。
4月5日　青山銀行から融資を受け，現金1,000,000を借り入れた。
4月10日　営業用の車両を200,000円で購入し，半額を現金で支払い残額を翌月の支払いとした。
4月25日　商品を100,000円で販売し，半額は現金で受け取り，残額は掛とした。

仕　訳　帳　　　　　　　　　　　　　　　　1

×5年	摘　　　　　要	元丁	借　方	貸　方

総　勘　定　元　帳

現　　金　　　　1

×5年	摘　要	仕丁	借　方	×5年	摘　要	仕丁	貸　方

売　掛　金　　　　3

×5年	摘　要	仕丁	借　方	×5年	摘　要	仕丁	貸　方

車　　両　　　　10

×5年	摘　要	仕丁	借　方	×5年	摘　要	仕丁	貸　方

借　入　金　　　　15

×5年	摘　要	仕丁	借　方	×5年	摘　要	仕丁	貸　方

未　払　金　　　　20

×5年	摘　要	仕丁	借　方	×5年	摘　要	仕丁	貸　方

売　　上　　　　40

×5年	摘　要	仕丁	借　方	×5年	摘　要	仕丁	貸　方

その他の論点

━アプローチ ➡

　今まで学習してきた，仕訳による記録から勘定への転記の流れによれば，本問は次のようになります。

仕訳帳のページ番号は「1」とします

4月5日	現　　　金	1,000,000	/	借　入　金	1,000,000
転記先の勘定番号 →	勘定の1へ			勘定の15へ	
4月10日	車　　　両	200,000	/	現　　　金	100,000
				未　払　金	100,000
	勘定の10へ			勘定の1へ	
				勘定の20へ	
4月25日	現　　　金	50,000	/	売　　　上	100,000
	売　掛　金	50,000			
	勘定の1へ			勘定の40へ	
	勘定の3へ				

⬇ 転記

勘定の転記元の仕訳帳のページは今回は1です。

　　　　　　　　　　　　　　　　　　　　　　　　　　　　勘定の番号
　　　　　　　　　　　　　　　　　　　　　　　　　　　　　　↓

			現	金		1
4月5日	借入金	1,000,000	4月10日	車　両	100,000	
4月25日	売　上	50,000				

			売 掛 金		3
4月25日	売　上	50,000			

			車 両		10
4月10日	諸　口	200,000			

			借 入 金		15
			4月5日	現　金	1,000,000

			未 払 金		20
			4月10日	車　両	100,000

			売 上		40
			4月25日	諸　口	100,000

　これらの内容を仕訳帳と総勘定元帳といった正式な形で記録するとどうなるかが，本問では問われています。なお，**上記に示された仕訳帳のページ番号や転記先の勘定番号が仕訳帳と総勘定元帳にどのように記入されるか**を注意して見て下さい。なお，総勘定元帳には，標準式と残高式の2つの種類がありますが，本書では標準式のみを学習します。

☝ 解答

仕訳帳のページ番号 → 1

仕訳帳

×5年		摘要		元丁	借方	貸方
4	5	（現　　金）		1	1,000,000	
			（借　入　金）	15		1,000,000
	10	（車　　両）	諸　　口	10	200,000	
			（現　　金）	1		100,000
			（未　払　金）	20		100,000
	25	諸　　口	売　　上	40		100,000
		（現　　金）		1	50,000	
		（売　掛　金）		3	50,000	

↑ どの元帳に転記したかを示します

総勘定元帳

現　金　1

×5年	摘要	仕丁	借方	×5年	摘要	仕丁	貸方
4 5	借入金	1	1,000,000	4 10	車両	1	100,000
25	売上	1	50,000				

↑ 仕訳帳のどこから転記されてきたかを示します

売掛金　3

×5年	摘要	仕丁	借方	×5年	摘要	仕丁	貸方
4 25	売上	1	50,000				

車両　10

×5年	摘要	仕丁	借方	×5年	摘要	仕丁	貸方
4 10	諸口	1	200,000				

借入金　15

×5年	摘要	仕丁	借方	×5年	摘要	仕丁	貸方
				4 5	現金	1	1,000,000

未払金　20

×5年	摘要	仕丁	借方	×5年	摘要	仕丁	貸方
				4 10	車両	1	100,000

売上　40

×5年	摘要	仕丁	借方	×5年	摘要	仕丁	貸方
				4 25	諸口	1	100,000

1-2 現金出納帳

基本問題65 ☆☆

当店の現金に関連する12月中の取引は、次のとおりである。この資料にもとづいて、現金出納帳に必要な記入を行いなさい。

12月1日　水戸商店から商品100,000円を仕入れ、代金は現金で支払った。
12月10日　銀行の当座預金に現金500,000円を預け入れた。
12月15日　売掛金を150,000円分現金で回収した。
12月26日　12月分の家賃40,000円を現金で支払った。

現　金　出　納　帳

平成×5年		摘　　要	収　入	支　出	残　高
12	1	前　月　繰　越	700,000		700,000
	1	仕　入		100,000	600,000
	10	当座預金預入		500,000	100,000
	15	売掛金回収	150,000		250,000
	26	家　賃　支　払		40,000	210,000
	31	次　月　繰　越		210,000	
			850,000	850,000	
1	1	前　月　繰　越	210,000		210,000

アプローチ

仕入帳や総勘定元帳が、すべての取引を記録しているため主要簿といわれるのに対し、**現金の動きのみといった特定の項目だけを記録する帳簿を補助簿**といいます。**現金出納帳とは、現金に関する取引のみを記録するために作成される帳簿**をいい、補助簿の一種です。なお、ここでいう現金とは、通貨代用証券を含むため、他人振出の小切手を受け取った場合なども記録対象となりますので、注意が必要です。

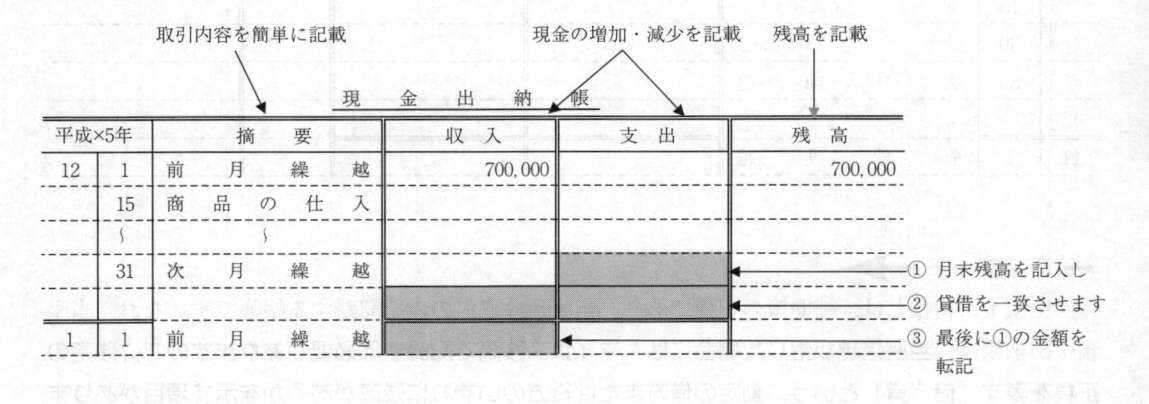

現　金　出　納　帳

取引内容を簡単に記載 / 現金の増加・減少を記載 / 残高を記載

平成×5年		摘　要	収　入	支　出	残　高
12	1	前　月　繰　越	700,000		700,000
	15	商　品　の　仕　入			
	～	～			
	31	次　月　繰　越			
1	1	前　月　繰　越			

① 月末残高を記入し
② 貸借を一致させます
③ 最後に①の金額を転記

解答

現　金　出　納　帳

平成×5年		摘　　要	収　入	支　出	残　高
12	1	前 月 繰 越	700,000		700,000
	1	商 品 の 仕 入		100,000	600,000
	10	預 金 預 入		500,000	100,000
	15	売 掛 金 回 収	150,000		250,000
	26	家 賃 の 支 払		40,000	210,000
	31	次 月 繰 越		210,000	
			850,000	850,000	
1	1	前 月 繰 越	210,000		210,000

1－3　当座預金出納帳

基本問題66　☆☆☆

次の当座預金取引について，当座預金出納帳に必要な記入を行いなさい。なお，当社は取引銀行と当座借越契約を結んでいる。

10月1日　水戸商店から商品100,000円を仕入れ，代金は小切手を振り出して支払った。
10月12日　買掛金50,000円を当座預金から支払った。
10月15日　商品を販売し，当座預金に300,000円の振込みがあった。
10月30日　当座預金から電気代50,000円が引き落とされた。

当　座　預　金　出　納　帳

平成×5年		摘　　要	預　入	引　出	借/貸	残　高
10	1	前 月 繰 越	120,000		借	120,000
	1					
	12					
	15					
	30					
	30	次 月 繰 越				
11	1	前 月 繰 越				

―アプローチ➡

当座預金出納帳とは，補助簿の一種であり，当座預金取引のみを記録する帳簿です。なお，当座預金出納帳は，当座借越が生じた場合には，マイナス残高で記録する必要がありますので，残高の正負を表す「借／貸」という，勘定の借方または貸方のいずれに残高があるかを示す項目があります。

その他の論点

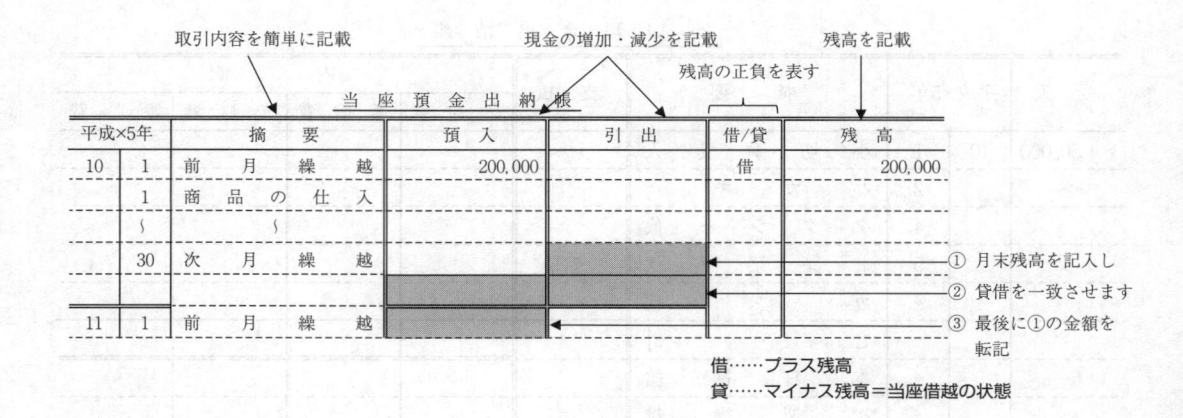

当座預金出納帳

取引内容を簡単に記載 → 摘要
現金の増加・減少を記載 → 預入／引出
残高の正負を表す → 借/貸
残高を記載 → 残高

平成×5年		摘　要	預　入	引　出	借/貸	残　高
10	1	前　月　繰　越	200,000		借	200,000
	1	商　品　の　仕　入				
	〜	〜				
	30	次　月　繰　越				
11	1	前　月　繰　越				

① 月末残高を記入し
② 貸借を一致させます
③ 最後に①の金額を転記

借……プラス残高
貸……マイナス残高＝当座借越の状態

解答

当座預金出納帳

平成×5年		摘　要	預　入	引　出	借/貸	残　高
10	1	前　月　繰　越	120,000		借	120,000
	1	商　品　の　仕　入		100,000	〃	20,000
	12	買　掛　金　支　払		50,000	貸	30,000
	15	商　品　の　売　上	300,000		借	270,000
	30	電　気　代　の　支　払		50,000	〃	220,000
	30	次　月　繰　越		220,000		
			420,000	420,000		
11	1	前　月　繰　越	220,000		借	220,000

※　貸方残高はマイナス残高を表します。

1-4　小口現金出納帳

基本問題67　☆☆

次の取引を小口現金出納帳に記入しなさい。なお，週末における締切り，資金の補給に関する記入も併せて行いなさい。当社は定額資金前渡制度を採用しており，経理担当者は毎週金曜日の営業終了後に小口現金係から支払いの報告を受け，資金の補給を即日行っている。

日　付	曜日	摘　　要	金　額
10月2日	火	ハガキ購入	5,000 円
10月4日	木	タクシー代支払い	3,000 円
10月5日	金	お茶菓子購入	3,000 円
10月5日	金	ガス代支払い	10,000 円

小口現金出納帳

受 入	平成×5年		摘 要	支 払	内 訳			
					交通費	通信費	光熱費	雑 費
50,000	10	1	小 切 手 受 入					
		2	ハ ガ キ 代					
		4	タ ク シ ー 代					
		5	お 茶 菓 子 代					
		〃	ガ ス 代					
			合 計					
		〃	本 日 補 給					
		〃	次 週 繰 越					
	10	8	前 週 繰 越					

━アプローチ ━▶

　小口現金出納帳は，小口現金係（用度係）が記入する帳簿であり，小口現金を「いつ・何に・いくら」使ったかを記録するものです。第3章で学習済みですが，小口現金は，お金を週や月単位で一定額を小口現金係に前渡しておいて，日々の細かい支払いに現場レベルで対応するために使われるものです。小口現金係は使った金額を経理担当者に報告し，その使った金額と同額のお金の補給を受けて，常に一定額のお金を手元に置いておきます。このような小口現金の仕組を**定額資金前渡制度**といいます。なお，この**資金の補給**を，報告のときに即日補給する方法と後日補給する方法の2つがあるため，小口現金出納帳の記入の仕方も2種類存在しています。本問は，即日補給に関する記入の仕方に関する問題です。

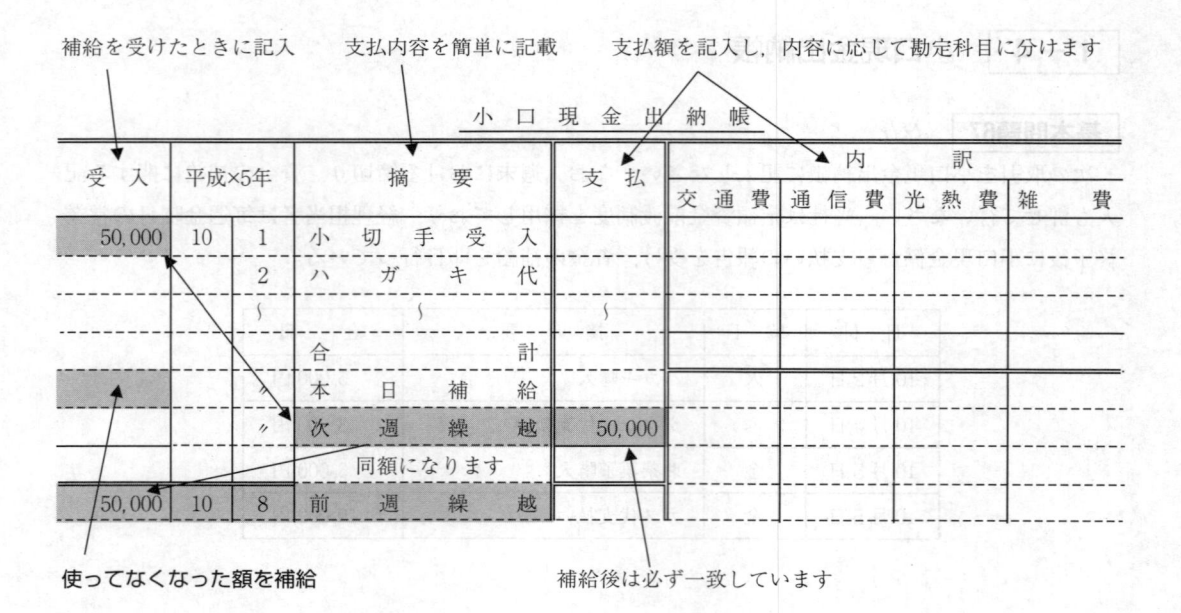

補給を受けたときに記入　　　支払内容を簡単に記載　　　支払額を記入し，内容に応じて勘定科目に分けます

小口現金出納帳

受 入	平成×5年		摘 要	支 払	内 訳			
					交通費	通信費	光熱費	雑 費
50,000	10	1	小 切 手 受 入					
		2	ハ ガ キ 代					
		〜	〜	〜				
			合 計					
		〃	本 日 補 給					
		〃	次 週 繰 越	50,000				
			同額になります					
50,000	10	8	前 週 繰 越					

使ってなくなった額を補給　　　　　　　　　　　補給後は必ず一致しています

168

解答

小口現金出納帳

受　入	平成×5年		摘　要	支　払	内　訳			
					交通費	通信費	光熱費	雑　費
50,000	10	1	小 切 手 受 入					
		2	ハ ガ キ 代	5,000		5,000		
		4	タ ク シ ー 代	3,000	3,000			
		5	お 茶 菓 子 代	3,000				3,000
		〃	ガ ス 代	10,000			10,000	
			合　　　計	21,000	3,000	5,000	10,000	3,000
21,000		〃	本 日 補 給					
		〃	次 週 繰 越	50,000				
71,000				71,000				
50,000	10	8	前 週 繰 越					

基本問題68　☆☆

次の取引を小口現金出納帳に記入しなさい。なお，週末における締切り，資金の補給に関する記入も併せて行いなさい。当社は定額資金前渡制度を採用しており，経理担当者は毎週金曜日の営業終了後に小口現金係から支払いの報告を受け，翌週の月曜日に資金を補給している。

日　付	曜日	摘　　要	金　額
10月2日	火	ハガキ購入	5,000 円
10月4日	木	タクシー代支払い	3,000 円
10月5日	金	お茶菓子購入	3,000 円
10月5日	金	ガス代支払い	10,000 円

小口現金出納帳

受　入	平成×5年		摘　要	支　払	内　訳			
					交通費	通信費	光熱費	雑　費
50,000	10	1	小 切 手 受 入					
		2	ハ ガ キ 代					
		4	タ ク シ ー 代					
		5	お 茶 菓 子 代					
		〃	ガ ス 代					
			合　　　計					
		〃	次 週 繰 越					
	10	8	前 週 繰 越					
		〃	本 日 補 給					

→アプローチ→

本問は，後日補給する方法に関する問題です。

補給を受けたときに記入　　支払内容を簡単に記載　　支払額を記入し，内容に応じて勘定科目に分けます

小 口 現 金 出 納 帳

受入 ①	平成×5年		摘　要	支払	内　訳			
					交通費	通信費	光熱費	雑費
50,000	10	1	小 切 手 受 入					
		2	ハ ガ キ 代					
その まま		〜	〜	〜				
			合　　計　②					
		〃	次 週 繰 越		←①−②の残額
50,000				50,000	使った額 ＋ 残額を記入
	10	8	前 週 繰 越					
		〃	本 日 補 給					

使ってなくなった額を補給

解答

小 口 現 金 出 納 帳

受　入	平成×5年		摘　要	支　払	内　訳			
					交通費	通信費	光熱費	雑費
50,000	10	1	小 切 手 受 入					
		2	ハ ガ キ 代	5,000		5,000		
		4	タ ク シ ー 代	3,000	3,000			
		5	お 茶 菓 子 代	3,000				3,000
		〃	ガ ス 代	10,000			10,000	
			合　　　　計	21,000	3,000	5,000	10,000	3,000
		〃	次 週 繰 越	29,000				
50,000				50,000				
29,000	10	8	前 週 繰 越					
21,000		〃	本 日 補 給					

1−5　仕入帳・売上帳・商品有高帳

基本問題69　☆☆☆☆

次の資料にもとづいて(1)商品有高帳に記入し，(2)8月の売上高，売上原価，売上総利益を計算しなさい。なお，商品有高帳の記入は先入先出法によるものとし，締切記入まで行うものとする。

仕　入　帳

平成×5年		摘　要		内　訳	金　額
8	2	大 宮 商 店　　　　　　　　　掛			
		商 品 A　　10個　@¥1,000			10,000
	10	大 宮 商 店　　　　　　　　　掛			
		商 品 A　　15個　@¥800			12,000
		総 仕 入 高			22,000
		仕 入 戻 し 高			
		純 仕 入 高			22,000

売　上　帳

平成×5年		摘　要		内　訳	金　額
8	5	浦 和 商 店　　　　　　　　　掛			
		商 品 A　　8個　@¥1,500			12,000
	15	浦 和 商 店　　　　　　　　　掛			
		商 品 A　　15個　@¥1,400			21,000
	20	浦 和 商 店　　　　　　　　掛戻り			
		商 品 A　　2個　@¥1,400			2,800
		総 売 上 高			33,000
		売 上 戻 り 高			2,800
		純 売 上 高			30,200

(1) 商品有高帳の記入

商　品　有　高　帳
商　品　A

先 入 先 出 法

平成×5年		摘要	受　入			払　出			残　高		
			数量	単価	金額	数量	単価	金額	数量	単価	金額
8	1	前月繰越	2	900	1,800				2	900	1,800
	2	仕　入									
	5	売　上									
	10	仕　入									
	15	売　上									
	20	売上戻り									
	31	次月繰越									
9	1	前月繰越									

(2) 売上高・売上原価・売上総利益の計算

売 上 高		売 上 原 価		売 上 総 利 益	

━アプローチ━

① 仕入帳・売上帳の読み方

　仕入帳とは，仕入取引の明細を記録するための帳簿をいい，売上帳とは，売上取引の明細を記録するために設けられる帳簿をいいます。

　本問では，(1)商品有高帳への記入においては，商品の増減を把握するために用います。売上帳は，(2)売上高・売上原価・売上総利益の計算においては，収益である売上の把握のために用います。なお，売上総利益とは，「売上－売上原価」で計算される利益のことをいいます。

※　売上原価と売上総利益の計算方法

＜売上原価の計算＞　　　　　　　　　　　　　＜売上総利益の計算＞

　月初商品棚卸高＋当月商品仕入高－月末商品棚卸高

　↓　これを表にすると，次のようになります

月初商品棚卸高		持っていた商品に	売　　上　　高	
当月商品仕入高		増加した分を足して	売　上　原　価	
計			売　上　総　利　益	
月末商品棚卸高		残っているものを引くと		
売　上　原　価		売った金額がわかる		

仕　入　帳

平成×5年		摘　　　要				内　訳	金　額
8	2	大　宮　商　店			掛		
		商　品　A	10個	@¥1,000			10,000
	10	大　宮　商　店			掛		
		商　品　A	15個	@¥800			12,000

取引先名　　　　　　　　　　取引条件

　　　　　商品名・数量・単価　　　　　掛：掛取引を意味しています

売　上　帳

平成×5年		摘　　　要				内　訳	金　額
8	5	浦　和　商　店			掛		
		商　品　A	8個	@¥1,500			12,000
	15	浦　和　商　店			掛		
		商　品　A	15個	@¥1,400			21,000
	20	浦　和　商　店			掛戻り		
		商　品　A	2個	@¥1,400			2,800

② 商品有高帳の作成方法

商品有高帳は商品取引をしっかりと記録し，在庫の管理等を正確に行うために作成する帳簿です。商品有高帳を作成するためには商品の仕入・販売のときに，商品別に数量・単価・金額を記録する必要があります。本問では，(2)の売上原価の計算に使用します。

> 仕入などによる商品の増加は「受入」に記入します。なお，返品による増加も記入されます。

> 販売したときは「払出」に原価（買った値段）で記入します。なお，あくまで在庫の変動を記入しますので，販売価格の値引などは影響しないので，注意が必要です。

商 品 有 高 帳
商　品　Ａ

先入先出法

平成×5年		摘要	受入			払出			残高		
			数量	単価	金額	数量	単価	金額	数量	単価	金額
8	1	前月繰越	2	900	1,800				2	900	1,800
	2	仕入	10	1,000	10,000				{ 2	900	1,800
									10	1,000	10,000
	5	売上	優先：古いもの→先			{ 2	900	1,800			
			新しいもの→後			6	1,000	6,000	1,000	4,000	

先入先出法・・「先に仕入れたものから相手に渡しているはず」と考える方法。古い900円の商品を先に渡し，足りない部分を新しい1,000円の商品を渡すと考えます。

> その時点での商品の在庫(有高)を記入します。複数の単価が存在するときは仕入などによる商品の増加は「受」で示します。

	31	次月繰越				6	800	4,800			
		↕一致します	29		25,400	29		25,400			
9	1	前月繰越	6	800	4,800				6	800	4,800

必ず一致を確認すること

受入数　＝　払出数　＋　期末在庫

解答＆解説

問(1)

まず，仕入帳・売上帳及び商品有高帳の情報から，商品の変動状況を把握します。

日付	商品の変動状況		
前月繰越	原価@¥900	2個	……商品有高帳から読み込みます。
8月2日	商品仕入　原価@¥1,000	10個	
8月5日	商品販売　原価@¥1,500	8個	……売った商品の原価は先入先出法で計算します。
8月10日	商品仕入　原価@¥800	15個	
8月15日	商品販売　原価@¥1,400	15個	……売った商品の原価は先入先出法で計算します。
8月20日	売上戻り　原価@¥1,400	2個	……戻ってきた商品の原価は先入先出法で計算します。

173

把握した状況にもとづいて商品有高帳を作成すると，次のようになります。

商品有高帳
商品　Ａ

先入先出法

平成×5年		摘要	受入			払出			残高		
			数量	単価	金額	数量	単価	金額	数量	単価	金額
8	1	前月繰越	2	900	1,800				2	900	1,800
	2	仕入	10	1,000	10,000				{ 2	900	1,800
									10	1,000	10,000
	5	売上				{ 2	900	1,800			
						6	1,000	6,000	4	1,000	4,000
	10	仕入	15	800	12,000				{ 4	1,000	4,000
									15	800	12,000
	15	売上				{ 4	1,000	4,000			
						11	800	8,800	4	800	3,200
	20	売上戻り	2	800	1,600				6	800	4,800
	31	次月繰越				6	800	4,800			
			29		25,400	29		25,400			
9	1	前月繰越	6	800	4,800				6	800	4,800

問(2)

<売上原価の計算>　　　　　　　　　　　　　　　　　　　　　<売上総利益の計算>

月初商品棚卸高＋当月商品仕入高－月末商品棚卸高

↓　これを表にすると，次のようになります

月初商品棚卸高	1,800	持っていた商品に		売　上　高	30,200
当月商品仕入高	22,000	増加した分を足して		売　上　原　価	19,000
計	23,800			売　上　総　利　益	11,200
月末商品棚卸高	4,800	残っているものを引くと			
売　上　原　価	19,000	売った金額がわかる			

当月商品仕入高は仕入帳，月末商品棚卸高は商品有高帳から読み取ります。

売　上　高	31,600	売　上　原　価	19,000	売　上　総　利　益	11,200

【移動平均法によって作成する場合】

なお，本問を移動平均法によって解答した場合は，次のようになります。

━アプローチ ➡

　移動平均法とは，先入先出法のように，仕入単価の異なる商品を仕入れ・販売した際に，どの単価の商品を引き渡したかを判断するのではなく，**仕入単価を使って平均単価を計算し，それを払出単価とする方法**をいいます。

商品有高帳
商品　A

移動平均法

平成×5年		摘要	受入			払出			残高		
			数量	単価	金額	数量	単価	金額	数量	単価	金額
8	1	前月繰越	2	900	1,800		平均値		2	900	1,800
	2	仕　　入	10	1,000	10,000				12	983	11,800
	5	売　　上				8	983	7,864	4	983	3,936
	10	仕　　入	15	800	12,000				19	839	15,936

※　平均単価の計算

　8月2日　残高における単価：（2個×＠¥900＋10個×＠¥1,000）÷在庫数12個

　8月10日　残高における単価：（4個×＠¥983＋15個×＠¥800）÷在庫数19個

この平均単価を用いて，次の販売時の払出単価とします（平均単価のため，端数が生じても構いません。なお，今回は単価についての端数は四捨五入しています）。

解答＆解説

問(1)

商品有高帳
商品　A

移動平均法

平成×5年		摘要	受入			払出			残高		
			数量	単価	金額	数量	単価	金額	数量	単価	金額
8	1	前月繰越	2	900	1,800				2	900	1,800
	2	仕　　入	10	1,000	10,000				12	983	11,800
	5	売　　上				8	983	7,864	4	983	3,936
	10	仕　　入	15	800	12,000				19	839	15,936
	15	売　　上				15	839	12,585	4	839	3,351
	20	売上戻り	2	839	1,678				6	839	5,029
	31	次月繰越				6	839	5,029			
			29		25,478	29		25,478			
9	1	前月繰越	6	839	5,029				6	839	5,029

問(2)

＜売上原価の計算＞　　　　　　　　　　　　　　＜売上総利益の計算＞

月初商品棚卸高＋当月商品仕入高－月末商品棚卸高

　↓　これを表にすると，次のようになります

月初商品棚卸高	1,800	持っていた商品に	売　上　高	31,600
当月商品仕入高	22,000	増加した分を足して	売上原価	18,771
計	23,800		売上総利益	12,829
月末商品棚卸高	5,029	残っているものを引くと		
売上原価	18,771	売った金額がわかる		

| 売 上 高 | 31,600 | 売上原価 | 18,771 | 売上総利益 | 12,829 |

1-6 買掛金元帳・売掛金元帳

基本問題70 ☆☆☆

次の取引にもとづいて，答えなさい。

(1) 得意先である埼玉商店の売掛金元帳に次の取引を記入し，8月31日付で締め切りなさい。
(2) 当店を本牧商店として，埼玉商店から見た買掛金元帳を作成しなさい。

8月 1日　売掛金の前月末の残高　500,000円（うち，埼玉商店分が200,000円ある）。
8月10日　横浜商店に対して商品200,000円を掛で販売した。
8月15日　埼玉商店に対して商品を200,000円を販売し，代金は掛とした。
8月20日　売掛金400,000円を小切手で回収した（うち，埼玉商店分が300,000円ある）。

(1)

売 掛 金 元 帳
埼 玉 商 店

平成×5年		摘　　要	借　方	貸　方	借/貸	残　高
8	1	前 月 繰 越				200,000
	15	掛　　売　　上				400,000
	20	売 掛 金 の 回 収				100,000
	31	次 月 繰 越				
9	1	前 月 繰 越				100,000

(2)

買 掛 金 元 帳
本 牧 商 店

平成×5年		摘　　要	借　方	貸　方	借/貸	残　高
8	1	前 月 繰 越				200,000
	15	掛　　仕　　入				400,000
	20	買 掛 金 の 支 払				100,000
	31	次 月 繰 越				
9	1	前 月 繰 越				100,000

━アプローチ ➡

売掛金元帳とは，**得意先ごとに売掛金を管理するための帳簿**です。得意先ごとに作成するため**得意先元帳**とも呼ばれます。また，買掛金元帳とは，**仕入先ごとに買掛金を管理するための帳簿**です。

仕入先ごとに作成するため**仕入先元帳**とも呼ばれます。イメージとしては，売掛金勘定の得意先ごとに，また買掛金勘定の仕入先ごとに分解して作成していると考えればよいと思います。

解答

問(1)

売 掛 金 元 帳
埼 玉 商 店

平成×5年		摘　　　要	借　方	貸　方	借/貸	残　高
8	1	前 月 繰 越	200,000		借	200,000
	15	掛　　売　　上	200,000		〃	400,000
	20	売 掛 金 の 回 収		300,000	〃	100,000
	31	次 月 繰 越		100,000		
			400,000	400,000		
9	1	前 月 繰 越	100,000		借	100,000

問(2)

買 掛 金 元 帳
本 牧 商 店

平成×5年		摘　　　要	借　方	貸　方	借/貸	残　高
8	1	前 月 繰 越		200,000	貸	200,000
	15	掛　　仕　　入		200,000	〃	400,000
	20	買 掛 金 の 支 払 い	300,000		〃	100,000
	31	次 月 繰 越	100,000			
			400,000	400,000		
9	1	前 月 繰 越		100,000	貸	100,000

1-7　受取手形記入帳・支払手形記入帳

基本問題71　☆☆

次の取引にもとづいて，(1)磯子商店の支払手形記入を作成し，また相手方である(2)水戸商店の受取手形記入帳も作成しなさい。

10月10日　磯子商店は仕入先である水戸商店に対する買掛金400,000円を支払うため，約束手形400,000円（No.20，振出日10月10日，満期日12月10日，支払銀行　税経銀行）を振り出した。

12月10日　上記の手形が決済された。

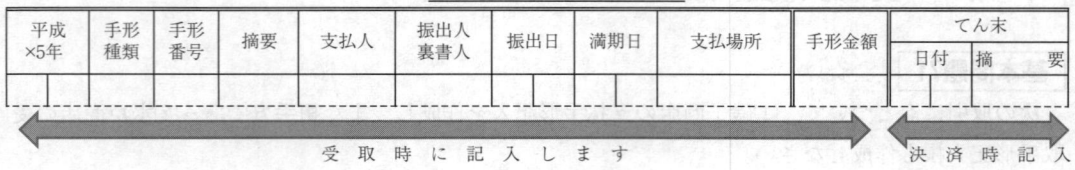

(1)

支払手形記入帳

平成×5年	手形種類	手形番号	摘要	受取人	振出人	振出日	満期日	支払場所	手形金額	てん末 日付	てん末 摘要

(2)

受取手形記入帳

平成×5年	手形種類	手形番号	摘要	支払人	振出人裏書人	振出日	満期日	支払場所	手形金額	てん末 日付	てん末 摘要

━アプローチ━

　支払手形記入帳とは，支払手形について「いつ手形を振り出し，その手形が決済されたか」を記録する帳簿です。また，受取手形記入帳とは，受取手形について「誰がいつ手形を振り出し，その手形がいつ決済されたか」を記録する帳簿です。両帳簿とも，手形を管理するための詳細な管理資料であるといえます。

問(1)

支払手形記入帳

平成×5年	手形種類	手形番号	摘要	受取人	振出人	振出日	満期日	支払場所	手形金額	てん末 日付	てん末 摘要

←──────────── 振出時に記入します ────────────→　　←── 決済時記入 ──→

問(2)

受取手形記入帳

平成×5年	手形種類	手形番号	摘要	支払人	振出人裏書人	振出日	満期日	支払場所	手形金額	てん末 日付	てん末 摘要

←──────────── 受取時に記入します ────────────→　　←── 決済時記入 ──→

解答

問(1)

支払手形記入帳

平成×5年	手形種類	手形番号	摘要	受取人	振出人	振出日	満期日	支払場所	手形金額	てん末 日付	てん末 摘要
10 10	約手	20	買掛金	水戸商店	当店	10 10	12 10	税経銀行	400,000	12 20	支払済み

問(2)

受取手形記入帳

平成×5年		手形種類	手形番号	摘要	支払人	振出人裏書人	振出日		満期日		支払場所	手形金額	てん末	
													日付	摘要
10	10	約手	20	売掛金	磯子商店	磯子商店	10	10	12	10	税経銀行	400,000	12 20	受取済み

1-8 3伝票制

基本問題72 ☆☆☆

当社が行った次の取引について，伝票に記入しなさい。

(1) 5月10日　磯子商店から未収金の回収として現金200,000円を受け取った。
(2) 5月20日　商品50,000円を神奈川商店から仕入れ，代金は小切手で支払った。
(3) 5月25日　神奈川商店に対し，かねてあった買掛金100,000円を現金で支払った。

(1)

入金伝票 ×5年5月10日	
科　目	金　額

(3)

出金伝票 ×5年5月25日	
科　目	金　額

(2)

振替伝票 ×5年5月20日			
科　目	金　額	科　目	金　額

━アプローチ━▶

　伝票とは，「簿記知識の乏しい人でも簡易的な記録ができるように工夫された記録ツール」です。伝票は「仕訳」による記録の代わりに用います。伝票によって取引を記録した後は，それらを集計整理して総勘定元帳を作成していきますので，最終的に完成する帳簿や財務諸表は今まで学習してきたものと同じです。

【三伝票制】

　三伝票制とは，①入金伝票，②出金伝票，③振替伝票の3種類の伝票を使って取引を記録する方法をいいます。

① 入金伝票の使い方

　現金の増加を伴う取引のときに使います。入金伝票からは，現金が増加した理由と金額を読み取り，集計していきます。

＜仕訳による記録＞

現　　　金　200,000　／　未 収 入 金　200,000

↑必ず現金の増加

伝票から相手と金額を読み取ります

入 金 伝 票	
×5年5月10日	
科　目	金　額
未　収　金	200,000

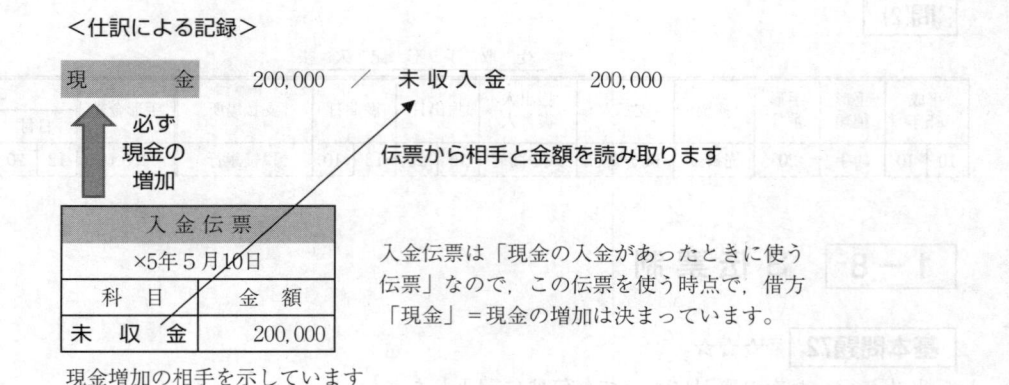

現金増加の相手を示しています

入金伝票は「現金の入金があったときに使う伝票」なので、この伝票を使う時点で、借方「現金」＝現金の増加は決まっています。

② 出金伝票の使い方

現金の減少を伴う取引のときに使います。出金伝票からは、現金が減少した理由と金額を読み取り、集計していきます。

＜仕訳による記録＞

買　掛　金　100,000　／　現　　　金　100,000

伝票から相手と金額を読み取ります　　↑必ず現金の減少

出金伝票は「現金の支払いがあったときに使う伝票」なので、この伝票を使う時点で、貸方「現金」＝現金の減少は決まっています。

出 金 伝 票	
×5年5月25日	
科　目	金　額
買　掛　金	100,000

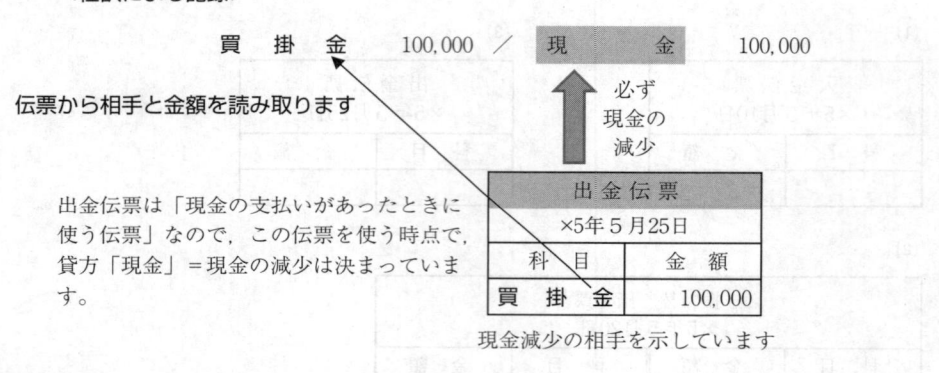

現金減少の相手を示しています

③ 振 替 伝 票

入出金取引以外の取引のことを「振替取引」といい、**振替伝票は「入出金取引以外のすべての取引」を記録**するための伝票です。

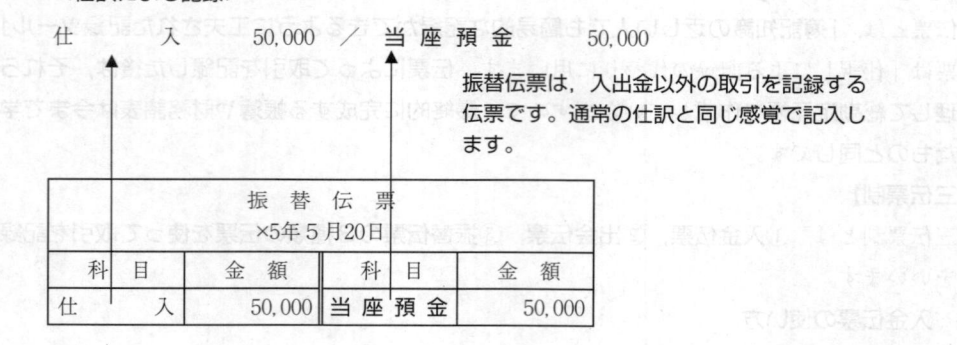

＜仕訳による記録＞

仕　　　入　50,000　／　当 座 預 金　50,000

振替伝票は、入出金以外の取引を記録する伝票です。通常の仕訳と同じ感覚で記入します。

振 替 伝 票			
×5年5月20日			
科　目	金　額	科　目	金　額
仕　　入	50,000	当 座 預 金	50,000

解答

問(1)

入金伝票 ×5年5月10日	
科　目	金　額
未 収 入 金	200,000

問(2)

振　替　伝　票 ×5年5月20日			
科　目	金　額	科　目	金　額
仕　　入	50,000	当 座 預 金	50,000

問(3)

出金伝票 ×5年5月25日	
科　目	金　額
買 掛 金	100,000

【一部現金を含む取引の記録】

　伝票の使い方を学習してきましたが，たとえば「商品1,000,000円を販売し，代金のうち200,000円は現金で受け取り，残金は掛とした。」といったケースでは，どのように伝票に記録すればよいのでしょうか。このような場合の対処法として，①取引を分割して記録する方法と，②取引を擬制して記録する方法の2つの方法があります。

① 取引を分割して記録する方法

　この方法は，**取引を分解して入金伝票で処理できる部分は入金伝票で，それ以外の部分については振替伝票で対応する方法**です。

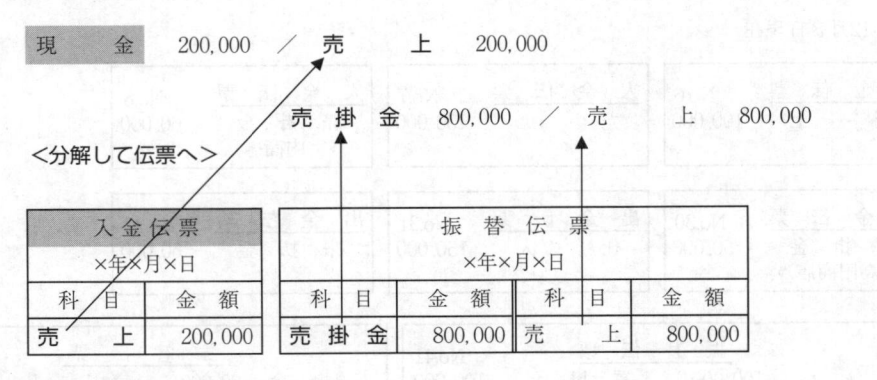

<仕訳を分解>

現　　金　200,000 ／ 売　　　上　200,000

売　掛　金　800,000 ／ 売　　　上　800,000

<分解して伝票へ>

入　金　伝　票 ×年×月×日	
科　目	金　額
売　　上	200,000

振　替　伝　票 ×年×月×日			
科　目	金　額	科　目	金　額
売 掛 金	800,000	売　　上	800,000

② 取引を擬制して記録する方法

　この方法は，**取引をいったん全て振替伝票で記入し，その後に入金部分だけを入金伝票で記録し直す方法**です。そのためには，たとえば今回のケースだと，一度すべて掛売上だったと考え（このように仮に考えることを「擬制」するといいます），その後に入金があったと考えて伝票に記録します。

<取引を擬制し一度全て掛取引と考える>

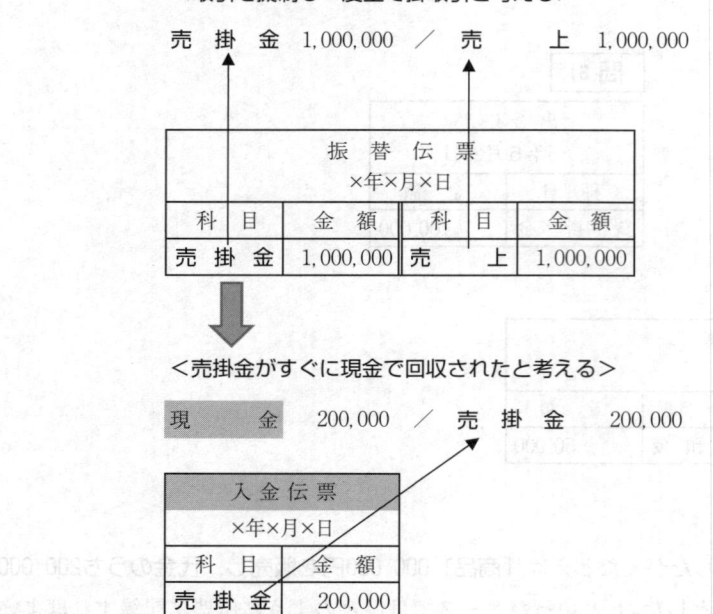

売 掛 金　1,000,000　／　売　　上　1,000,000

振　替　伝　票			
×年×月×日			
科　目	金　額	科　目	金　額
売掛金	1,000,000	売　　上	1,000,000

<売掛金がすぐに現金で回収されたと考える>

現　　金　200,000　／　売 掛 金　200,000

入 金 伝 票	
×年×月×日	
科　目	金　額
売掛金	200,000

1-9　仕訳集計表

基本問題73　☆☆☆

栗原商店は，3伝票を採用しており，これらの伝票にもとづいて仕訳日計表を作成し，総勘定元帳と売掛金元帳・買掛金元帳に転記しなさい。

××年12月8日現在

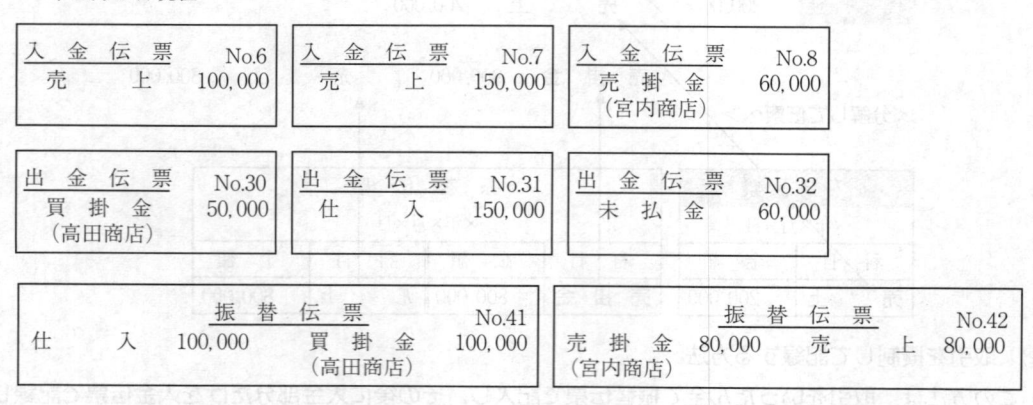

入　金　伝　票　　No.6	入　金　伝　票　　No.7	入　金　伝　票　　No.8
売　　上　　100,000	売　　上　　150,000	売 掛 金　　60,000
		（宮内商店）

出　金　伝　票　　No.30	出　金　伝　票　　No.31	出　金　伝　票　　No.32
買 掛 金　　50,000	仕　　入　　150,000	未 払 金　　60,000
（高田商店）		

振　替　伝　票　　No.41	振　替　伝　票　　No.42
仕　入　100,000　買掛金　100,000	売掛金　80,000　売　上　80,000
（高田商店）	（宮内商店）

182

仕 訳 日 計 表
××年12月8日　　　　　　　　　　　　　　10

借　方	元丁	勘定科目	元丁	貸　方
		現　　　金		
		売　掛　金		
		買　掛　金		
		未　払　金		
		売　　　上		
		仕　　　入		

現　金　　　　　　　　　　　　　　　　　1

日付	摘要	仕丁	借方	貸方	借/貸	残高
12 1	前月繰越	✓	300,000		借	300,000

売掛金　　　　　　　　　　　　　　　　　3

日付	摘要	仕丁	借方	貸方	借/貸	残高
12 1	前月繰越	✓	200,000		借	200,000

買掛金　　　　　　　　　　　　　　　　　7

日付	摘要	仕丁	借方	貸方	借/貸	残高
12 1	前月繰越	✓		100,000	貸	100,000

未払金　　　　　　　　　　　　　　　　　8

日付	摘要	仕丁	借方	貸方	借/貸	残高
12 1	前月繰越	✓		60,000	貸	60,000

売　上　　　　　　　　　　　　　　　　　15

日付	摘要	仕丁	借方	貸方	借/貸	残高
12						

仕　入　　　　　　　　　　　　　　　　　20

日付	摘要	仕丁	借方	貸方	借/貸	残高
12						

売掛金元帳
宮内商店　　　　　　　　　　　　　　　　1

日付	摘要	仕丁	借方	貸方	借/貸	残高
12 1	前月繰越	✓	100,000		借	100,000

買掛金元帳
高田商店　　　　　　　　　　　　　　　　1

日付	摘要	仕丁	借方	貸方	借/貸	残高
12 1	前月繰越	✓		60,000	貸	60,000

━アプローチ━▶

　仕訳集計表は，一定期間（今回は1日）で作成した伝票を集計する表のことをいいます。この仕訳集計表で，勘定科目ごとの1日の合計額を集計してから，総勘定元帳へ転記されることで，大幅に作業の手間を減少させることができます。

　作業の流れとしては，「伝票の集計→集計表（日計表）に転記→各勘定へ転記」という流れになります。なお，本問にある**売掛金元帳および買掛金元帳**は，伝票から直接作成します。

① 伝票の金額を集計し集計表（日計表）に転記します。

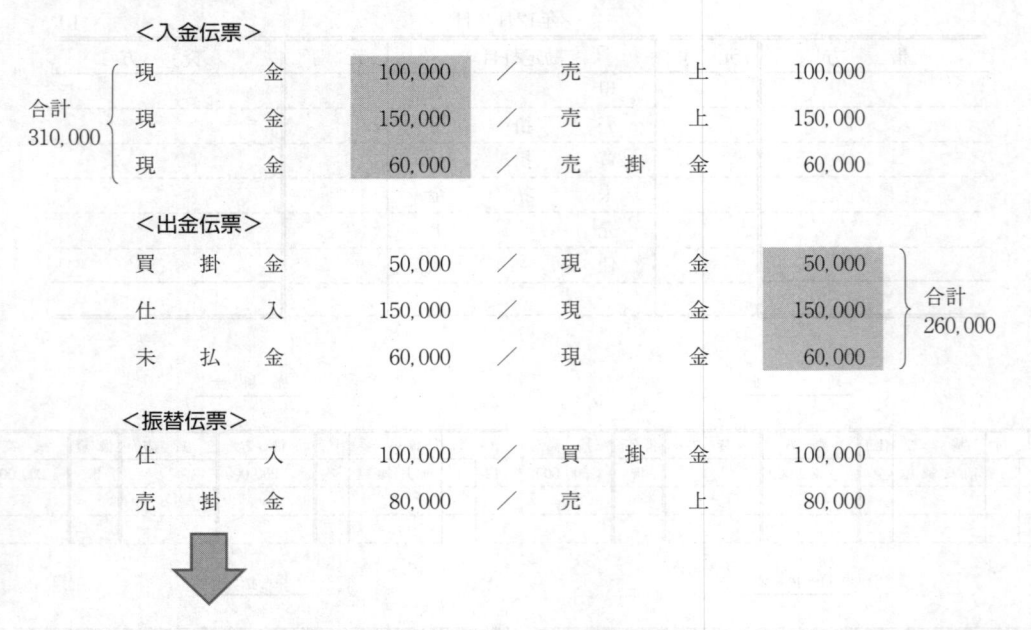

<入金伝票>

合計 310,000 {
現　　　金　　100,000　／　売　　　　上　　100,000
現　　　金　　150,000　／　売　　　　上　　150,000
現　　　金　　 60,000　／　売　　掛　金　　 60,000
}

<出金伝票>

買　掛　金　　 50,000　／　現　　　　金　　 50,000 ⎫
仕　　　入　　150,000　／　現　　　　金　　150,000 ⎬ 合計 260,000
未　払　金　　 60,000　／　現　　　　金　　 60,000 ⎭

<振替伝票>

仕　　　入　　100,000　／　買　掛　金　　100,000
売　掛　金　　 80,000　／　売　　　　上　　 80,000

⬇

転記をすると，次のようになります。

仕　訳　日　計　表

××年12月8日　　　　　　　　　　　　10

借　方	元丁	勘定科目	元丁	貸　方
310,000		現　　金		260,000
80,000		売　掛　金		60,000
50,000		買　掛　金		100,000
60,000		未　払　金		
		売　　上		330,000
250,000		仕　　入		
750,000				750,000

⬇ 各勘定へ転記します。なお，どの元帳に転記したかわかるように，転記先の元番号を書いておきます。

仕　訳　日　計　表

××年12月8日　　　　　　　　　　　　10

借　方	元丁	勘定科目	元丁	貸　方
310,000	1	現　　金	1	260,000
80,000	3	売　掛　金	3	60,000
50,000	7	買　掛　金	7	100,000
60,000	8	未　払　金		
		売　　上	15	330,000
250,000	20	仕　　入	20	
750,000				750,000

どの元帳へ金額を記入したかが追跡しやすくなります。

② 各勘定に転記します。

現　　金
1

日付		摘　要	仕丁	借　方	貸　方	借/貸	残　高
12	1	前月繰越	✓	300,000		借	300,000
	8	仕訳日計表	10	310,000		〃	610,000
	〃	仕訳日計表	〃		260,000	〃	350,000

← 仕訳日計表で書いた「元帳番号」です

仕訳日計表のどのページから転記されてきたのを書いておきます。

なお，**売掛金元帳と買掛金元帳の場合には「仕丁」の欄に伝票番号を記入しておきます。**

解答

仕　訳　日　計　表
××年12月8日
10

借　方	元丁	勘定科目	元丁	貸　方
310,000	1	現　　　　金	1	260,000
80,000	3	売　　掛　　金	3	60,000
50,000	7	買　　掛　　金	7	100,000
60,000	8	未　　払　　金		
		売　　　　上	15	330,000
250,000	20	仕　　　　入		
750,000				750,000

現　　金
1

日付		摘要	仕丁	借方	貸方	借/貸	残高
12	1	前月繰越	✓	300,000		借	300,000
	8	仕訳日計表	10	310,000		〃	610,000
	〃	仕訳日計表	〃		260,000	〃	350,000

売掛金
3

日付		摘要	仕丁	借方	貸方	借/貸	残高
12	1	前月繰越	✓	200,000		借	200,000
	8	仕訳日計表	10	80,000		〃	280,000
	〃	仕訳日計表	〃		60,000	〃	220,000

買掛金
7

日付		摘要	仕丁	借方	貸方	借/貸	残高
12	1	前月繰越	✓		100,000	貸	100,000
	8	仕訳日計表	10		100,000	〃	200,000
	〃	仕訳日計表	〃	50,000		〃	150,000

未払金
8

日付		摘要	仕丁	借方	貸方	借/貸	残高
12	1	前月繰越	✓		60,000	貸	60,000
	8	仕訳日計表	10	60,000		〃	0

売　上
15

日付		摘要	仕丁	借方	貸方	借/貸	残高
12	8	仕訳日計表	10		330,000	貸	330,000

仕　入
20

日付		摘要	仕丁	借方	貸方	借/貸	残高
12	8	仕訳日計表	10	250,000		借	250,000

売掛金元帳
宮内商店
1

日付		摘要	仕丁	借方	貸方	借/貸	残高
12	1	前月繰越	✓	100,000		借	100,000
	8	入金伝票	8		60,000	〃	40,000
	8	振替伝票	42	80,000		〃	120,000

買掛金元帳
高田商店
1

日付		摘要	仕丁	借方	貸方	借/貸	残高
12	1	前月繰越	✓		60,000	貸	60,000
	8	出金伝票	30	50,000		〃	10,000
	8	振替伝票	41		100,000	〃	110,000

第6章　発展問題演習

<本章のポイント>

　第4章までの学習を通じて，日商簿記3級の本試験をクリアーするための基本的な力を育ててきました。本章では，それらの基礎力を本試験の過去問題の改題や出題傾向を踏まえた問題を通じて，本試験レベルの力に磨き上げていきます。
　第6章では，3級合格の最短ルートである第1問・第3問・第5問の対策を行います。第1問については，本章の内容でそのまま本試験レベルの力を養うことができますが，第3問・第5問については，**本章の内容を踏まえて，過去問題等の総合問題を解くことで，本試験レベルの力が養成されます**。なお，第2問・第4問での出題論点は，第5章で取り上げています。

テーマ1　第1問対策

　第1問の出題形式は，仕訳問題が5題で勘定科目が指定されています。問題文と合わせて勘定科目が並んでおり，その中から勘定科目を選んで解答していきます。発展問題1〜10までの論点は，本試験で頻出の論点ですので，しっかりとマスターしておきましょう。**本試験問題の特徴は「複数の論点のMIX」であり**，1つ1つの論点は簡単なのですが，まとまると混乱したり，忘れたりとミスを誘います。じっくりと問題を読み，どのような論点が混ざっているのかをよく見極めて解答していくことが必要です。

発展問題1

　次の取引について，仕訳を示しなさい。なお，特に指示のない限り，記録にあたっては引出金勘定を用いること。

1　店舗にかかる固定資産税30,000円および店主個人にかかる所得税60,000円を，取引銀行にて現金で納付した。　　　　　　　　　　　　　　　　　　　　　　　　　　　　　　　　　　　　　（第129回改題）
2　土地と建物に対する固定資産税320,000円の納税通知書を受け取り，第1期分80,000円を当座預金の口座振替により納付した。このうち事業用の割合は60％であり，店主用の割合は40％である。　　（第135回改題）
3　店舗兼居住用の建物と土地に係る固定資産税150,000円と店主の所得税110,000円を現金で納付した。なお，固定資産税のうち25％は店主個人の居住部分に対するものである。当社は引出金勘定を用いず，資本金の変動について直接資本金勘定を増減させている。　　　　　　　　　　（第133回改題）

	借 方 科 目	金　　　額	貸 方 科 目	金　　　額
1				
2				
3				

発展問題2

次の取引について，仕訳を示しなさい。なお，当座借越については全て二勘定制によって記録している。

1　営業活動に使用している携帯電話の5月分の料金40,000円が普通預金口座から引き落とされた。
(第134回改題)

2　売掛金60,000円を当店が振り出していた小切手で回収した。　　　　　(第130回改題)

3　得意先永井商店より掛代金400,000円の回収として，同店振出しの小切手を受け取り，ただちに取引銀行の当座預金に預け入れた。ただし，当座預金口座の残高は100,000円の借越しとなっている。
(第129回改題)

4　先週末に受け取った得意先北商店振出しの小切手190,000円を当座預金に預け入れた。なお，当座預金出納帳の貸方残高は160,000円であり，取引銀行とのあいだに借越限度額1,100,000円の当座借越契約が結ばれている。
(第134回改題)

5　消耗品9,000円を購入し，代金は小切手を振り出して支払った。ただし，当店の当座預金の残高は6,000円であるが，借入限度額50,000円の当座借越契約を結んでいる。また，当店は，消耗品の処理について，購入時にいったん資産として計上し，決算時に消費した分を費用に振り替える方法を採っている。
(第136回改題)

6　月末に現金の実査を行ったところ，現金の実際有高が帳簿残高より10,000円不足していることが判明したため，帳簿残高と実際有高とを一致させる処理を行い，引き続き原因を捜査することとした。
(第123回改題)

7　現金の実際有高が帳簿残高より不足していたため現金過不足勘定で処理していたが，本日，旅費交通費5,600円が記入漏れとなっていたことが判明した。
(第133回改題)

8　小口現金係から，月曜日に先週1週間分の支払いについて，次のような支払報告を受け，ただちに支払い額と同額の小切手を振り出した。
　　交通費　　5,000円　　　消耗品費　　3,000円　　　雑費　　2,000円　　　(第126回改題)

	借方科目	金　　額	貸方科目	金　　額
1				
2				
3				
4				
5				
6				
7				
8				

発展問題3

次の取引について，仕訳を示しなさい。なお，商品売買に関する記録は三分法によるものとする。

1　商品100,000円を宮本商店より仕入れ，代金のうち40,000円は手許に保管している得意先多賀商店振出しの約束手形を裏書譲渡し，残額を掛けとした。なお，商品の引取運賃10,000円は現金で支払った。　　　　　　　　　　　　　　　　　　　　　　　　　　　　　　（第136回改題）

2　京都商店に商品400,000円を売り渡し，代金のうち100,000円は奈良商店振出し，同店受取りの約束手形を裏書譲渡され，残額については掛けとした。なお，運送会社に運賃14,000円を小切手を振り出して支払ったが，当店と京都商店とで半額ずつ負担することになっており，京都商店の負担分は売掛金勘定で処理する。　　　　　　　　　　　　　　　　　　　　　　　（第138回改題）

3　埼玉商店に商品340,000円を売り渡し，代金のうち40,000円は注文時に受け取った内金と相殺し，220,000円は東京商店振出し，埼玉商店受取りの約束手形を裏書譲渡され，残額は掛けとした。埼玉商店負担の発送運賃20,000円は現金で支払った。なお，埼玉商店の負担分は立替金勘定で処理する。　　　　　　　　　　　　　　　　　　　　　　　　　　　　　　　　　（第134回改題）

4　さきに受け取っていた花商店振出しの約束手形450,000円を取引銀行で割り引き，割引料2,000円を差し引かれ，手取金が当座預金に振り込まれた。　　　　　　　　　　　　　（第135回改題）

5　下田商店は，得意先川上商店より受領した約束手形730,000円を取引銀行で割り引き，利息相当額を差し引かれ，残額は当座預金とした。年利率は3％，割引日数は80日分であった。なお，1年は365日とする。　　　　　　　　　　　　　　　　　　　　　　　　　　　　（第130回改題）

	借方科目	金　　額	貸方科目	金　　額
1				
2				
3				
4				
5				

発展問題4

次の取引について，仕訳を示しなさい。

1　取引銀行から短期資金400,000円を借り入れていたが，支払期日が到来したため，元利合計を当座預金から返済した。なお，借入れにともなう利率は年3％，借入期間は当期中の6か月であった。　　　　　　　　　　　　　　　　　　　　　　　　　　　　　　　　（第131回改題）

2　相沢商店に対する貸付金600,000円を，1年分の利息とともに，同店振出しの小切手で回収した。なお，利息は年利2％である。　　　　　　　　　　　　　　　　　　　　　（第132回改題）

3　銀行より1,200,000円を借り入れ，同額の約束手形を振り出し，利息50,000円を差し引かれた残額が普通預金口座に振り込まれた。　　　　　　　　　　　　　　　　　　　（第139回改題）

4　東京商店に資金900,000円を貸し付けるため，同店振出しの約束手形を受け取り，同日中に当店の当座預金より東京商店の銀行預金口座に同額を振り込んだ。なお，利息は返済時に受け取ることとした。　　　　　　　　　　　　　　　　　　　　　　　　　　　　　　（第136回改題）

	借方科目	金　　額	貸方科目	金　　額
1				
2				
3				
4				

発展問題 5

次の取引について仕訳を示しなさい。なお，商品売買に関する記録は三分法によるものとする。

1. 北商店から商品150,000円を仕入れ，代金のうち50,000円は同商店にあらかじめ支払っていた手付金を充当し，残額は小切手を振り出して支払った。　　　　　　　　　　　　（第130回改題）
2. 得意先野原商店に商品170,000円（原価98,000円）を売り上げ，代金のうち40,000円は注文時に受け取った手付金と相殺し，残額は月末の受取りとした。なお，商品の発送費用（先方負担）7,000円を運送会社に現金で立替払いし，掛代金とは区別して計上した。　　　（第140回改題）
3. 商品100,000円を売り上げ，代金は当店発行の商品券40,000円および現金で受け取った。　　　　　　　　　　　　　　　　　　　　　　　　　　　　　　　　　　　　　（第129回改題）
4. 北風百貨店は商品15,000円を売り渡し，代金のうち12,000円は他店発行の全国百貨店商品券で受け取り，残額は当店発行の商品券で受け取った。　　　　　　　　　　　　（第138回改題）

	借　方　科　目	金　　　額	貸　方　科　目	金　　　額
1				
2				
3				
4				

発展問題 6

次の取引について，仕訳を示しなさい。

1. 従業員の出張にあたり，旅費の概算額40,000円を支払っていたが，本日，帰店したため旅費の精算を行い，残額1,000円を現金で受け取った。　　　　　　　　　　　　　　（第129回改題）
2. 出張中の従業員から，当座預金口座へ70,000円の振込みがあったが，その詳細は不明である。　　　　　　　　　　　　　　　　　　　　　　　　　　　　　　　　　　　（第130回改題）
3. 出張中の店員から当座預金口座に振込みがあった80,000円はその詳細が不明であったが，本日，得意先浜商店からの商品代金の手付金であることが判明した。　　　　　　（第132回改題）
4. 当月分の従業員給料総額4,000,000円から社会保険料340,000円および所得税160,000円を控除した残額を現金で支払った。　　　　　　　　　　　　　　　　　　　　　　　（第130回改題）
5. 先月の従業員給料から差し引いた所得税の源泉徴収額70,000円を，銀行において納付書とともに現金で納付した。　　　　　　　　　　　　　　　　　　　　　　　　（第131回改題）
6. 従業員5名の給料から源泉徴収していた1月から6月までの所得税合計額200,000円を，銀行において納付書とともに現金で納付した。ただし，この納付方法については所轄税務署より納期の特例を承認されている。　　　　　　　　　　　　　　　　　　　　　　（第140回改題）

	借 方 科 目	金　　　額	貸 方 科 目	金　　　額
1				
2				
3				
4				
5				
6				

発展問題7

次の取引について，仕訳を示しなさい。

1　前期の売上げにより生じた売掛金400,000円が貸し倒れた。なお，貸倒引当金の残高は250,000円である。　　　　　　　　　　　　　　　　　　　　　　　　　　　（第139回改題）

2　前期に貸倒として処理していた栗原商店に対する売掛金100,000円のうち，当期になって事態が好転し，50,000円分が回収されて当座預金口座に入金された。　　　　　　（第127回改題）

	借 方 科 目	金　　　額	貸 方 科 目	金　　　額
1				
2				

発展問題8

次の取引について，仕訳を示しなさい。

1　額面総額2,500,000円の大阪株式会社社債を，額面100円につき98円で購入した。代金は4日以内に証券会社へ支払うことにし，未払いとして計上した。　　　　　　　　　　（第138回改題）

2　額面総額4,000,000円の太陽株式会社社債を額面100につき97円で購入し，代金は購入手数料15,000円とともに小切手を振り出して支払った。なお，当座預金の残高は3,600,000円であるが，借越限度額400,000円の当座借越契約を結んでいる（二勘定制）。　　　　　　（第133回改題）

3　手持ちの高倉商事株式会社の株式100株（取得価格@700円）を全株@850円で売却し，売却代金は当座預金口座に振り込まれた。　　　　　　　　　　　　　　　　　　　（第131回改題）

	借方科目	金　額	貸方科目	金　額
1				
2				
3				

発展問題 9

次の取引について，仕訳を示しなさい。

1　出店用の土地165㎡を 1 ㎡当たり15,000円で購入し，購入手数料200,000円を含む代金の全額を後日支払うこととした。また，この土地の整地費用40,000円を現金で支払った。（第139回改題）
2　商品運搬用の小型トラック 2 台@2,000,000円を買い入れ，代金のうち半額は小切手を振り出して支払い，残額は翌月から 3 か月の分割払いとした。なお，購入に伴う登録手数料など150,000円は現金で支払った。（第129回改題）
3　先月末に600,000円の土地を700,000円で豊浦商店に売却していたが，本日，代金の全額が豊浦商店より当店の普通預金口座に振り込まれた。（第136回改題）
4　車両（取得原価900,000円，残存価額ゼロ，耐用年数 5 年）を 2 年間使用してきたが， 3 年目の期首に450,000円で売却し，代金は売却先振出しの小切手で受け取った。減価償却費は定額法で計算し，記帳は間接法を用いている。（第132回改題）
5　平成21年11月 1 日に取得した備品（取得原価300,000円，残存価額ゼロ，耐用年数 5 年，定額法により償却，間接法により記帳）が不用になったので，平成25年 5 月31日に100,000円で売却し，代金については翌月末に受け取ることにした。なお，決算日は12月31日とし，当期首から売却時点までの減価償却費は月割りで計算すること。（第134回改題）

	借方科目	金　額	貸方科目	金　額
1				
2				
3				
4				
5				

発展問題10

次の取引について，仕訳を示しなさい。なお，商品売買に関する記録は三分法によるものとする。

1. 営業活動で利用する電車およびバスの料金支払用ICカードに現金50,000円を入金し，領収証の発行を受けた。なお，入金時に全額費用に計上する方法を用いている。　　（第140回改題）
2. 得意先緑商店から売掛金150,000円を現金で回収したさい，誤って売上に計上していたことが判明したので，本日これを訂正する。　　（第134回改題）
3. 西商店から掛けで仕入れていた商品のうち，25,000円が品違いのため返品をした。この分は同店に対する掛け代金より差し引かれた。　　（第132回改題）
4. 領収証の発行や約束手形の振出しに用いる収入印紙6,000円と郵便切手1,200円をともに東京郵便局で購入し，代金は現金で支払った。　　（第137回改題）
5. 損益勘定の記録によると，当期の収益総額は3,800,000円で費用総額は2,980,000円であった。この差額を資本金勘定へ振り替える。　　（第133回改題）

	借方科目	金額	貸方科目	金額
1				
2				
3				
4				
5				

解答＆解説

発展問題1

	借方	金額	貸方	金額
1	租税公課 引出金	30,000 60,000	現金	90,000
2	租税公課 引出金	48,000 32,000	当座預金	80,000
3	租税公課 資本金	112,500 147,500	現金	260,000

問1

税金は，「国や地方のサービスを利用するために国民が払うべき負担金」で，支払い能力に応じて負担する必要があります。固定資産税は，持っている資産の量（金額）に応じて支払う税金です。また，所得税は，所得金額（収入－支出で計算）に応じて支払う税金です。固定資産税は，課税される資産が事業に使われているのであれば，租税公課という勘定科目で損益計算書に費用に計上しますが，プライベートの資産にかかる部分は費用にすることはできません。また，所得税は，事業

によって儲けた所得に対してかかるものであって，事業をするために払うものではないため事業上の費用にはできません。本問では，固定資産税については「店舗にかかる」とあることから，事業に使っている資産に対するものであることがわかります。そのため，固定資産税は「租税公課」勘定で費用計上し，所得税については資本の引出しとして処理することになります。

問2

問1で見たように，固定資産税は「事業に使っている資産」分のみが費用になります。プライベートな資産にかかる固定資産税は費用になりません。そのため，本問のようにプライベートな固定資産税を店のお金で支払った場合には，資本の引出しとして処理します。48,000円（80,000円×60％）が租税公課，残額32,000円（80,000円×40％）の「店主用」にあたる部分が引出金となります。なお，固定資産税の税額は，1年間分の支払うべき金額を示した納税通知書によって知らされてきます。この年税額を「〜期分」という形で分割して支払うことになります。

問3

本問は，複合的な問題です。まず，固定資産税と所得税の支払いに関する資料があり，さらに固定資産税は事業用とプライベートに分類されます。

① 固定資産税
　　事　業　用：150,000円×75％＝　112,500円
　　プライベート：150,000円×25％＝　 37,500円　Ⓐ
② 所　得　税　　　　　　　　　　　110,000円　Ⓑ
③ 資本の引出額　　Ⓐ＋Ⓑ　<u>147,500円</u>

なお，資本金の一時的な引出に関する処理方法には，「**資本金勘定で処理する方法**」と「**引出金勘定で処理する方法**」の2つがありますが，本問では指示に従って資本金勘定を用いて処理します。

発展問題2

1	通　信　費	40,000	普　通　預　金	40,000
2	当　座　預　金	60,000	売　掛　金	60,000
3	当　座　借　越 当　座　預　金	100,000 300,000	売　掛　金	400,000
4	当　座　借　越 当　座　預　金	160,000 30,000	現　　　金	190,000
5	消　耗　品	9,000	当　座　預　金 当　座　借　越	6,000 3,000
6	現　金　過　不　足	10,000	現　　　金	10,000
7	旅　費　交　通　費	5,600	現　金　過　不　足	5,600
8	交　通　費 消　耗　品　費 雑　　　費	5,000 3,000 2,000	当　座　預　金	10,000

問1
　携帯電話料金や固定電話料金，インターネット代は，通信費（費用項目）で処理します。なお，問題文に「**普通預金口座**」とありますので，誤って当座預金勘定の減少としないように注意しましょう。

問2
　当店が振り出していた小切手，つまり**自己振出小切手を受け取った場合は，「当座預金」の増加**として記録とします。小切手が戻ってきたということは，実際にその小切手で当座預金からお金が引き出されることはなかったということです。しかし簿記上は，小切手の振出時点において，前倒しで「当座預金」勘定をマイナスしてしまっているので，そのマイナスを取り消すために当座預金勘定を増加させる必要があります。

問3
　売掛金の回収として，永井商店振出しの小切手，つまり他人振出の小切手を受け取ったため，通常であれば現金勘定の増加として処理します。しかし，本問では「ただちに当座預金に預け入れた」とありますので，当座預金勘定の増加として処理することになります。ただ，さらに本問は，「当座預金口座の残高は100,000円の借越しとなっている」と指示を与えていますので，**まず当座借越を返済し，残額を当座預金勘定の増加とする**ことになります。

問4
　本問は問3と似ていますが，問3が小切手を受け取った時点の記録に関する出題であったのに対し，本問は「既に受け取った小切手の預け入れ」時点の記録に関する出題であるため，混同しないように注意が必要です。本問を解答するためには，まず**小切手の受取時点において「現金190,000／?? 190,000」**として，現金の増加が既に記録されていることに気付く必要があります。本問で解答すべきは，この現金として記録された小切手を，当座預金に預け入れた時点での記録ですので，現金勘定の減少，当座預金勘定の増加ということになります。ただし，問題文に「当座預金出納帳の貸方残高は160,000円」とあり，マイナス残高とされていますので，本問も問3と同様に当座借越の返済し，残額を当座預金勘定の増加とすることになります。

問5
　本問では，消耗品を「購入時にいったん資産として計上」とありますので，消耗品勘定（資産項目）の増加として処理することになります。問題なのは，代金について小切手を振り出して支払っていますが，**当座預金残高6,000円に対し，9,000円の小切手を振り出しています。残高が足りずに，当座借越によって支払う**ことになります。

問6
　実際の有高と帳簿上の現金の金額にズレがあることを「現金過不足」といいます。現金過不足勘定を使って，とりあえず実際の有高と帳簿上の現金の金額を合わせておき，その後に理由を調査することになります。本問では，現金の実際有高が帳簿残高より10,000円不足しているため，現金の帳簿残高を10,000円減少させ，帳簿残高と実際有高とを一致させます。

問7
　過去に現金過不足勘定で処理していた金額について，不足していた理由が「旅費交通費5,600円の記入漏れ」であったと判明しました。つまり，本来記録されているべきであった「旅費交通費5,600円」が記録されていなかったので，判明した時点で「旅費交通費5,600／現金5,600」として

追加で記入する必要があります。しかし，**既に現金勘定のマイナスは，現金過不足が明らかになった時点で「現金過不足5,600／現金5,600」として記録済み**ですので，理由が判明した時点では「旅費交通費5,600／現金過不足5,600」として，現金過不足勘定から振り替える処理が必要となります。

問8

会社の経理担当者は，小口現金係（各部署の雑貨などを購入する係）からの報告を受け，その内容にもとづいて会計上の記録を行い，かつ実際に使用した金額を小口現金に補充します。通常，小口現金係からの報告と小口現金の補充は同時に行われないため，報告時にいったん小口現金を減少させ，補充時に改めて小口現金を増加させるのですが，本問では**「ただちに」**小切手で補充したと指示がありますので，**小口現金を減らさず処理を行う**ことになります

発展問題3

1	仕　　　　　　　入	110,000	受　取　手　形 買　　掛　　金 現　　　　　金	40,000 60,000 10,000
2	受　取　手　形 売　　掛　　金 発　　送　　費	100,000 307,000 7,000	売　　　　　　　上 当　座　預　金	400,000 14,000
3	前　　受　　金 受　取　手　形 売　　掛　　金 立　　替　　金	40,000 220,000 80,000 20,000	売　　　　　　　上 現　　　　　金	340,000 20,000
4	当　座　預　金 手　形　売　却　損	448,000 2,000	受　取　手　形	450,000
5	当　座　預　金 手　形　売　却　損	725,200 4,800	受　取　手　形	730,000

問1

本問では，支払い方法と諸掛の論点が組み合わされています。まず商品代金100,000円のうち，40,000円は約束手形を裏書譲渡した，つまり自分がお金をもらえる手形を支払いのために譲ったということです。約束手形は受け取った側では受取手形として記録していますので，受取手形勘定の減少として記録します。また，残額の60,000円は掛としたとありますので，買掛金勘定の増加として記録とします。なお，**仕入時に支払った諸掛（引取運賃）は，仕入の金額に含めます。**

問2

問1を売り手側からみたような内容の出題です。本問は諸掛の取扱いが複雑ですので，注意が必要です。まず，商品代金のうち100,000円は裏書譲渡された約束手形を受け取っていますので受取手形勘定の増加，残額は掛取引ですので300,000円は売掛金勘定の増加で記録します。また，売上諸掛（運賃）の14,000円は小切手で支払ったとありますが，そのうち**半額は京都商店（先方）負担**ですから，**本来であれば当店が支払うべきものではありません。**そのため，後で京都商店にお金を返してもらいます。よって，14,000円の**半額7,000円分は請求権として資産計上**します。なお，このようなケースの処理方法には，①立替金勘定を使用する方法と，②売掛金勘定に含める方法の2

つがあります。本問では問題文の指示に従い、②の方法で処理することになります。

問3

本問では、内金の取扱いに注意が必要です。問題文から、商品代金の一部である40,000円は内金として既に受け取っていたことがわかります。そのため、商品の販売時に受け取る金額は、商品代金の前受分（前受金勘定で処理されている）を控除した残額ということになります。よって、本問では売上340,000円に対し、残額300,000円の受取りが必要になります。220,000円は約束手形の裏書譲渡を受けていますので受取手形勘定、残額80,000円は売掛金勘定の増加で処理します。なお、売上諸掛（発送運賃20,000円）は先方負担であるため、問題文の指示に従って立替金勘定の増加として処理することになります。

問4

「手形の割引」とは、受取手形を満期日（本来お金を受け取れる日）よりも早く現金化するために、銀行などに買い取ってもらうことをいいます。つまり、割引とは「売却」とほぼ同じ意味で使われていますので、割引時点で受取手形勘定の減少として記録します。また、本来よりも早くお金を受け取るということは、本来の入金日までの間、銀行からお金を借りているようなものなので、利息相当額が割引料として、手形の金額から差し引かれてしまいます。この利息相当額は、手形売却損勘定で処理します。

問5

問4と同様の出題ですが、**割引料を自分で計算する必要があります。** 本問における利息相当額（割引料）は、「730,000円×年利率3％×80日／365日＝4,800円」となります。

発展問題4

1	借　入　金 支　払　利　息	400,000 6,000	当　座　預　金	406,000
2	現　　　金	612,000	貸　付　金 受　取　利　息	600,000 12,000
3	普　通　預　金 支　払　利　息	1,150,000 50,000	手　形　借　入　金	1,200,000
4	手　形　貸　付　金	900,000	当　座　預　金	900,000

問1

まず、「元利（がんり）」という用語を理解しておきましょう。「借りた金額（元金）＋利息」をセットにした用語です。期日が来たので、元金に利息をプラスした金額で借りたお金を返したということです。借入金を返したので借入金勘定は減少し、それと同時に支払いに使われた当座預金勘定も減少します。なお、支払った利息は、支払利息勘定の増加として記録します。ただし、借入期間が当期中の6か月だけですから、年利率分の6／12だけで計算します（利息の計算：400,000円×年3％×6か月／12か月＝6,000円）ので、注意しましょう。

問2

貸付金を回収（お金を返してもらった）したので、貸付金勘定の減少として記録します。回収は

相沢商店が振り出した小切手で行われましたが，これは「他人振出の小切手」に該当しますので，簿記上は現金として認識し，現金勘定の増加とします。なお，1年分の利息の処理（利息の計算：600,000円×年2％＝12,000円）も合わせて行うことも忘れないように注意して下さい。

問3

借入を借用証書ではなく，約束手形で代用しています。このような場合には，手形借入金という勘定科目で，通常の借入金と区別して記録します。なお今回は，利息分を前払いしており，借入額の1,200,000円から利息50,000円を差し引いた残額1,150,000円を受け取っています。なお，今回は普通預金勘定の増加になりますので，注意が必要です。

問4

貸付を借用証書の受取りではなく，約束手形で代用しています。このような場合には，手形貸付金という勘定科目で，通常の貸付金と区別して記録します。

発展問題5

1	仕　　　　　入	150,000	前　受　　　金 当　座　預　金	50,000 100,000
2	前　受　　　金 売　掛　　　金 立　替　　　金	40,000 130,000 7,000	売　　　　　上 現　　　　　金	170,000 7,000
3	商　品　　　券 現　　　　　金	40,000 60,000	売　　　　　上	100,000
4	他　店　商　品　券 商　品　　　券	12,000 3,000	売　　　　　上	15,000

問1

商品売買取引において，「手付金を払っていた」とは「代金の一部を前払いしている」ということです。支払時点において，「前払金50,000／現金・当座預金など50,000」として記録されています。そのため，商品の引渡しを受けたときには，商品代金に充当して残額を支払うことになります。本問の場合は，残額は小切手を振り出して支払ったとあるため，当座預金勘定の減少として記録します。

問2

本問には，2つの論点が混ざっています。1つは，前受金勘定を使った処理です。本問において，手付金として受け取っていた40,000円は商品代金の一部を前受けしたものですから，受取り時に前受金勘定で記録されています。そのため，実際に商品を引き渡したときに受け取るのは，代金総額から前受金部分を控除した金額になります。2つ目は，売上諸掛に関する会計処理です。本問においては，発送費用7,000円が該当します。この諸掛について，本問では問題の指示により先方負担であることがわかります。つまり，本来であれば，先方が自分で払うべきものですが，今回は当社が代理で払っている，つまり立替えを行っています。なお，この立替分について，文中に「掛代金とは区別して計上した。」とあるため，立替金勘定に記録する必要があります。

問3

商品代金100,000円が売上の総額となります。しかし，本問での販売時における受取額は60,000円のみです。それは，当社が事前に商品券を発行したときに40,000円を先に受け取っており，商品の引渡し義務が生じていたからです。なお，当社は商品券の発行時に商品券勘定（負債）で記録しています。そのため，販売時においては，実際に商品を引き渡すことで，義務を果たしたため商品券勘定を減額し，差額分だけ代金を追加で受け取るということになります。

問4

本問では，当社が発行した商品券以外の商品券を受け取っています。問3で説明しましたように，当社が発行した商品券を受け取ったときは，商品の引渡義務が消滅するため，商品券勘定（負債）の減少として処理します。これに対して，当社以外（他店）が発行した商品券を受け取った場合は，後で発行元の会社に買い取ってもらい精算することになります。つまり，お金を請求する権利ですので，他店商品券勘定（資産）の増加として処理します。

発展問題6

1	旅 費 交 通 費 現　　　　　　金	39,000 1,000	仮　　払　　金	40,000
2	当　座　預　金	70,000	仮　　受　　金	70,000
3	仮　　受　　金	80,000	前　　受　　金	80,000
4	給　　　　　　料	4,000,000	社 会 保 険 料 預 り 金 所 得 税 預 り 金 現　　　　　　金	340,000 160,000 3,500,000
5	所 得 税 預 り 金	70,000	現　　　　　　金	70,000
6	所 得 税 預 り 金	200,000	現　　　　　　金	200,000

問1

本問の前提として，出張する従業員に対し，概算（とりあえずの額）で支払った旅費40,000円が，正式な記録前の**仮科目である仮払金勘定で処理されている**ことを理解する必要があります。一時的に仮払金勘定で記録しておき，金額や内容が確定した時に適切な勘定（今回は「旅費交通費勘定」）へ振り替えることになります。なお，本問では，従業員が出張から戻って旅費の精算したときに1,000円を従業員から回収しています。つまり，「40,000円を仮払いして1,000円返ってきた→旅費交通費が39,000円であった」と推測できるため，この理解にもとづいて記録を行います。

問2

70,000円が当座預金口座へ「振り込まれた」とありますので，まず当座預金勘定の増加を記録します。しかし，「その詳細は不明」とのことで入金の理由がわかりませんから，一時的に仮受金勘定で処理します。

問3

当初，問題文の「振込みがあった80,000円はその詳細が不明であった」というところで，この金額を過去に仮受金として処理していたことがわかります。その上で，今回その振込みの理由が明ら

かになったので，改めて正しい科目に振り替えるというのが本問の内容です。そのため，当初は仮受金として処理していた80,000円について，前受金勘定へ振り替えることになります。

問4

本問において，当社は給料から社会保険料および所得税を差し引いた残額を従業員に支払っています。それは，本来であれば従業員は給料をもらうと，社会保険料340,000円と所得税160,000円を自分で国に支払わなければなりません。しかし，それでは大変なので会社が従業員の代わりに支払ってあげるために，先に給料総額4,000,000円から「**代わりに払う金額**」**を差し引いて預かっておいて，残額のみ手取額として従業員に支払う**のです。このような「**預かる制度**」を源泉徴収制度といいます。なお，本問は本試験問題に合わせるため勘定科目を「社会保険料預り金」「所得税預り金」としていますが，指示がなければ「預り金」でまとめて構いません。

問5

本問は，給料の支払い時に支給額から差し引いて預かった所得税を納付するときの会計処理です。本来は従業員が負担し自分で納めるべき所得税を，会社は預かったお金を使って従業員に代わって税務署に納付します。なお，実務的には今回の問題にあるように，銀行の窓口から税務署宛てに支払いをすることが多いです。

問6

本問は，問5をアレンジした問題です。「納付方法については～納期の特例」という文言は無視して構いません。受験者を惑わすためのダミーの資料です。従業員から預かった所得税は企業が毎月納付するのが原則ですが，毎月払いに行くのも大変なので，一定の要件を満たせば半年分をまとめて納付してもよいという制度があり，これを「納期の特例」といいます。

発展問題7

1	貸倒引当金 貸倒損失	250,000 150,000	売掛金	400,000
2	当座預金	50,000	償却債権取立益	50,000

問1

貸倒れ（売掛金などが回収できなくなること）に備える貸倒引当金は，決算整理として期末に設定されます。つまり，次期以降に生じる可能性の高い貸倒による損失を「貸倒引当金繰入（費用）／貸倒引当金（資産の仮の減少）」として，将来の損失を期末に前倒して「費用計上／資産の減少（仮）」するのです。

そのため，前期以前の売掛金に対しては，予測できた金額分については既に前倒しで貸し倒れた場合の損失計上は終わっているのです。本問では，貸倒引当金が250,000円分あるということですから，前期に「**250,000円分までは損失計上が終わっている**」ということがわかります。しかし，予想を超えて400,000円が貸し倒れてしまっているので，不足分の150,000円のみ貸倒損失を追加計上する必要があります。

<前期の処理>

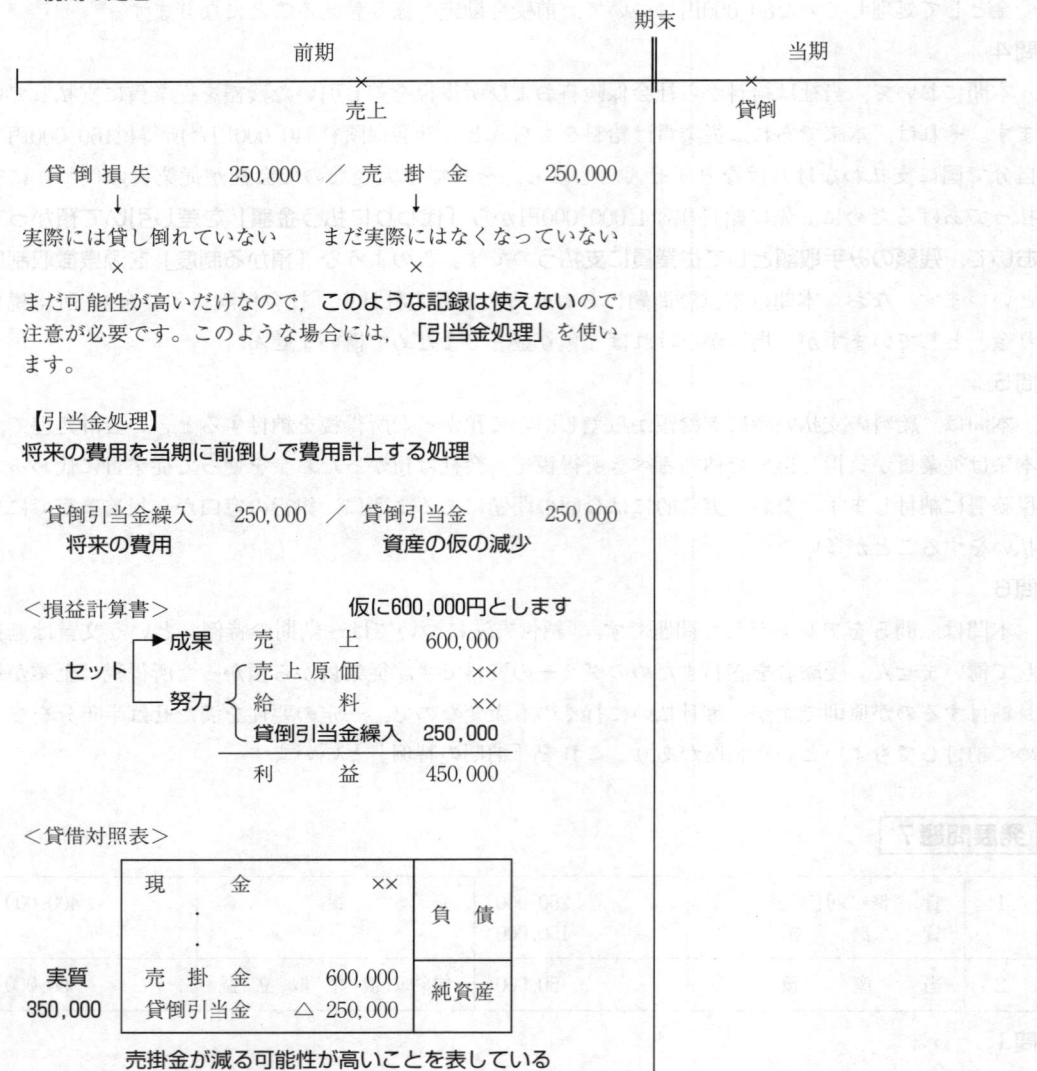

```
            前期          期末        当期
├──────────×──────────┼──────────×──────
             売上                   貸倒
```

貸 倒 損 失　　250,000　／　売 掛 金　　250,000
　　　↓　　　　　　　　　　　　　↓
実際には貸し倒れていない　　まだ実際にはなくなっていない
　　　×　　　　　　　　　　　　　×

まだ可能性が高いだけなので，このような記録は使えないので注意が必要です。このような場合には，「引当金処理」を使います。

【引当金処理】
将来の費用を当期に前倒しで費用計上する処理

貸倒引当金繰入　　250,000　／　貸倒引当金　　250,000
　将来の費用　　　　　　　　　　資産の仮の減少

<損益計算書>　　　　　　　　仮に600,000円とします

　　　┌→成果　売　　　　上　　　600,000
セット┤　　　　┌売 上 原 価　　　　××
　　　└→努力 ┤ 給　　　料　　　　××
　　　　　　　└貸倒引当金繰入　　250,000
　　　　　　　　利　　　益　　　　450,000

<貸借対照表>

	現　金　　　　××　　：	負　債
実質 350,000	売 掛 金　　600,000 貸倒引当金　△250,000	純資産

売掛金が減る可能性が高いことを表している

発展問題演習

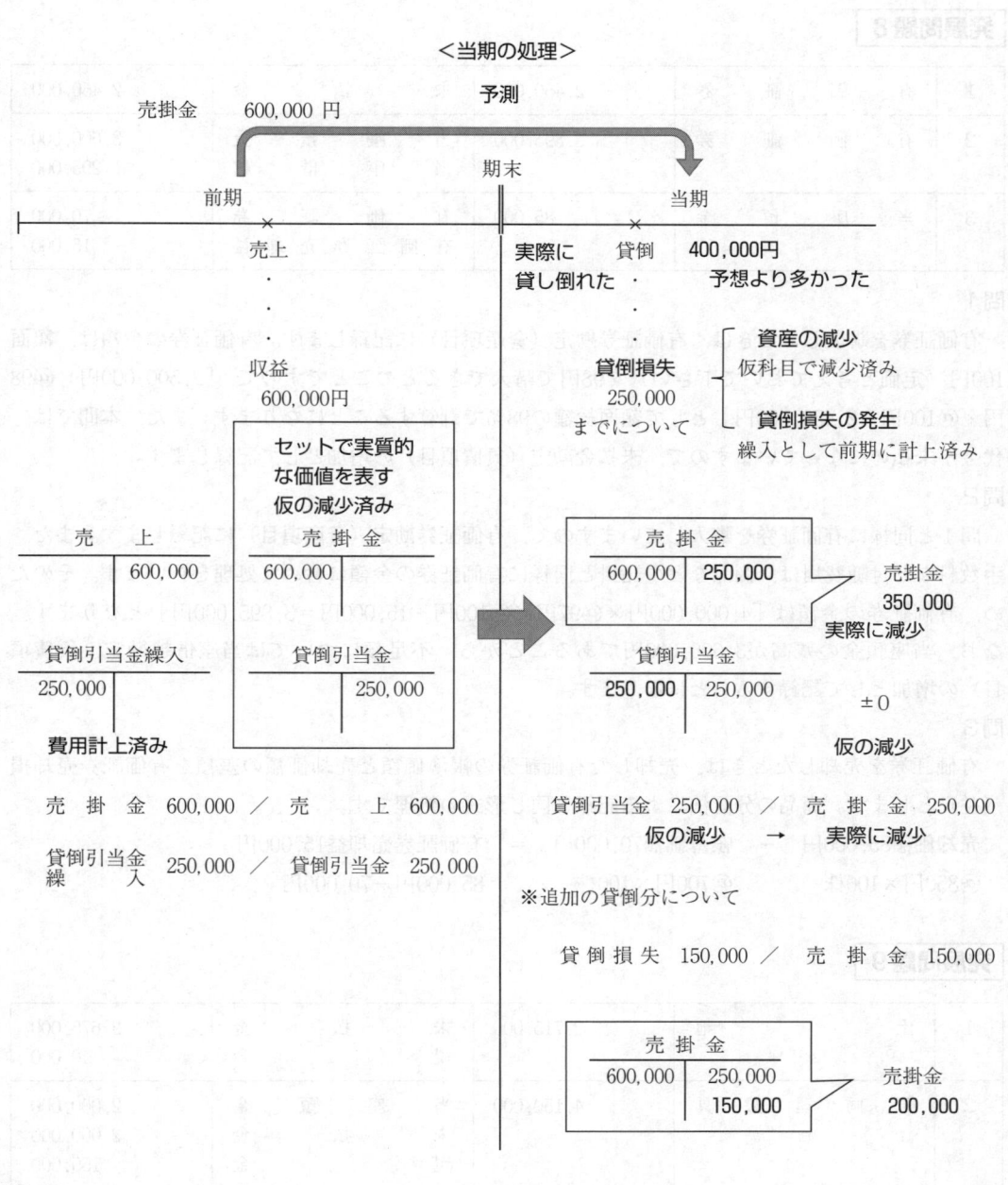

<当期の処理>

予測

売掛金　600,000円

前期　　　　　　　期末　　　　　　　当期

売上
・
・
・
収益
600,000円

実際に　貸倒　400,000円
貸し倒れた　　予想より多かった
・
・
貸倒損失
250,000
までについて

- 資産の減少
  仮科目で減少済み
- 貸倒損失の発生
  繰入として前期に計上済み

セットで実質的
な価値を表す
仮の減少済み

```
       売　　上
            |  600,000
```

```
     売　掛　金
  600,000 |
```

```
  貸倒引当金繰入
  250,000 |
  費用計上済み
```

```
     貸倒引当金
            |  250,000
```

```
     売　掛　金
  600,000 | 250,000
```
売掛金
350,000
実際に減少

```
     貸倒引当金
  250,000 | 250,000
```
±0
仮の減少

売　掛　金　600,000　／　売　　　上　600,000

貸倒引当金
繰　　　入　250,000　／　貸倒引当金　250,000

貸倒引当金　250,000　／　売　掛　金　250,000
　　仮の減少　　　→　　　実際に減少

※追加の貸倒分について

貸倒損失　150,000　／　売　掛　金　150,000

```
     売　掛　金
  600,000 | 250,000
          | 150,000
```
売掛金
200,000

問2

　問題文から，栗原商店に対する売掛金は，前期において「貸倒損失100,000／売掛金100,000」として既に減少が済んでいることがわかります。ところが，当期になって50,000円分が回収できたのですが，「当座預金50,000／売掛金50,000」という処理を行うことができません。何故ならば，**既に売掛金を減少させてしまっているので，回収時に売掛金を減らすことができない**からです。そのため，このような場合には，「当座預金50,000／償却債権取立益50,000」として収益に計上することになります。

発展問題8

1	有 価 証 券	2,450,000	未 払 金	2,450,000
2	有 価 証 券	3,895,000	当 座 預 金 当 座 借 越	3,600,000 295,000
3	当 座 預 金	85,000	有 価 証 券 有 価 証 券 売 却 益	70,000 15,000

問1

有価証券を購入したときは，有価証券勘定（資産項目）に記録します。有価証券の金額は，額面100円（定価と考えておいて下さい）を98円で購入できるとのことですので，「2,500,000円×@98円／@100円＝2,450,000円」として額面総額の98％で計算することになります。また，本問では，代金が未払いになっていますので，未払金勘定（負債項目）の増加として記録します。

問2

問1と同様に有価証券を購入していますので，有価証券勘定（資産項目）に記録します。また，手数料など付随費用は，商品などの諸掛と同様に有価証券の金額に含めて処理を行います。そのため，有価証券の金額は「4,000,000円×@97円／@100円＋15,000円＝3,895,000円」となります。なお，当座預金の残高が3,600,000円であることから，不足額については当座借越勘定（負債項目）の増加として記録することになります。

問3

有価証券を売却したときは，売却した有価証券の帳簿価額と売却価額の差額を有価証券売却損（益）とします。商品の分記法による記録と同じ形式の処理です。

売却価額85,000円　−　帳簿価額70,000円　＝　有価証券売却益15,000円
@850円×100株　　　@700円×100株　　　　85,000円−70,000円

発展問題9

1	土 地	2,715,000	未 払 金 現 金	2,675,000 40,000
2	車 両 運 搬 具	4,150,000	当 座 預 金 未 払 金 現 金	2,000,000 2,000,000 150,000
3	普 通 預 金	700,000	未 収 入 金	700,000
4	車両減価償却累計額 現 金 固 定 資 産 売 却 損	360,000 450,000 90,000	車 両	900,000
5	備品減価償却累計額 減 価 償 却 費 未 収 入 金	190,000 25,000 100,000	備 品 固 定 資 産 売 却 益	300,000 15,000

問1

商品や有価証券と同様，固定資産の購入に付随して生じた費用（購入手数料・整地費用など）は，固定資産の金額に含めて処理します。なお，代金の未払分は，未払金勘定（負債）の増加とします。

問2

問1と同様，固定資産の購入に付随して生じた費用（本問では，登録手数料など）は，固定資産の金額に含めて処理します。なお，代金のうち半額は小切手による支払いですので，当座預金勘定の減少として記録します。残額2,000,000円についてですが，文中に「翌月から3か月の分割払い」とありますが，これはあくまで支払い方に関する資料であり，どんな払い方をするにせよ，現時点で未払いという事実は変わりませんので，解答上考慮する必要はありません。つまり，ダミーの資料です。代金の未払分は，未払金勘定（負債）の増加とします。

問3

本問は，「既に土地の売却が終わった後の代金の回収に関する記録」について問う問題です。そのため，売却時点でどのような仕訳をしているかが頭に浮かばないと解答できません。代金の未収分は未収入金勘定（資産）の増加で記録されている点に注意が必要です。

問4

固定資産を売却したときは，売却価額から帳簿価額を差し引き，固定資産売却損（益）を計算します。なお，帳簿価額は，固定資産の勘定と減価償却累計額勘定の差額で計算されます。

これまでの記録

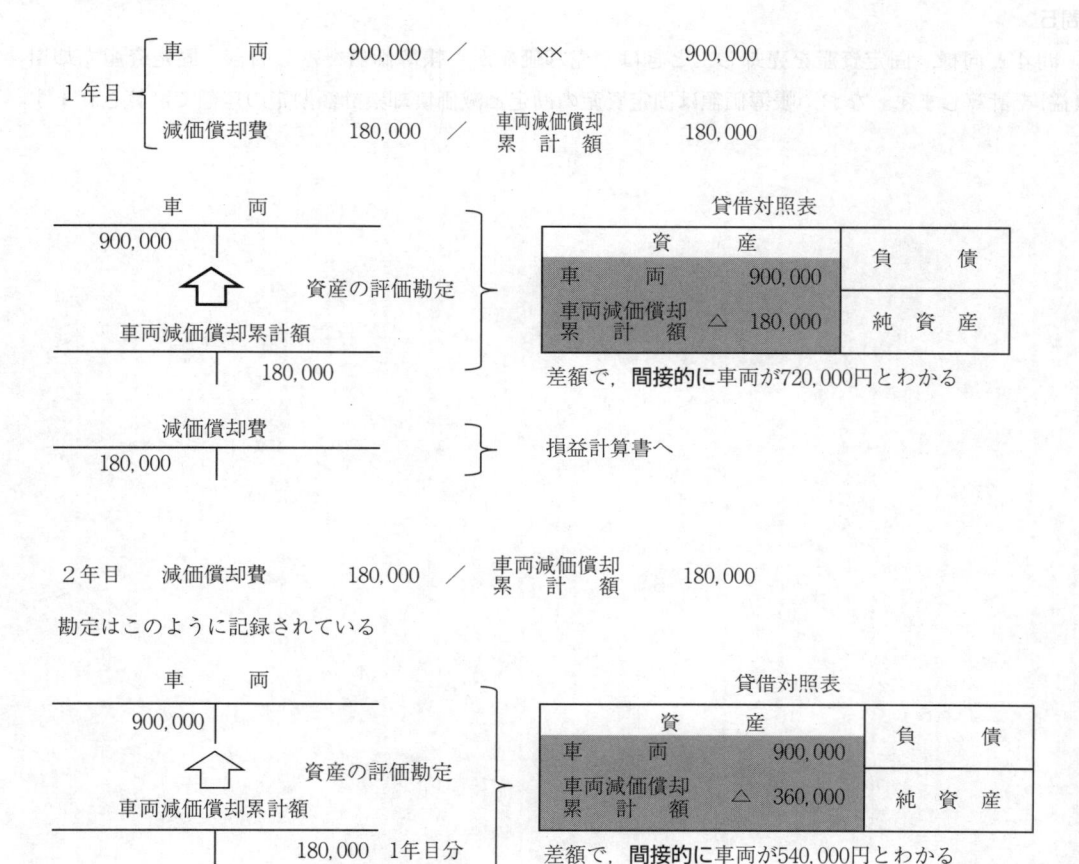

1年目　車　　両　　900,000　／　××　　　　900,000

　　　　減価償却費　180,000　／　車両減価償却累計額　180,000

車　両
900,000 ｜

⇧　資産の評価勘定
車両減価償却累計額
　　　　　｜ 180,000

減価償却費
180,000 ｜　損益計算書へ

貸借対照表

資　産		負　債
車　両　　900,000		
車両減価償却累計額　△180,000		純資産

差額で，間接的に車両が720,000円とわかる

2年目　減価償却費　180,000　／　車両減価償却累計額　180,000

勘定はこのように記録されている

車　両
900,000 ｜

⇧　資産の評価勘定
車両減価償却累計額
　　　　　｜ 180,000　1年目分
　　　　　｜ 180,000　2年目分

貸借対照表

資　産		負　債
車　両　　900,000		
車両減価償却累計額　△360,000		純資産

差額で，間接的に車両が540,000円とわかる

3年目……当期　この車両を450,000円で売却したので，差額で90,000円の損が出た。

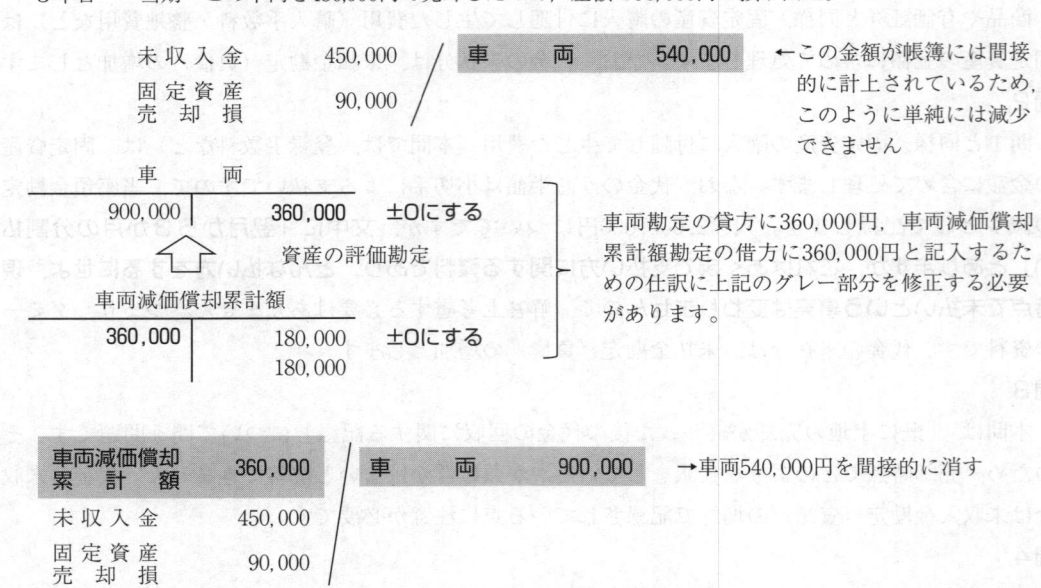

| 未収入金 | 450,000 | 車　　両 | 540,000 | ←この金額が帳簿には間接的に計上されているため，このように単純には減少できません |
| 固定資産売却損 | 90,000 | | | |

```
        車　　両
   900,000 │  360,000    ±0にする
      ⇧        資産の評価勘定
   車両減価償却累計額
     360,000 │ 180,000    ±0にする
              │ 180,000
```

車両勘定の貸方に360,000円，車両減価償却累計額勘定の借方に360,000円と記入するための仕訳に上記のグレー部分を修正する必要があります。

車両減価償却累計額	360,000	車　　両	900,000	→車両540,000円を間接的に消す
未収入金	450,000			
固定資産売却損	90,000			

※　減価償却費の計算
　　900,000円÷5年＝180,000円（1年分の減価償却費）……残存価額ゼロに注意してください。

問5

問4と同様，固定資産を売却したときは，売却価額から帳簿価額を差し引き，固定資産売却損（益）を計算します。なお，帳簿価額は固定資産の勘定と減価償却累計額勘定の差額で計算されます。

これまでの記録

1年目
- 備　　品　300,000 ／ ××　300,000
- 減価償却費　10,000 ／ 備品減価償却累計額　10,000　……11月, 12月の2か月分

```
     備　　品
 300,000 │
         │          ⬆ 資産の評価勘定
 備品減価償却累計額
         │ 10,000
```

貸借対照表

資　産		負債
備　　品	300,000	
備品減価償却累計額	△ 10,000	純資産

差額で, **間接的に**備品が290,000円とわかる

```
  減価償却費
 10,000 │
```
} 損益計算書へ

2年目〜4年目
- 減価償却費　60,000 ／ 備品減価償却累計額　60,000　→平成22年〜平成24年末までの3年間は毎年60,000円償却している

勘定はこのように記録されている

```
     備　　品
 300,000 │
         │          ⬆ 資産の評価勘定
 備品減価償却累計額
         │ 10,000 1年目分
         │ 60,000 2年目分
```

2年目 貸借対照表

資　産		負　債
備　　品	300,000	
備品減価償却累計額	△ 70,000	純資産

差額で, **間接的に**備品が230,000円とわかる

⬇

4年目 貸借対照表

資　産		負　債
備　　品	300,000	
備品減価償却累計額	△ 190,000	純資産

差額で**間接的に**備品が110,000円とわかる

5年目……当期　**期首から5月31日までの5か月分の減価償却が追加で必要です**

当期首の備品の額　110,000 － 当期の減価分　25,000

　　　売却直前の簿価　85,000

この備品を100,000円で売却したので, 差額で15,000円の益が出た。

未　収　入　金　100,000 ／ 備　　品　85,000　←この金額が帳簿には間接的に計上されているため, このように単純には減少できません
　　　　　　　　　　　　　　固定資産売却益　15,000

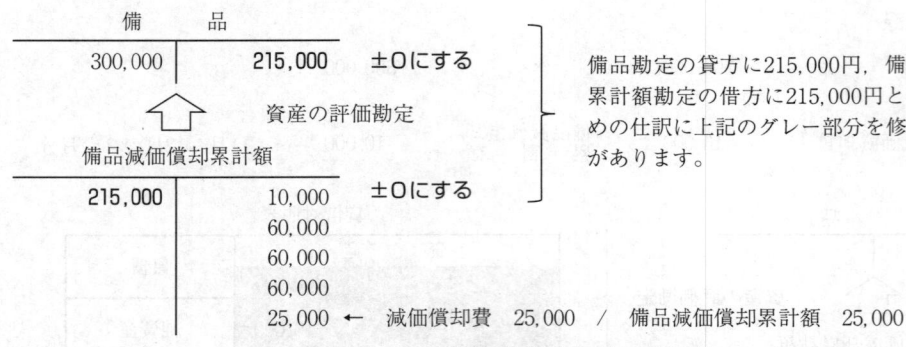

```
                    備      品
          300,000  │  215,000        ±0にする           備品勘定の貸方に215,000円，備品減価償却
                ⇧                    資産の評価勘定      累計額勘定の借方に215,000円と記入するた
          備品減価償却累計額                              めの仕訳に上記のグレー部分を修正する必要
          215,000  │   10,000        ±0にする           があります。
                   │   60,000
                   │   60,000
                   │   60,000
                   │   25,000  ← 減価償却費 25,000 / 備品減価償却累計額 25,000
                              当期の売却時点までの償却費
```

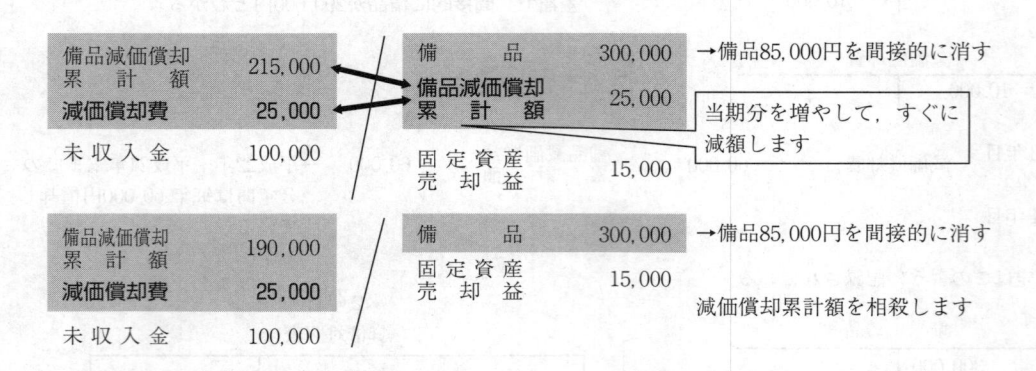

備品減価償却累計額	215,000	備品	300,000	→備品85,000円を間接的に消す
減価償却費	25,000	備品減価償却累計額	25,000	当期分を増やして，すぐに減額します
未収入金	100,000	固定資産売却益	15,000	

備品減価償却累計額	190,000	備品	300,000	→備品85,000円を間接的に消す
減価償却費	25,000	固定資産売却益	15,000	減価償却累計額を相殺します
未収入金	100,000			

発展問題10

1	旅 費 交 通 費	50,000	現　　　　　金	50,000
2	売　　　　　上	150,000	売　掛　金	150,000
3	買　掛　金	25,000	仕　　　　　入	25,000
4	租　税　公　課 通　信　費	6,000 1,200	現　　　　　金	7,200
5	損　　　　　益	820,000	資　本　金	820,000

問1
　交通手段のための支出額は旅費交通費勘定（費用項目）で処理します。問題文に「入金時に全額費用に計上する」と指示されていますので，旅費交通費勘定の増加として記録します。

問2
　本来であれば「現金150,000／売掛金150,000」と記録すべきところを，本問では「現金150,000／売上150,000」という誤った記録をしてしまっています。これを訂正するためには「売上の取り消し」と「売掛金の減少」という2つの追加記入が必要となります。そのため「**売上150,000／売掛金150,000**」という仕訳が必要になります。これを訂正仕訳といいます。

問3
　返品は仕入の取消しになりますので，仕入時に行った仕訳の逆仕訳を行うことで，仕入そのものをなかったことにします。

問4
　収入印紙は印紙税を納付するために使うものです。そのため，その印紙が事業のために使われる場合には租税公課勘定（費用項目）で記録します。また，郵便切手は通信費勘定（費用項目）として記録します。

問5
　決算振替仕訳に関する出題です。損益勘定は仮の損益計算書ですので，収益と費用の合計額が示されます。本問では，収益総額3,800,000円，費用総額2,980,000円ですので，差額で当期純利益が820,000円と分かります。3級の試験範囲である個人商店の簿記では，最終的に当期純利益を資本金に加算しますが，**本問では，この「当期純利益（損益勘定）→資本金へ振替え」に関する仕訳が問われています。**なお，資本金を増加させる場合には「？？　××　／　資本金　××」となることは決まっていますので，後は借方の？？に「損益」という勘定科目が入ることがマスターできれば，本問は解答ができるようになります。

テーマ2　第3問対策

　第3問の出題形式は，試算表作成を中心とした総合問題です。基本的な出題パターンは，資料として①ある時点の試算表と②その後の期間の資料が与えられ，①の試算表に②の情報を加えた試算表を作成するというものです。②の資料が「日々の取引」として与えられる場合や，「1か月分まとめた集計」として与えられる場合等，パターンはさらに分かれますが，**出題内容自体は比較的安定しています。**この試算表作成と合わせて，**売掛金の明細票作成などの小問が組み合わされて出題されます。**

　なお，決算整理後試算表から損益計算書や貸借対照表を作成させるケースもありますが，第4章で学んだ基本がしっかりとマスターできていれば十分対応は可能です。合計試算表，残高試算表，合計残高試算表という3つ作成方法と合わせて，損益計算書や貸借対照表との関係もマスターしておきましょう。

発展問題11
　次の【資料Ⅰ】平成××年3月末の合計試算表と【資料Ⅱ】平成××年4月中の取引にもとづいて，次の問に答えなさい。

【資料Ⅰ】 平成××年3月末の合計試算表（単位：円）

合 計 試 算 表

借　方	勘 定 科 目	貸　方
95,000	現　　　　金	30,000
150,000	当　座　預　金	40,000
50,000	受　取　手　形	15,000
150,000	売　掛　　金	50,000
60,000	繰　越　商　品	
20,000	買　掛　　金	50,000
	資　本　　金	250,000
	売　　　　上	250,000
100,000	仕　　　　入	
60,000	給　　　　料	
685,000		685,000

【資料Ⅱ】 平成××年4月中の取引
　5日　A商品500個を@¥50で仕入れ，代金は掛とした。
　10日　A商品700個を@¥120で売り上げた。代金の半額は当座預金に入金され，残額は得意先振出の約束手形を受け取った。
　15日　従業員へ給料¥10,000円を当座預金口座から支払った。
　25日　A商品400個を掛で@¥120で売り上げた。

1　答案用紙の4月末の合計残高試算表を作成しなさい。
2　4月末に保有しているA商品の数量，単価および金額を答えなさい。なお，3月末に保有していたA商品の残高は700個×@¥60である。払出単価の決定方法は，先入先出法とする。

1

合計残高試算表

借　方		勘 定 科 目	貸　方	
残　高	合　計		合　計	残　高
		現　　　　金		
		当　座　預　金		
		受　取　手　形		
		売　掛　　金		
		繰　越　商　品		
		買　掛　　金		
		資　本　　金		
		売　　　　上		
		仕　　　　入		
		給　　　　料		

2

数　　　　量	単　　　　価	金　　　　額
個	@¥	¥

発展問題12

次の（A）平成××年3月末の合計試算表と，（B）平成××年4月中の取引にもとづいて，答案用紙の残高試算表を作成しなさい。

（A）平成××年3月末の合計試算表（単位：円）

合　計　試　算　表

借　　　　方	勘　定　科　目	貸　　　　方
95,000	現　　　　　　　金	30,000
150,000	当　座　預　金	40,000
50,000	受　取　手　形	15,000
150,000	売　　掛　　金	50,000
60,000	繰　越　商　品	
20,000	買　　掛　　金	50,000
	資　　本　　金	250,000
	売　　　　　　　上	250,000
100,000	仕　　　　　　　入	
60,000	給　　　　　　　料	
685,000		685,000

（B）平成××年4月中の取引

1　当座預金に関する取引
　①　売上代金の入金　　　¥42,000
　②　給料の支払い　　　　¥10,000

2　仕入に関する取引
　①　掛による仕入　　　　¥25,000

3　売上に関する取引
　①　当座預金による売上　¥42,000
　②　約束手形による売上　¥42,000
　③　掛売上　　　　　　　¥48,000

残高試算表

借　　方 残　　高	勘　定　科　目	貸　　方 残　　高
	現　　　　　　　金	
	当　座　預　金	
	受　取　手　形	
	売　　掛　　金	
	繰　越　商　品	
	買　　掛　　金	
	資　　本　　金	
	売　　　　　　　上	
	仕　　　　　　　入	
	給　　　　　　　料	

解答&解説
発展問題11

合計残高試算表

借方残高	借方合計	勘定科目	貸方合計	貸方残高
65,000	95,000	現　　　　金	30,000	
142,000	192,000	当　座　預　金	50,000	
77,000	92,000	受　取　手　形	15,000	
148,000	198,000	売　　掛　　金	50,000	
60,000	60,000	繰　越　商　品		
	20,000	買　　掛　　金	75,000	55,000
		資　　本　　金	250,000	250,000
		売　　　　上	382,000	382,000
125,000	125,000	仕　　　　入		
70,000	70,000	給　　　　料		
687,000	852,000		852,000	687,000

数量	単価	金額
100 個	@¥ 50	¥ 5,000

問1

　試算表作成問題を短時間で正確に解答するためには，まず個々の資料を正確に仕訳できることが重要です。ただし，実際の解答をする際には「仕訳は解答要求事項ではない」ですから，どれだけ仕訳を書いても1点にもなりません。そのため，**勉強をしている段階で，まず「仕訳を書ける」ようにした上で，次は「頭の中で仕訳して，仕訳を書かないで試算表に直接書き込む」クセを付ける**ように学習を進めましょう。仕訳を頭の中で行い，直接試算表に書き込むためには，T字勘定を意識するとよいと思います。

合　計　試　算　表

借方		勘定科目	貸方	
	95,000	現　　　　金	30,000	
+42,000	150,000	当　座　預　金	40,000	+10,000
+42,000	50,000	受　取　手　形	15,000	
+48,000	150,000	売　　掛　　金	50,000	
	60,000	繰　越　商　品		
	20,000	買　　掛　　金	50,000	+25,000
		資　　本　　金	250,000	
		売　　　　上	250,000	+84,000　+48,000
+25,000	100,000	仕　　　　入		
+10,000	60,000	給　　　　料		
	685,000		685,000	

追加事項 167,000 ←　必ず一致するように書き加える　→ 追加事項 167,000

212

問2

	単価	個数		
月初	60	700	前期繰越	
5日	50	500	当月仕入	
10日	60	−700	月初在庫払出	先入先出法のため，月初分を払い出してから，
25日	50	−400	当月仕入分払出	当月分を払い出します。
4月末	50	100		

　なお，本問では出題されていませんが，小問として次のような「売掛金明細表」「買掛金明細表」の作成が求められることがあります。（下記の明細表は本問とは無関係の資料です）

売 掛 金 明 細 表					買 掛 金 明 細 表		
	3月20日	3月31日			3月20日	3月31日
日立商店	¥　　900	¥		小熊商店	¥　　400	¥
三室商店	800			森商店	600	
酒井商店	500			笠井商店	200	
	¥ 2,200	¥			¥ 1,200	¥

　このような明細表の作成が出題されたときには，掛取引の相手方を注意して問題文を読み解きましょう。

発展問題12

残 高 試 算 表

借　方 残　高	勘 定 科 目	貸　方 残　高
65,000	現　　　　　金	
142,000	当　座　預　金	
77,000	受　取　手　形	
148,000	売　　掛　　金	
60,000	繰　越　商　品	
	買　　掛　　金	55,000
	資　　本　　金	250,000
	売　　　　　上	382,000
125,000	仕　　　　　入	
70,000	給　　　　　料	
687,000		687,000

　本問は，**発展問題11**と同じ内容の問題を，異なる出題形式で問うたものです。注意して欲しいのは，1①の「売上代金の入金¥42,000」と3①の「当座預金による売上」のように，**1つの取引が複数の資料として重複して与えられている**ことです。誤って二重仕訳しないように注意して下さい。また，**発展問題1**の解答要求事項は合計残高試算表でしたが，本問では残高試算表が問われている点にも注意して下さい。

　なお，本問では**発展問題11**との比較のため，前月末の試算表を資料で与えていますが，前期末繰越試算表や期首貸借対照表が資料で与えられるケースが多いです。解答の仕方自体は同じですので，あわてずに対応して下さい。

テーマ3　第5問対策

第5問の出題形式は，精算表の作成が出題されることが多いです。基本的な出題パターンは，①資料が文章として与えられ，精算表を作成するタイプと，②ある程度記入済みの精算表が与えられ，精算表の前後関係から，未記入の部分を推定し精算表を完成させるタイプの2つです。本章では②を例として学習します。出題比率としては，①のタイプが多いですが，②も出題される可能性がないわけではありませんし，②の対策をすることで結果として①の問題を解く力が自動的に養われますので，重要な論点であるといえます。そのため，ここでは②のタイプについて学習をしておく必要があるのです。また，①については本章の内容に加え，第4章の内容をしっかり学習しておけば十分得点できます。

なお，稀に財務諸表の作成問題が問われることもありますが，第4章で学んだ基本がしっかりとマスターできていれば十分対応は可能です。

発展問題13

精算表の（　）内に適当な勘定科目名，適当な金額を答えなさい。

精　算　表

(単位：円)

勘定科目	試算表 借方	試算表 貸方	修正記入 借方	修正記入 貸方	損益計算書 借方	損益計算書 貸方	貸借対照表 借方	貸借対照表 貸方
現　　　　　金	14,000			（①）			13,200	
当　座　預　金	40,000						40,000	
売　　掛　　金	50,000						50,000	
繰　越　商　品	10,000		（②）	10,000			（③）	
消　耗　品	400			300			100	
車　　　　　両	20,000						20,000	
買　　掛　　金		24,600						24,600
貸　倒　引　当　金		400		100				500
減価償却累計額		4,000		4,000				（④）
資　　本　　金		50,000						50,000
売　　　　　上		120,000				120,000		
仕　　　　　入	50,000		10,000	15,000	（⑤）			
支　払　家　賃	5,000			1,000	4,000			
支　払　利　息	6,000		500		6,500			
支　払　保　険　料	3,000		1,000		4,000			
雑　　　　　損	600		800		1,400			
	199,000	199,000						
貸倒引当金繰入			100		100			
（⑫　　）			300		300			
減　価　償　却　費			4,000		4,000			
（⑬）家　賃			1,000				（⑥）	
（⑭）利　息				500				（⑦）
（⑮）保　険　料				1,000				（⑧）
当　期　純　利　益					（⑨）			（⑨）
			32,700	32,700	（⑩）	（⑩）	（⑪）	（⑪）

214

①	②	③	④	⑤

⑥	⑦	⑧	⑨	⑩

⑪	⑫	⑬	⑭	⑮

解答＆解説

発展問題13

①	②	③	④	⑤
800	15,000	15,000	8,000	45,000

⑥	⑦	⑧	⑨	⑩
1,000	500	1,000	54,700	120,000

⑪	⑫	⑬	⑭	⑮
139,300	消耗品費	前払	未払	未払

　精算表の推定問題は「試算表から財務諸表項目へと推測」していく順進推定と、「財務諸表項目から試算表へと推測」していく逆進推定、さらには全体から推定していく全体推定という3つの種類がありますが、本問はこれらの推定タイプのミックスとして出題しています。実際の本試験では、穴埋形式ではなく、自分で記入箇所そのものを探す必要がありますので、難易度はさらに上がります。しかし、まずは本問程度の問題で、推定のやり方のコツを掴んでおけばよいと思います。

①について

勘定科目	試算表 借方	試算表 貸方	修正記入 借方	修正記入 貸方	損益計算書 借方	損益計算書 貸方	貸借対照表 借方	貸借対照表 貸方
現　　　　金	14,000			800			13,200	

800減少しているため、修正記入欄に800の記入が必要なことがわかります。

勘定科目	試算表 借方	試算表 貸方	修正記入 借方	修正記入 貸方	損益計算書 借方	損益計算書 貸方	貸借対照表 借方	貸借対照表 貸方
雑　　　　損	600		800		1,400			

現金過不足を記入する欄はありませんが、現金が減少し、雑損が生じているということは、決算時に現金過不足が初めて把握され、その金額を雑損で処理したと理解することができます。

②③⑤について

勘定科目	試算表 借方	試算表 貸方	修正記入 借方	修正記入 貸方	損益計算書 借方	損益計算書 貸方	貸借対照表 借方	貸借対照表 貸方
繰越商品	10,000		15,000	10,000			15,000	

当期の期末棚卸高を仕入勘定から，繰越商品勘定に移します。

勘定科目	試算表 借方	試算表 貸方	修正記入 借方	修正記入 貸方	損益計算書 借方	損益計算書 貸方	貸借対照表 借方	貸借対照表 貸方
仕入	50,000		10,000	15,000	45,000			

通常通り，試算表の数字に期中の増減分を加減算するだけです。

④について

勘定科目	試算表 借方	試算表 貸方	修正記入 借方	修正記入 貸方	損益計算書 借方	損益計算書 貸方	貸借対照表 借方	貸借対照表 貸方
減価償却累計額		4,000		4,000				8,000

通常通り，試算表の数字に期中の増減分を加減算するだけです。

⑥⑦⑧⑬⑭⑮について

勘定科目	試算表 借方	試算表 貸方	修正記入 借方	修正記入 貸方	損益計算書 借方	損益計算書 貸方	貸借対照表 借方	貸借対照表 貸方
前払家賃			1,000				1,000	
未払利息				500				500
未払保険料				1,000				1,000

金額が貸借対照表に記入されることから，貸借対照表項目であることがわかり，記入位置から資産・負債の判断が付きます。

⑫について

勘定科目	試算表 借方	試算表 貸方	修正記入 借方	修正記入 貸方	損益計算書 借方	損益計算書 貸方	貸借対照表 借方	貸借対照表 貸方
消耗品	400			300			100	

消耗品が減って，⑫が増えています。

勘定科目	試算表 借方	試算表 貸方	修正記入 借方	修正記入 貸方	損益計算書 借方	損益計算書 貸方	貸借対照表 借方	貸借対照表 貸方
消耗品費			300		300			

損益計算書項目であることから消耗品費と予測できます。

⑨について

⑨は収益項目と費用項目の差額，または資産－負債－資本金という純資産の増加としても計算できます。

⑩⑪について

それぞれの項目の集計値を記入します。かならず，⑩の貸借，⑪の貸借が一致していることを確認して下さい。なお，⑨の金額を計算し，記入しない限り，貸借は一致しません。

著者紹介

栗原　正樹（くりはら　まさき）

茨城キリスト教大学経営学部経営学科専任講師
青山学院大学大学院会計プロフェッション研究科プロフェッショナル会計学博士後期課程退学。税理士。2011年より茨城キリスト教大学にて現職。
主要著書に『現代の経営課題』（共著・八千代出版株式会社・10年），『財務会計論』（共著・税務経理協会・14年）。「IFRSとのコンバージェンスに見る日本基準の理論的不整合」『會計』第176巻第6号（森山書店・09年），その他論文多数。

各章のポイントをまとめた著者オリッジナルの動画を無料配信
──→弊社のホームページ（下記URL）をご覧下さい。

著者との契約により検印省略

平成28年6月1日　初版第1刷発行

実践簿記入門
日商簿記3級完全自習問題集

著　者　栗　原　正　樹
発行者　大　坪　嘉　春
印刷所　税経印刷株式会社
製本所　牧製本印刷株式会社

発行所　〒161-0033　東京都新宿区
　　　　下落合2丁目5番13号　　　株式会社　税務経理協会
　　　　振　替　00190-2-187408　　電話　（03）3953-3301（編集部）
　　　　ＦＡＸ　（03）3565-3391　　　　　（03）3953-3325（営業部）
　　　　　URL　http://www.zeikei.co.jp/
　　　　乱丁・落丁の場合は，お取替えいたします。

Ⓒ　栗原正樹　2016　　　　　　　　　　　　　　　　　Printed in Japan

本書の無断複写は著作権法上での例外を除き禁じられています。複写される場合は，そのつど事前に，（社）出版者著作権管理機構（電話 03-3513-6969，FAX 03-3513-6979, e-mail: info@jcopy.or.jp）の許諾を得てください。

JCOPY　＜(社)出版者著作権管理機構 委託出版物＞

ISBN978-4-419-06351-1　C3063